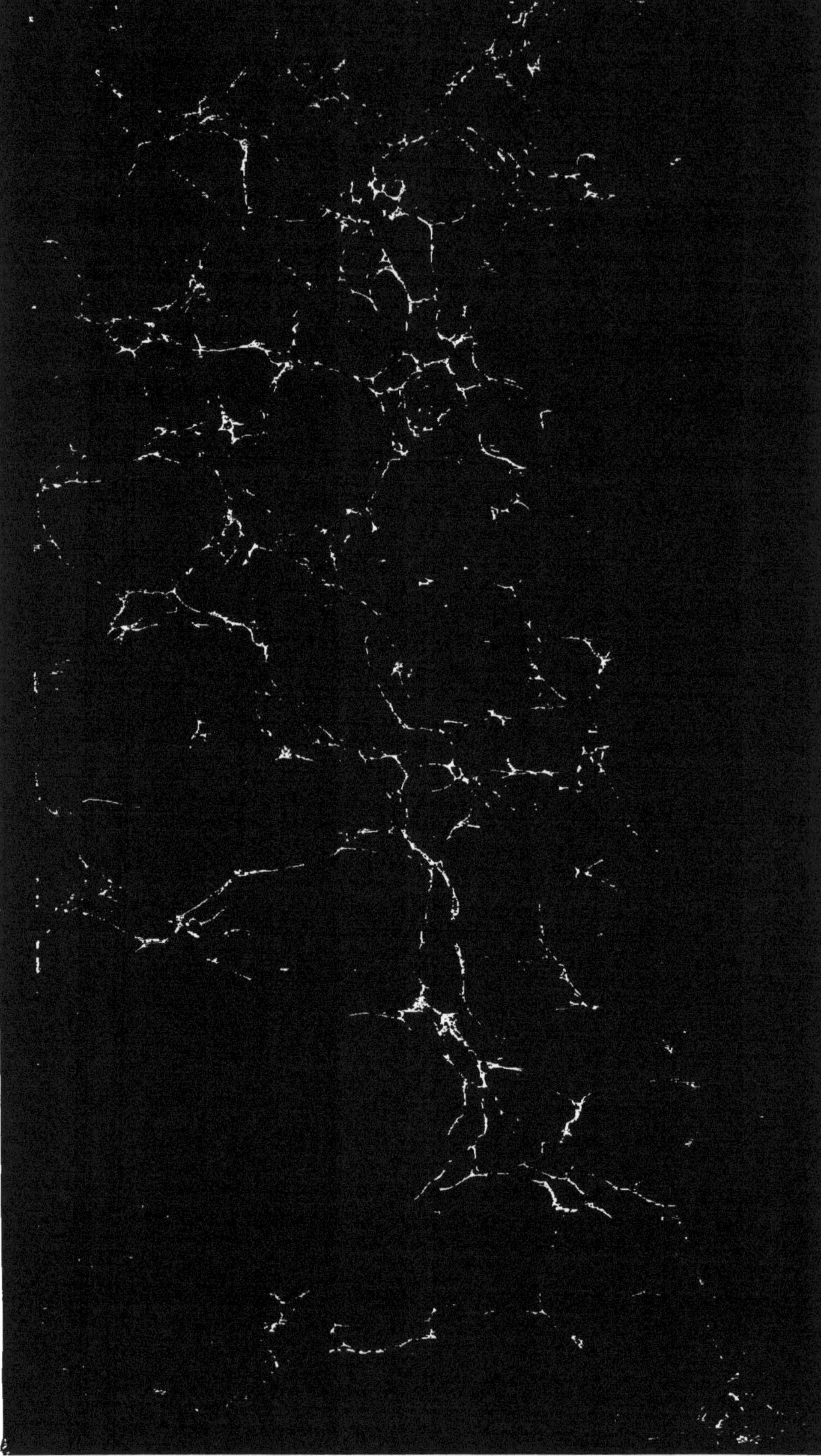

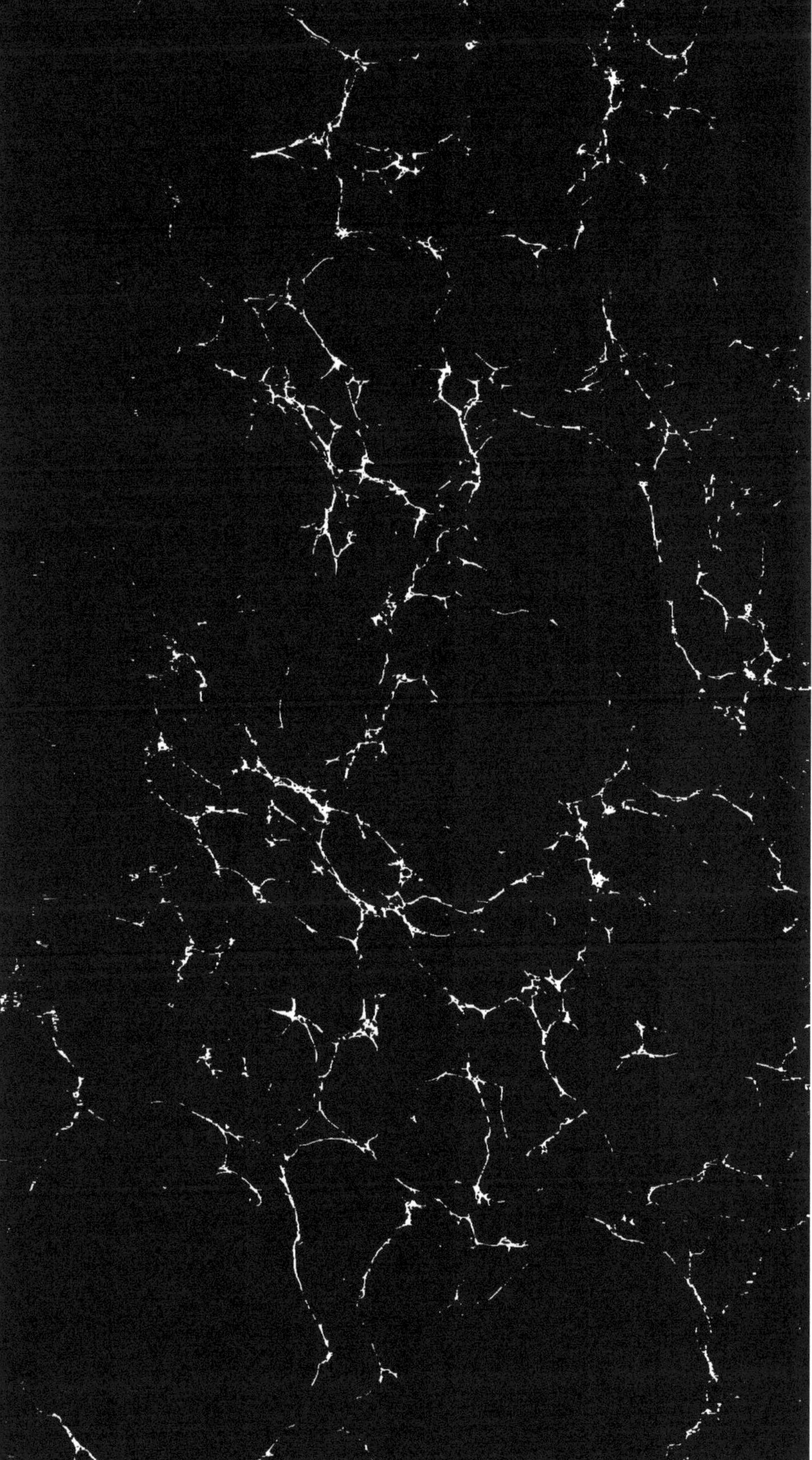

JOURNAL

D'UN OFFICIER DE ZOUAVES

Paris. — Imp. Beaulé, rue Jacques de Brosse, 10.

JOURNAL

D'UN OFFICIER DE ZOUAVES

SUIVI

DE CONSIDÉRATIONS SUR L'ORGANISATION DES ARMÉES
ANGLAISE ET RUSSE

ET ACCOMPAGNÉ

DE L'ITINERAIRE DE GALLIPOLI A CONSTANTINOPLE

PAR

M. MASQUELEZ

Capitaine en retraite, chevalier de la Légion d'Honneur,
Membre de l'Ordre impérial du Médjidié.

PARIS
LIBRAIRIE MILITAIRE, MARITIME ET POLYTECHNIQUE
DE J. CORRÉARD
Libraire-éditeur et libraire-commissionnaire
RUE SAINT-ANDRÉ-DES ARTS, 58
1858

« Comme on pourra s'en convaincre, ces notes n'ont pas été rédigées en vue de la publicité. Ecrites pour moi seul, elles ont un caractère d'intime personalité qu'on pourra leur reprocher : mais, quand j'ai cédé aux sollicitations de mes amis qui m'ont engagé à les publier, je n'ai voulu y rien changer, afin de conserver l'exactitude de mes impressions, décrites au moment même où je les ai éprouvées à bord, en route, au bivouac ou à l'hopital.

JOURNAL

D'UN

OFFICIER DE ZOUAVES

Ma compagnie et environ la moitié de la septième s'embarquèrent le 2 avril, à quatre heures du soir, sur un aviso à vapeur, le *Brandon*, qui appareilla une heure après. Tout d'abord nous nous tenions sur la réserve avec les officiers de marine qui passent pour sympathiser assez peu avec les officiers de l'armée de terre : mais cette réserve ne put résister longtemps à la cordialité des officiers du *Brandon*, cordialité pleine d'égards qui ne s'est pas démentie un seul instant pendant toute la traversée ; du reste, tous nos camarades des différents corps de l'armée nous ont déclaré qu'ils étaient enchantés de leurs relations avec les officiers des bâtiments qui les ont transportés en Orient.

Le temps était magnifique. Pendant presque toute

la journée du 3 avril, nous naviguâmes en vue des côtes d'Afrique, apercevant successivement les villes si rares du littoral de la Tunisie. Le commandant du bâtiment nous pria de désigner quelques-uns de nos zouaves pour aider son équipage incomplet : cette désignation, nous ne la fîmes pas, car nous savions combien nos hommes sont pleins de bonne volonté, et combien aussi ils cherchent à prouver qu'ils sont propres à toutes les besognes. Pourtant leur inexpérience à propos de ce nouveau genre de service donna lieu tout d'abord à quelques scènes comiques. L'un d'eux qui avait été placé en vigie avait reçu l'ordre de pousser de temps à autre le cri : « Ouvre l'œil au bossoir. » Nous prenions paresseusement le café sur le pont, fumant et discutant avec animation les chances probables de la guerre qui commençait, fournissant, chacun un excellent plan de campagne, lorsque nous entendîmes une grosse voix nous criant gravement : « Ouvre l'œil, bonsoir ! » Ce même brave garçon, tout en donnant une tournure fort comique à cette singulière phrase, exécutait en conscience son service de vigie : il nous rendit un service signalé. A dix heures du soir, malgré l'obscurité profonde qui régnait alors, il crut apercevoir une masse considérable qui glissait sur la mer, vers l'avant du bâtiment : le matelot qui était en vigie avec lui et à qui il faisait part de son appréhension lui répondit qu'il se trompait, et pourtant il persista et se hâta d'aller prévenir le lieutenant de quart. Cet officier n'eut que le temps de faire le commandement : Machine stop! » A peine le mouvement était-il exécuté qu'on vit un gros trois-mâts anglais, sans feux apparents, passant contre notre beaupré; le choc pouvait faire couler les deux bâtiments. On trouva que la négligence du matelot était compliquée d'un peu de vengeance : aussi on le mit aux fers immédiatement.

Le 4, à six heures du matin, nous passions au nord de l'île Pantellaria qui semble très-peuplée et très-fertile et présente le spectacle le plus gracieux qu'on puisse imaginer[1]. Le soir du même jour, à sept heures, nous apercevions le feu à éclipse du cap Dimitri de l'île Gozzo qui se trouve à l'ouest de l'île de Malte; le commandant du bord nous annonça alors que le manque de charbon le forçait à relâcher, mais comme il ne connaissait pas ces parages et ne pouvait à cette heure faire les signaux nécessaires pour demander un pilote, il jugea à propos de remettre au lendemain notre entrée dans le port. Ce fut vraiment une bonne fortune pour nous, car le 5, à six heures du matin, la splendide lumière du soleil nous permit de considérer dans son

1. Les voyages en mer, où pendant plusieurs jours rien ne vient distraire les yeux, semblent admirablement préparer à l'appréciation des merveilles d'une riche végétation.

majestueux ensemble, puis dans tous les détails, le magnifique panorama qui se présentait à nos yeux : heureusement encore la nécessité où se trouvait notre bâtiment de manœuvrer lentement dans la passe, nous donna tout le temps de satisfaire notre avide curiosité. Rien ne saurait donner l'idée du grandiose de ce port immense qui semble pouvoir abriter toutes les flottes du monde, et ces fortifications aux proportions gigantesques; puis, derrière tout cela, une ville considérable dont les maisons aux façades monumentales sont bâties en belles pierres de taille auxquelles le soleil a donné cette chaude teinte jaunâtre que je n'aie vue que là et en Afrique.

L'accueil que nous reçûmes fut magnifique ; les soldats anglais, du haut des forts de la rade, nous saluèrent de leurs bruyants hurrahs et, dans la ville, la foule nous suivit en nous regardant avec beaucoup de curiosité, mais néanmoins sans inconvenance. Dans cette foule se trouvaient plusieurs de ces mendiantes si nombreuses à Malte : trompées par le costume oriental de nos zouaves, elles nous appelaient « signori arabi ! » et leur emphase italienne leur suggérait les épithètes les plus étonnantes pour surexciter nos dispositions à faire l'aumone : « Bravissimi uomi ! galanti uomi ! la carità. » Quelques sous nous valaient de nouveaux compliments « I. Francei sono galantissimi uomi ! »

L'église de Saint-Jean, bâtie par les anciens chevaliers de Malte, est fort belle : mais son architecture a un cachet tellement particulier que je ne sais vraiment à quel monument de ce genre on pourrait la comparer : peut-être pourtant pourrait-on dire qu'elle rappelle l'architecture de l'époque de la Renaissance. Nous y fûmes reçus par l'abbé et un grand nombre de moines qui nous en firent les honneurs : par leur ordre on releva les nattes de paille qui couvrent les belles mosaïques de la nef et nous pûmes contempler à l'aise ce remarquable travail, puis il nous montrèrent la grille en fer qui entoure la chapelle de la communion en nous disant avec amertume qu'autrefois il y avait là une fort belle grille d'argent qui fut enlevée par les Français à la prise de Malte en 1798. A ces moines nous vîmes bientôt se joindre plusieurs de cesdéplorables cicérones dont les explications saugrenues dépoétisent les plus belles choses : mais je parvins à leur échapper et à visiter seul les tombeaux des grands-maîtres de l'Ordre placés dans une crypte sous le maître-autel, puis les chapelles des langues ou nationalités chez lesquelles se recrutaient les chevaliers : La chapelle de la langue de France est particulièrement belle et il s'y trouve de magnifiques tombeaux.

Notre promenade s'étant prolongée, l'appétit nous vint et je cherchai avec l'un de mes camarades à faire un dîner anglais. Ce fut impossible. Partout où nous nous présentâmes on nous répondit fièrement : « Nous ne faisons que la cuisine à la française. » Il fallut nous résigner. Mais que Dieu préserve mes ennemis les plus acharnés de la cuisine française faite par nos chers alliés !

Nous oubliâmes ce mauvais déjeuner en visitant le palais du gouverneur, palais qui n'est autre que celui des grands-maîtres de l'Ordre de Malte. C'est vraiment une habitation royale. Nous y trouvâmes de fort belles tapisseries des Gobelins. En jetant un coup d'œil sur la place du Gouvernement nous aperçûmes, gravée sur un édifice qui se trouve en face du palais, la curieuse inscription que voici :

Magnæ et invictæ Britanniæ
Militensium amor et Europæ vox
Has insulas confirmavit.
Anno Domini MDCCCXIV.

Il est bon de savoir que *Militensis* signifie Maltais; les îles dont il s'agit sont Malte et Gozzo.

Au sortir du palais, quand nous descendîmes sur la place du Gouvernement, la musique d'un régiment anglais y jouait. Suivant l'usage, on avait affiché la liste des morceaux à exécuter, et j'y vis figurer, comme dernier morceau, le *Gode save the Queen*. On nous aperçut, et, quand le morceau commencé fut terminé, la musique joua *Partant pour la Syrie*, qui passe maintenant pour être notre air national, et ne figurait pas sur l'affiche. Ne sachant trop comment reconnaître cette attention si délicate, je m'avisai de proposer à mes camarades de nous découvrir lorsqu'ensuite on joua le *Gode save the Queen*, et je crus m'apercevoir que cela produisit le meilleur effet. Du reste, les soldats anglais se montrèrent fort polis et leurs officiers fort empressés quand nous allâmes visiter leur camp, situé sur les glacis en avant de la porte des Bombes, porte qui a conservé son nom français. Nous pûmes, dès ce jour-là, constater la différence marquée qui existe entre le caractère anglais proprement dit et le caractère écossais. Les Anglais nous reçurent avec une extrême politesse, mais très-cérémonieusement, tandis que les officiers écossais vinrent à nous avec une physionomie franche et ouverte, ce qui ne nous empêcha pas de les trouver fort distingués. Il y a entre eux et nous de nombreux points de rapprochement. Mais nous ressentirons difficilement pour les Anglais autre chose qu'une véritable estime : les habitudes franches et cordiales de notre nation et surtout de notre armée s'accommodent difficilement des obstacles que nos voisins opposent aux relations intimes.

Le soir, quelques-uns d'entre eux s'emparèrent de nous à la sortie du théâtre, où nous venions de voir jouer assez bien le *Nabuchodonosor* de Verdi, et nous eûmes beaucoup de peine à éviter de passer toute la nuit avec eux. Nous ne comprenions guère ce qu'ils nous disaient; il en était de même pour eux; mais l'ale, le porter, le brandy, le mastic, les grogs, etc., firent si bien, que nous finîmes par nous entendre parfaitement. Le souvenir de quelques mots anglais, la connaissance de leurs usages et surtout quelques toasts énergiques me mirent au mieux avec eux.

. . . .

Le 7, à cinq heures du matin, nous nous remîmes en route par un assez mauvais temps, et comme beaucoup de ceux qui se trouvaient à bord, je fus pris du mal de mer qui me secoua rudement. Mais je fis assez bonne contenance et je n'en souffris que durant cette journée, c'est-à-dire tout juste assez pour le connaître. A neuf heures et demie du soir nous passâmes au nord de l'Ouvre-l'Œil, écueil récemment signalé. Le 8, à trois heures cinq minutes du soir, le vent devint contraire et ralentit notre marche. Le 9, à onze heures trois quarts du matin, nous étions en vue du cap de Morée, mauvais passage que nous franchîmes sans la moindre difficulté, grâce au beau temps qui nous favorisait, un temps de demoiselles comme disait un de nos matelots. Dans la nuit nous passâmes entre Cerigo et le cap Saint-Ange. Le 10, au matin, nous passâmes aussi entre l'Antimilo et Milo, prenant un pilote dans cette dernière île, à neuf heures du matin, puis ensuite, entre Serpho et Thermia, entre Andros et Négrepont par le canal Doro. Milo est ce que nous vîmes de plus curieux dans cette région : arrivés près de cette île, nos regards cherchaient la ville le long de la côte, quand nous l'aperçûmes comme suspendue au-dessus de nos têtes, au sommet d'une montagne assez élevée. Du reste, il faut vraiment tout l'enthousiasme des poëtes nationaux pour trouver quelque chose à admirer sur les côtes du Péloponèse ou sur les îles de l'Archipel : c'est bien le pays le plus vilain, le plus désolé et le plus inculte que j'aie jamais vu. Je ne puis mieux le comparer qu'à quelques-unes de nos plus laides montagnes d'Afrique. Il semble qu'il n'y ait là ni bois ni eau, c'est-à-dire rien de ce qui anime un paysage et lui donne du charme.

Enfin le 11 avril, après être passé entre Ténédos et l'Asie, et avoir longtemps côtoyé cette dernière en passant très-près du cap Baba, nous entrâmes, à une heure et quart, dans les Dardanelles, ayant à notre droite et à notre gauche les châteaux d'Asie et d'Europe avec leurs gros canons et leurs célèbres boulets de marbre, et à sept heures du soir nous jetâmes l'ancre à Gallipoli.

Le lendemain nous débarquâmes et nous nous rendîmes immédiatement au camp de la Grande-Rivière situé à cinq kilomètres de la ville[1]. Cet emplacement avait été admirablement choisi. Derrière nous, s'élevait une magnifique ligne de hauteurs boisées parallèles à celles au sommet desquelles nous nous trouvions, mais plus élevée.

Au fond de la vallée, qui était bien cultivée, coulait une belle rivière dont l'eau très-claire et très-courante suffisait à tous nos besoins. De plus, nous étions au bord de la mer et nous voyions arriver successivement les nombreux bâtiments chargés du matériel de l'ar-

1. Pendant notre séjour dans ce camp, un malheureux *arabadgi* (conducteur d'araba) vint déposer sa plainte entre les mains de l'autorité supérieure. Des soldats français avaient tué ses bœufs, brûlé sa voiture pour faire cuire ces animaux et pardessus le marché l'avaient rossé. Tout aussitôt il n'y eut qu'une voix à l'état-major : « Les zouaves seuls peuvent avoir fait ce coup-là ! c'est chez ces gaillards qu'il faut chercher le coupable ! » Le hasard fit découvrir que les auteurs du méfait étaient des soldats d'un régiment de ligne, soldats qui, du reste, n'avaient jamais mis les pieds en Afrique. L'air décidé de nos zouaves, leur costume, l'habitude qu'ils ont de vivre constamment en campagne, leur donnent une certaine franchise d'allures qui fait supposer qu'ils sont toujours prêts à mal faire. Et pourtant, je puis le dire en conscience, je ne connais pas de troupe plus disciplinée, plus dévouée et plus respectueuse envers ses officiers. Combien de fois ne m'est-il pas arrivé d'en faire l'épreuve.

Du reste, il y a en France un préjugé bien enraciné et qui

mée, ou transportant nos camarades, Anglais et Français. De l'autre côté des Dardanelles nous apercevions l'Asie, et tout à fait devant nous, Lampsaki l'ancienne ville grecque. Une échancrure de la côte nous permettait d'apercevoir presque toute la ville de Gallipoli, dont les maisons s'élèvent en amphithéâtre, et qui, comme toutes les villes de l'Orient, gagne à être vue à distance. Dans le port et dans la baie on voyait, en avant de plusieurs centaines de bâtiments de transport l'escadre de l'amiral Bruat à laquelle venaient se joindre de temps en temps nos plus beaux vaisseaux de guerre chargés de troupes : il y avait alors de majestueux saluts rendus au pavillon de l'amiral par le canon des arrivants. J'ai rarement vu rien d'aussi beau que les salves tirées par tous les bâtiments présents à Gallipoli lors de l'arrivée du duc de Cambridge, puis

malheureusement est partagé par quelques militaires sans expérience. Ce préjugé énoncé sous une forme plus ou moins nette est celui-ci : « Un mauvais sujet fait un excellent militaire. » De plus notre esprit léger, ami des contrastes, renverse volontiers la proposition en déclarant plus ou moins ouvertement qu'un bon militaire a nécessairement toutes les mauvaises habitudes : aussi a-t-on généralement mauvaise opinion de la valeur militaire d'un officier aux allures calmes et régulières. Il y a des gens à qui il faudra toujours du chauvinisme. C'est si vrai qu'à l'époque où l'un de mes amis rentrait en France après avoir été blessé, beaucoup de personnes, apprenant que c'était un officier de zouaves, s'empressaient de venir le voir, mais s'en allaient fort désappointées d'avoir trouvé, au lieu de l'être farouche qu'elles avaient rêvé, un homme aux manières fort simples et fort polies.

encore lors de l'arrivée du maréchal Saint-Arnaud, du prince Napoléon et de lord Raglan.

Quelle animation dans Gallipoli! Bien me prit de me hâter de la visiter, car, à la suite du mauvais temps qui dura plusieurs jours, et où nous fûmes tourmentés par la neige et d'affreuses rafales d'un vent glacé, je sentis se réveiller un souvenir d'Afrique, certaines douleurs rhumatismales qui, après huit jours d'hésitation, finirent par se fixer dans l'aine droite et me rendirent perclus pendant une dizaine de jours. La souffrance que j'éprouvais n'était rien auprès de l'inquiétude poignante qui me serrait le cœur à la pensée qu'au lieu de faire cette belle campagne j'allais sans doute être obligé de me renfermer dans un hôpital! peut-être même faudrait-il quitter l'armée!... Les maladies qui m'ont déjà frappé, choléra, gastrite, fièvre typhoïde, dyssenterie, fièvre pernicieuse, me rendent facile à alarmer pour tout ce qui concerne ma santé : aussi, lorsqu'un accident quelconque vient à l'altérer, quelque légèrement que ce soit, je me mets immédiatement à broyer du noir, et les suppositions les plus fâcheuses marchent grand train dans ma pauvre tête.

Heureusement le beau temps vint guérir mes rhumatismes, et je me trouvai tout à fait dispos quand nous reçûmes l'ordre de quitter notre camp pour aller nous placer à environ trois lieues en avant de Gallipoli, à l'endroit où nous avons élevé cette ligne de fortifications qui sert à couper l'isthme et à faire de la presqu'île une excellente place de dépôt. Ces fortifications se composent de trois grands forts reliés entre eux par des lignes à crémaillères; au centre se trouve le fort Sultan construit par nous, à gauche le fort Napoléon construit par les Anglais, et à droite le fort Victoria construit par nous. Partis du camp de la Grande-Rivière le 13 mai, à cinq heures vingt minutes du matin, nous fîmes à huit heures une grande halte d'une heure et demie au camp du Cresson, et à onze heures nous établîmes notre camp sur le bord du golfe de Saros entre les fortifications et le village de Boulaïr.

Nous avions près de nous un camp de trois à quatre mille Anglais qui, dès notre arrivée, semblèrent animés du plus vif désir de fraterniser avec nous. Nous reçûmes la visite de plusieurs de leurs officiers qui parlaient assez couramment le français : l'un d'eux, frappé de l'air décidé de nos zouaves me disait avec admiration : « *They seem always ready to battle with the devil!* » (Ils semblent toujours prêts à se battre avec le diable!) Quant à leurs soldats, on les voyait descendre chez nous par bandes de quinze ou vingt. Nos zouaves surtout excitaient leurs sympathies et il n'était pas rare d'en voir à la fois deux ou trois cents trinquant joyeusement avec eux ; nos cantinières firent des affaires d'or. Rien n'était curieux comme de voir au début de ces relations internationales la pétulance française que nos hommes poussent à l'extrême, contrastant avec le flegme britannique : mais bientôt la confiance arriva, les Anglais se déboutonnèrent, se déraidirent, et, grâce au vin grec qu'on trouvait en abondance et à bon marché (30 et 40 centimes le litre), l'entente cordiale s'établit franchement, complétement. Les deux parties ignoraient réciproquement leur langue, mais comme il arrive souvent entre buveurs chacun causait pour son compte et tout marchait à merveille. Quelquefois pourtant il y avait de part et d'autre désir d'avoir une conversation plus précise et la scène devenait tout à fait divertissante. Nos hommes persistaient dans cette indifférence superbe que la grande majorité des Français professe pour les langues étrangères : les Anglais au contraire se montraient fort empressés à s'instruire en cette matière, mais plusieurs d'entre eux tombèrent à leur insu dans un grave inconvénient : nos zouaves, par suite de leur séjour en Afrique, ont pris l'habitude d'employer dans leur langage familier beaucoup de mots arabes, si bien que les Anglais, au lieu de la langue française, vont avoir dans la tête une sorte de salmigondis franco-arabe fort divertissant à coup sûr, mais parfaitement inintelligible pour tous ceux qui n'ont pas vécu dans nos possessions africaines.

A peu de distance de notre camp se trouvait une petite ville grecque, Boulaïr, qui était fréquemment le but de mes promenades, car j'étais très-désireux d'étudier quelque peu les mœurs de ce peuple dont on s'occupe tant en ce moment. Je m'étais tout d'abord hâté de visiter l'église qui n'a rien de commun avec nos monuments du même genre. A l'extérieur, il n'y a aucune décoration architecturale : c'est tout simplement un bâtiment de forme rectangulaire et percé de quelques fenêtres carrées. A l'intérieur, au contraire, tout est surchargé d'ornements : la nef est séparée des bas-côtés par des piliers carrés en bois, à chapiteaux et piédestaux cubiques, et le long de chacun de ces piliers, comme le long des murs, sont suspendus une quantité incroyable de tableaux peints sur toile ou sur bois et de toutes les dimensions : quelques-uns représentent les saints de l'Église grecque et les autres les principales scènes de leur vie, mais tout cela est de la peinture naïve, de la peinture byzantine telle qu'elle était il y a plusieurs siècles : à plusieurs de ces tableaux, même ceux qui étaient peints sur toile, on avait attaché des nimbes d'argent, d'or ou de vermeil et quelques-uns portaient en outre des mains de même métal. Au plafond qui est plat sont suspendues une grande quantité de lampes de verre ou d'argent. Enfin je remarquai un détail important qui constitue une dissemblance complète entre ces églises et les nôtres : il n'y a pas d'autel : la face de l'édifice qui se trouve vis-à-vis l'entrée est tout à fait plane et elle est garnie d'une infinité de tableaux comme les autres murs, mais seulement on a ménagé au milieu une assez petite porte donnant entrée dans une sorte de cabinet et au centre de celui-ci se trouvait une table couverte d'un simple drap rouge sans le moindre ornement, ni crucifix, ni tabernacle, ni vases sacrés, rien. Je ne puis croire que ce soit là un sanctuaire : du reste, je ne l'ai jamais vu ouvert pendant les cérémonies auxquelles j'ai assisté.

Parmi celles-ci, un enterrement fut ce qui excita chez moi le plus de curiosité et d'intérêt. Chacun des assistants qui désirait prendre part à la cérémonie, et du reste presque tous les habitants de la ville s'y trouvaient, achetait à l'entrée de l'église une chandelle de cire très-mince et très-longue, l'allumait et la tenait à la main jusqu'à ce qu'elle fût sur le point de s'éteindre. Le mort était exposé au milieu de l'église, renfermé dans un cercueil simplement posé sur le sol, mais le couvercle était enlevé et la figure découverte :

c'était celle d'un beau vieillard; sur le corps qui était enseveli on avait placé une draperie et sur cette dernière une grande quantité de fleurs : près de la tête on voyait deux plats en terre cuite : dans l'un d'eux se trouvait quantité de petits pains ronds gros comme le poing et dans l'autre chacun venait déposer ce qui lui restait de sa petite bougie lorsqu'elle était presque entièrement consumée. Pendant ce temps les popes (prêtres) chantaient de la manière la plus nasillarde et la plus discordante.

Enfin, la partie la plus intéressante de la cérémonie commença, et j'en fus réellement touché. L'un des prêtres, en faisant sans doute allusion aux croyances chrétiennes à propos de la vie future, plaça sur la poitrine du mort un petit tableau représentant la résurrection de Notre Seigneur Jésus-Christ; ensuite, chacun des habitants vint à son tour se prosterner, et, après avoir ôté son turban[1], déposer avec le plus grand recueillement un baiser sur le tableau de la résurrection et sur le front du mort. Cela fait le corps fut en-

1. Ici, tous les habitants, musulmans et chrétiens, portent cette coiffure, et la conservent sur la tête dans les mosquées et les églises. Du reste, les Grecs semblent avoir des principes religieux assez vagues : la plupart se bornent à savoir faire le signe de la croix, et encore le font-ils presque tous d'une manière assez imparfaite. Leurs prêtres sont généralement des gens fort peu respectables, qui se livrent tous au commerce : ils sont épiciers, marchands de tabac, etc., et avec tout cela ivrognes.

levé pendant que les femmes de la famille distribuaient une sorte de pain béni; puis, au cimetière, après avoir déposé le cadavre dans la fosse, on y descendit les deux plats dont nous avons parlé et le prêtre y jeta les débris d'un papier qu'il venait de déchirer avec beaucoup de solennité. Qu'était-ce que ce papier? Peut-être l'acte de naissance du défunt; mais je ne le pense pas, car ces populations me semblent trop arriérées pour posséder un état civil quelconque. Je crains qu'elle ne soit dans le même cas que tous les Orientaux et les Africains, qui ignorent toujours leur âge, à moins pourtant que leurs parents ne se rappellent que leur naissance a concordé avec un événement important. Cette indifférence est toute naturelle chez des gens qui s'inquiètent si peu de leur passé et même de leur avenir ici-bas.

Quoi qu'il en soit, deux hommes commencèrent à rejeter la terre sur le cercueil, et, pendant cette opération, chaque assistant, homme ou femme, s'empressa de remettre entre les mains du prêtre un papier et un *para*, petite pièce de monnaie. Le prêtre lisait à haute voix ce qui se trouvait écrit sur le papier, probablement quelque formule de prières, le rendait et gardait le para pour sa peine. Singulière façon qu'ont ces gens-là de dire leurs prières. Lorsqu'enfin chacun eut achevé cette opération, la foule s'écoula avec assez de calme et de recueillement.

Tout cela était fort intéressant à observer, mais ne pouvait constituer un sujet constant de distraction. Nous ne pouvions y joindre que des exercices, des séances de travail aux fortifications et quelques bains de mer. Aussi, outre la satisfaction que nous devions éprouver au point de vue militaire, ce fut avec une véritable joie que nous apprîmes que l'armée était enfin prête à entrer en campagne. La première division s'embarqua à Gallipoli et se rendit directement à Varna; la troisième se dirigea sur le même point en allant par terre jusqu'à Constantinople et accomplissant le reste du trajet par mer, et la deuxième, à laquelle j'appartenais, reçut l'ordre de suivre complétement la voie de terre. La rareté de l'eau empêcha qu'on nous constituât en une seule colonne, et on dut nous fractionner en détachements de trois à quatre bataillons. On dut faire de même pour la cavalerie et l'artillerie qui suivirent la même route.

Nous faisions partie de la première colonne qui se mit en route le 5 juin 1854. La veille au soir, le colonel m'avait prévenu qu'on m'avait désigné pour tracer topographiquement l'itinéraire du chemin que nous suivions : jamais je n'avais fait pareille besogne, aussi cette communication me troubla fort : cependant j'organisai tant bien que mal une planchette au moyen du couvercle d'une boîte à cigarres sur lequel j'ajustai un déclinatoire que me prêta de l'Espée, l'officier d'état-major attaché au régiment. Quantité de petites misères vinrent m'assaillir : je n'avais ni crayons, ni gomme èlastique, ni colle à bouche, ni papier : mon instrument était si petit que j'étais fréquemment obligé de changer les feuilles : de là, une source de retard fort desagréable, puisque j'avais l'ordre de marcher en même temps que la colonne : enfin, pour comble de malheur, la pluie ou simplement l'humidité de la nuit faisait prendre à ma planchette des formes singulières mais toujours désespérantes. Dans les premiers temps je dus suppléer à la colle à bouche par de la bouillie de biscuit qui ne remplissait pas toujours le but désiré : aussi ce fut avec une véritable émotion, qu'après mille recherches infructueuses, je découvris à Andrinople un morceau de colle de poisson : je vois encore l'humble boutique qui renfermait ce trésor et le bel enfant qui me le vendit. Quoi qu'il en soit, j'arrivai à terminer mon entreprise, et notre général de brigade, M. d'Autemarre, voulut bien m'adresser quelques éloges à ce sujet : il ajouta qu'il avait la plus grande confiance dans mon travail et qu'en conséquence, au lieu de l'envoyer au général en chef il le garderait afin de s'en servir dans le cas où nous aurions à opérer dans le pays que nous traversions. J'ai su depuis que ce travail avait été réclamé par l'état-major général et jugé le meilleur de tous ceux qui avaient été fournis.

J'ai conservé copie de cet itinéraire qui renferme, outre le dessin, quelques observations sur les points remarquables de la région que nous traversions. Mais, constamment préoccupé par mon travail qui pendant la marche exigeait une attention de tous les instants, je n'ai guère pu considérer le pays qu'au point de vue militaire. Néanmoins certains détails étaient trop saillants pour échapper à qui que ce fût, et je dois me les rappeler.

Je trouvai le pays abondamment pourvu de bois et passablement cultivé : le sol y est presque partout excellent, et si la population était plus considérable, il y aurait là de bien grandes ressources : seulement, et sans que pour cela le sol soit stérile, certaines régions manquent de l'eau nécessaire à la culture, mais il semble probable qu'en aménageant celle que l'on trouve à ciel ouvert, et celle qu'on obtiendrait en creusant quelques puits, on arriverait à combler ce déficit.

Le pays que nous traversions se trouve séparé en deux portions, qui sont d'un aspect bien différent.

De Gallipoli à Andrinople, à part la chaîne de Kouroudagh, les mouvements de terrain sont peu importants : la culture est assez avancée, et les villages sont beaux et bien peuplés ; presque tous ces villages se composent de maisons proprement bâties en pierre ou en pisé, et couvertes en tuiles ; quant à ceux habités par les Turcs, ils sont très-rares, très-sales, et leurs maisons sont mal bâties et couvertes en chaume. La population de cette région comprend presque exclusivement des Grecs qui, tout en cultivant le sol, s'occupent un peu de commerce.

La seconde région, comprise entre Andrinople et Varna est couverte d'interminables forêts au milieu desquelles on ne voit que quelques misérables centres de population, en exceptant toutefois Aïdos et Oumour-Faki. Quant à la population, celle de la Bulgarie, qui commence aux Balkans, a un tout autre caractère que celle de la Roumélie ; le Bulgare est le paysan par excellence : il s'occupe exclusivement de l'agriculture, et c'est sans doute à cela qu'il doit cette apparence de vigueur qui le distingue du Rouméliote : du reste, son costume est tout différent de ce dernier et sa figure rappelle le type slave ou même tartare plutôt que le type grec. Ses joues et son menton sont soigneusement rasés, et il ne conserve qu'une ample moustache retroussée qui relève sa physionomie sans toutefois lui donner l'air farouche : tout au contraire, il porte sur la figure l'empreinte de la résignation et d'une certaine douceur qui inspire la confiance et la sympathie : sa coiffure se compose d'un bonnet de fourrure de forme ronde, et ses vêtements d'une sorte de large veste en étoffe grossière de couleur brune, et de pantalons larges de même étoffe arrêtés au-dessous du genou : ses jambes sont entourées de chiffons maintenus au moyen de cordes qui viennent presque toujours se rattacher à la chaussure. De même qu'on rencontre presque toujours le paysan flamand avec sa brouette, il est difficile de se représenter le paysan bulgare sans son araba : ce nom générique s'applique à toute espèce de voiture, depuis la voiture découpée à jour et dorée des femmes riches, jusqu'à l'humble voiture des villages. Mais l'araba du Bulgare est de construction élémentaire : c'est presque toujours une voiture à quatre roues dont toutes les pièces sont en bois et assemblées avec des chevilles de même matière : quant aux roues, les unes sont à huit ou dix raies et leurs jantes, qui portent rarement une bande en fer, sont loin de représenter une circonférence irréprochable ; les autres sont pleines, de forme lenticulaire, très-renflées au centre et tout à fait minces aux bords qui sont presque toujours garnis en fer. Si quelque pièce vient à se bri ser, le Bulgare, qui du reste construit lui-même sa voiture, coupe au premier arbre qu'il aperçoit le bois nécessaire, le façonne sur place et l'ajuste tant bien que mal. S'il arrive, chose très-rare en ce pays, qu'il n'ait pas de bois sous la main, il continue à pousser ses bœufs qui, à moins d'impossibilité absolue, traînent les débris de la voiture et le chargement jusqu'à l'endroit où la réparation est possible. J'ai vu plusieurs fois le Bulgare marchant le plus tranquillement du monde devant sa voiture garnie de trois roues seulement : l'angle qui en était dépourvu glissait sur le sol. Enfin, l'araba, même lorsqu'il est en bon état, fait entendre un bruit strident et éminemment désagréable qui devient tout à fait intolérable lorsque plusieurs sont réunis en convoi.

A propos de ces convois, je me rappelle qu'un jour où j'escortais l'un d'eux, je trouvai qu'on aurait pu le simplifier. Le point où je le conduisais était dépourvu de bois ; on aurait pu charger les arabas de biscuit seulement ; puis, en arrivant, on aurait distribué les bœufs des attelages pour être abattus, et les voitures pour être dépécées comme bois de chauffage. Il y aurait eu là un avantage évident, et, de plus, le paysan requis serait retourné chez lui beaucoup plus rapidement, heureux d'avoir échangé contre quelques écus sa voiture qu'il reconstruit en si peu de temps.

Le 5 juin 1854, nous quittâmes le camp de Boulaïr, à quatre heures et demie du matin. Je me tins à l'arrière-garde, espérant m'y trouver mieux placé pour faire mon travail, dont le début fut assez pénible, car je tâtonnais beaucoup. Heureusement j'avais avec moi, ce jour-là, de l'Espée, le lieutenant d'état-major détaché au régiment, qui me fut d'un grand secours ; de plus, j'étais accompagné de mon fourrier, jeune homme intelligent et travailleur, qui désirait s'initier aux mystères de la topographie.

Jusqu'à Boulaïr, le pays était complétement découvert. Arrivés là, laissant à droite le chemin creux qui conduit au village, nous contournâmes celui-ci et nous jetâmes un dernier coup d'œil à la mosquée placée sur une hauteur assez escarpée, d'où l'on jouit d'une vue magnifique. Comme c'est le point le plus élevé de toute la ville, les Turcs y ont établi un retranchement qui peut contenir environ une centaine d'hommes, et qui consiste en un mur de pierres assez épais, bien maçonné et percé d'embrasures.

Plus loin, nous avons trouvé, sur un ruisseau marécageux qui traverse la route, un de ces ponceaux qu'on voit si fréquemment en Turquie. Ils sont presque toujours sans parapets, larges à peine de 2 mètres 50 centimètres, et leur tablier est formé de larges dalles de pierre, solidement établies, il est vrai, mais représentant une surface trop glissante pour les attelages; aussi, dans la bonne saison préfère-t-on passer dans le lit du ruisseau lorsque celui n'est pas trop défoncé et lorsque les abords en sont faciles. A ce même point, quoiqu'on se trouve en plaine, on aperçoit très-distinctement les Dardanelles et le golfe de Saros. Il y a là une dépression considérable dans la chaîne de hauteurs qui forme l'axe de l'isthme, si bien que, dans toute la largeur de ce dernier, le terrain semble presque horizontal. Peut-être serait-il possible d'établir en ce point un retranchement dont le fossé serait toujours rempli par l'eau de la mer, et constituerait ainsi un obstacle des plus sérieux.

Vient ensuite un bois assez fourré au sortir duquel nous avons trouvé une sorte de ferme fortifiée qu'on nous a dit s'appeler Murladéré; c'est un rectangle d'environ 80 mètres de longueur sur 50 de largeur: sur la face qui borde la route se trouve la porte d'entrée flanquée par un retour du mur d'enceinte: le long de ce mur et à l'intérieur on a construit des hangars, et enfin, sur la face opposée à la route on voit, adossée au mur, la maison d'habitation qui est en pierre, grande et bien bâtie. A 80 mètres de la porte et à l'extérieur se trouve un bon moulin en pierre.

A partir de la ferme, la route est bordée de broussailles à droite et à gauche, puis elle devient encaissée, en corniche, et enfin descendant dans la vallée, elle est dominée complétement à droite par un mamelon aux pentes raides qui constituerait une excellente position défensive.

Nous ne fîmes que traverser le village d'Eksamil qui a fort bonne mine, car il est bien bâti ; ses maisons sont couvertes en tuiles et il a six beaux moulins dont deux sont placés sur une hauteur qui domine le village.

Kavak qui en est éloigné de moins d'une lieue a le même aspect, mais il est plus considérable. Arrivés là, la faim commençait à nous tourmenter et nous eûmes le regret de ne pas apercevoir la colonne où se trouvaient nos provisions, mais en parcourant le village j'avisai une boutique au fond de laquelle on voyait un four et, quoiqu'il ne s'y trouvât en évidence aucune trace de pain, je compris que ce devait être une boulangerie : je me présentai donc au maître du logis en prenant mon air le plus aimable, en montrant de l'argent et en agitant les mâchoires. Le brave homme nous comprit, nous fit assoir, de l'Espée, mon fourrier et moi sur le devant de la boutique et nous apporta d'affreuses galettes, d'assez bon lait et des œufs qu'il fit cuire dans son four : puis il alla chez le Kawadgi (cafetier) et nous fit apporter du café, puis du mastic (sorte de genièvre) qui se trouva fort bon. La curiosité avait amené près de nous quelques habitants du village et il se trouva parmi eux un hongrois qui me dit en allemand s'être fixé à Kavak après l'insurrection de 1849 et s'y trouver très-heureux.

Un brave homme du pays nous fit comprendre que la colonne n'était pas passée dans le village, mais il nous montra dans le lointain le seul pont qui permette de franchir une assez forte rivière qui se jette dans le golfe de Saros. Ce pont, appelé Kavakkeupri (pont de Kavak), a 72 mètres de longueur sur 5 mètres de largeur et il est bâti sur trois arches dont une, celle du milieu, est plus large que les deux autres : le pavage de son tablier est excellent et il est pourvu de bons parapets formés de dalles de 0^{m}, 80 de hauteur, assemblées au moyen de crampons en fer. Les rives sont garnies de déversoirs en pierre aux abords du pont. Au moment où nous passions, un troupeau de buffles prenait un bain dans la rivière, et à mesure qu'ils en sortaient, leurs conducteurs, selon l'usage, les couvraient d'une vase épaisse qui leur donne un aspect repoussant, mais qui constitue pour eux la meilleure défense contre la piqûre des mouches.

La chaleur était accablante et nous en souffrîmes beaucoup jusqu'au moment où, arrivés à environ deux lieues du pont, nous trouvâmes une belle fontaine entourée de beaux arbres. La colonne était campée à cinq cents mètres au-delà dans la vallée des Fromages (Penirdéré).

Le bivouac était bien pourvu d'eau potable et de bois, deux choses qui constituent le suprême bien-être en campagne.

Le lendemain, 6 juin, à quatre heures et demie du matin, nous quittâmes Penirdéré, et après avoir marché constamment dans la broussaille, nous établîmes le camp à six heures du matin à Edilândéré ou Tagtadéré, près du village d'Edilânkeuyu.

Nous restâmes sur ce même point pendant les journées des 6, 7 et 8 juin, occupés à ouvrir un chemin pour la cavalerie et l'artillerie à travers la chaîne de Kouroudagh, au pied de laquelle nous étions arrivés. J'employai mes loisirs à visiter les environs qui sont forts beaux : à une lieue du camp et sur la droite, je trouvai les ruines d'un château fort, ruines fort anciennes mais sans aucun caractère qui puisse en faire reconnaître l'origine. Le golfe de Saros n'était qu'à deux kilomètres du camp et j'en profitai pour y prendre quelques bains, quoique pour s'y rendre il fallût traverser une prairie dont les hautes herbes étaient remplies de serpents : je n'en ai jamais vu une aussi grande quantité: on en faisait fuir presque à chaque pas. Il y avait un autre danger à craindre, mais il ne nous fut signalé qu'après notre départ: un chasseur d'Afrique eut, dit-on, un bras coupé par un requin. Sur les bords du golfe, je trouvai les murs encore solides d'une villa romaine.

Quant à ceux de nos camarades qui aimaient la chasse ils purent s'en donner à cœur joie, car les hauteurs de Kouroudagh sont couvertes d'une épaisse forêt remplie de gibier de toutes espèces ; notre chasseur par excellence, le capitaine L... tua un magnifique chevreuil. Pour comble de bonheur, nos hommes, en furetant dans les environs du camp, trouvèrent une prairie pleine de réglisse et, par l'extrême chaleur qu'il faisait, nous nous estimâmes très-heureux d'avoir à notre disposition cette boisson si rafraichissante et beaucoup trop méprisée.

Selon mon habitude, je pénétrai le premier dans le village d'Edilânkeuyu : j'y trouvai d'abord deux femmes assez jolies qui me rirent au nez, puis le maître d'école de l'endroit, un brave turc qui se montra aussi aimable que possible: il n'y eut pas moyen de nous entendre malgré ses efforts et les miens, mais néanmoins il voulut me faire les honneurs du pays et me montrer son école, une assez belle fontaine ainsi que plusieurs maisons où l'on fabriquait une grande quantité de fromages. J'achetai ensuite quelques légumes et quelques fruits: on me présentait des oies à deux piastres (huit sous).

Enfin le 9, à quatre heures trois quarts du matin, il fallut s'arracher de ce séjour de délices. A partir de ce jour-là je pris le parti de marcher en avant de la colonne et bien m'en prit, car jamais topographe ne fut aussi embarrassé que je le fus dans ce dédale de forêts où les points de repère manquaient presque totalement: en revanche, un paysagiste s'y fût pâmé d'aise à chaque pas. Je me rappellerai toute ma vie certain site avec cabane abandonnée, rochers, ruisseau et arbres magnifiques qui formaient un ensemble ravissant. Enfin, à huit heures trois quarts du matin, en descendant en plaine, nous établîmes le bivouac à Beylikdéré, près le village de Karabounar : entre ce village et le bivouac, je vis un magnifique verger composé d'arbres fruitiers de toutes espèces, d'une hauteur et d'une vigueur remarquables.

Le 10, à quatre heures du matin, nous nous remîmes en marche, laissant à notre gauche Karabounar et à notre droite Mavros, et rencontrant assez fréquemment d'assez bonnes fontaines; mais le pays que nous traversions est peu cultivé; le terrain est schisteux, raviné et couvert de broussailles, quelquefois très-épaisses. Après la troisième halte, nous passâmes sur un pont assez beau, mais dépourvu de parapets; de plus, comme on n'en a pas dégagé les abords, il aboutit à une couche de roche, sur laquelle il faut tourner à angle droit et qui serait trop glissante pour les attelages de voitures fortement chargées. A huit heures un quart, la colonne établit son bivouac sur le plateau qui domine la ville de Keschan. Arrivé le premier en ville avec mon fourrier, je n'excitai aucune méfiance, et je pus observer tranquillement les habitants. C'était un jour de fête, et je dus à cette circonstance de voir les femmes grecques dans leurs plus beaux atours; celles qui avaient conservé le costume national aux vives couleurs étaient charmantes: mais, malheureusement, beaucoup portaient la robe française, et cela d'une manière fort disgracieuse; leur coiffure entremêlée de sequins, suivant l'usage du pays, coiffure qui va très-bien avec le costume national, achevait de les rendres ridicules.

Là encore je trouvai un Turc aimable et obligeant: j'achetais du pain chez un boulanger et je lui présentais une pièce de cinq francs qu'il refusait, sans doute parce qu'il n'en connaisait pas la valeur, lorsque je vis sortir d'une maison d'assez belle apparence un homme jeune encore, à la physionomie sérieuse mais franche et ouverte qui m'amena chez lui, m'y fit asseoir, et me remit en monnaie turque la valeur de ma pièce de cinq francs. Plus loin, je fis une rencontre précieuse, celle d'un mulet chargé de cerises : je voulais acheter toute la cargaison pour mes camarades et moi, mais je ne pouvais me faire comprendre du marchand : pendant que je lui débitais un affreux charabia composé de quelques mots turcs, de beaucoup d'arabe et de français, peut-être même d'un peu d'allemand, je me sentis tirer la manche par un bambin à la mine éveillée qui me dit en bon français : « Tu veux acheter des cerises? » L'enfant, chargé de mes pleins pouvoirs, termina l'affaire à ma grande satisfaction et amena au camp le mulet qui fut reçu avec acclamations.

Keschan n'a rien de bien remarquable : j'ai vu dans le temple grec la double aigle russe orgueilleusement installée à l'endroit le plus apparent[1]. Entre le bivouac et la ville se trouvait une ligne d'une quinzaine de ces beaux moulins en pierre qu'on rencontre partout en Turquie.

Le lendemain 11, le départ eut lieu à quatre heures du matin. Nous parcourûmes un pays bien cultivé dans les endroits dégarnis de broussailles, passant

1. Quelle meilleure preuve de la tolérance des Turcs ?

auprès du beau village de Bacheïd qui comprend environs soixante maisons couvertes en tuiles et neuf moulins, puis à gauche de Maltaïpai qui, contrairement à ce que nous avions vu jusqu'alors, est bâti dans une vallée. Cette disposition semble annoncer une origine plus récente que celle des autres villages que nous avons rencontrés et qui sans doute avaient été placés sur les hauteurs à l'époque où le pays était en proie à la guerre. Après avoir dépassé Maltaïpai, nous trouvâmes successivement quatre puits placés à environ deux kilomètres l'un de l'autre et dont l'eau se trouve en moyenne à deux mètres du niveau du sol : près de chacun d'eux on a placé une écuelle en bois munie d'un long manche qui permet aux passants altérés de puiser l'eau qui leur est nécessaire : cette eau est excellente. Le dernier des puits se trouve presqu'à hauteur du village de Koskeuy que nous laissâmes à notre gauche. A dix heures et demie du matin, le bivouac fut établi sur le bord d'une rivière et près du village turc de Kadikeuy, composé d'environ vingt-cinq maisons couvertes en chaume. A part une seule habitation ce village semble assez misérable ; il en est du reste toujours de même pour les villages habités par les Turcs, tandis que ceux qu'habitent les Grecs ont bien meilleure apparence. Sur la rivière se trouve un beau pont en pierre bâti sur trois arches et large de $4^{m},15$; mais il est dépourvu de parapets.

Le 12, à quatre heures du matin, nous nous mîmes en route, laissant à notre droite Kadikeuy puis Kavadjikeuy. Tout le pays était garni de broussailles, et semblait moins bien cultivé que celui que nous avions vu dans la journée précédente : du reste, le terrain est moins bon et presque partout sablonneux. A huit heures nous fîmes une grande halte d'une heure dix minutes au bord d'un ruisseau dont l'eau est fangeuse sur la route mais très-bonne en remontant vers la source; près de la route se trouve une fontaine monumentale qui ne donne plus d'eau. Il paraît qu'en nous établissant près du ruisseau nous avions troublé le repos des serpents du pays, car nous en vîmes plusieurs s'enfuir tout effarouchés. L'un d'eux que j'avais effrayé en m'asseyant près d'un buisson qui lui servait de gîte, me causa d'une manière violente la même impression, si bien que malgré ma fatigue je fis un magnifique bond en arrière : il est vrai que la bête était de belle taille, car je crois pouvoir dire qu'elle avait plus de deux mètres de longueur, tout en tenant compte de ce que la peur grossit les objets qui l'inspirent. A dix heures et demie, nous établîmes le camp sous Ouzoünkeupri (long pont). En entrant dans la vallée, toute la colonne fut frappée d'admiration à la vue d'un monument vraiment grandiose et dont personne ne soupçonnait l'existence : c'est un pont de 1608 mètres de longueur en y comprenant les deux rampes : il est bâti sur cent soixante-quatorze arches dont chacune a $4^{m},60$ d'ouverture, la hauteur moyenne à la clef est de $2^{m},70$, l'épaisseur des piles est de $2^{m},5$, et les voûtes sont tantôt en ogive, tantôt en plein cintre; la chaussée est bonne : elle a $6^{m},44$ de largeur, y compris les parapets dont l'épaisseur est de $0^{m},30$ et la hauteur de $0^{m},92$: de distance en distance, on trouve de petits retraits d'évitement. Un chemin tourne le village qui n'a rien de bien remarquable que sa belle position dans un admirable pays, traverse l'emplacement du camp et conduit à un gué où, en été, les chevaux ont de l'eau jusqu'au ventre. Le nom de la rivière est je crois Eskenersou.

Nous séjournâmes à Ouzounkeupri le 13.

Le 14, nous partîmes à quatre heures du matin : à environ six kilomètres du camp, nous descendîmes dans une vallée marécageuse dont le terrain, quoiqu'il présentât assez de consistance à cette époque de l'année, doit être impraticable en hiver. En y entrant, nous laissâmes à notre droite un embranchement de routes au commencement duquel se trouve une bonne fontaine : peut-être serait-ce là le chemin à suivre dans le cas où le chemin du marais serait défoncé.

En sortant de ce terrain marécageux, nous aperçûmes à notre gauche la Maritza qui sur ce point est large comme la Seine à Paris, et au-delà de cette rivière, Koulali Bourgas, ville qui a été longtemps occupée par les Génois et où nous voyions les ruines d'un beau château bâti par eux. En face de Koulali Bourgas et sur la route où nous marchions, se trouve une belle fontaine. En arrivant au bord de la Maritza, à sept heures trois quarts, nous fîmes une grande halte d'une heure et demie; nous avions à notre droite Serdjlekeuy et à notre gauche, au-delà de la Maritza, Soukoularkeuy.

Pendant le reste de la journée nous côtoyâmes la Maritza et à onze heures du matin nous établîmes le camp au-delà d'un de ses affluents. On passe sur cette dernière rivière au moyen d'un très-beau pont bâti sur deux arches en ogive et ayant 40 mètres de longueur sur $5^{m},40$ de largeur entre les parapets qui sont parfaitement établis[1]. Rien ne rappelle l'ancienne prospé-

1. Sur un large panneau de pierre qui se trouve au centre du pont, les chasseurs ont gravé l'inscription suivante : « Armée d'Orient, brigade de chasseurs d'Afrique, 1er et 4e régiments, général d'Allonville, 1854.

rité de ce pays, comme la vue de deux espèces de monuments, les ponts et les fontaines, qui, presque tous, sont fort bien construits; et en même temps, on apprécie combien cette prospérité a dégénéré, en voyant ces monuments mal entretenus, et surtout en voyant les ponts jetés comme au hasard dans la plaine, sans qu'on aperçoive les routes qui y conduisaient autrefois et qui maintenant sont presque effacées.

Le 15, nous partîmes à quatre heures du matin, et pendant toute cette journée nous marchâmes à peu de distance du Maritza. Je dus faire mon métier de topographe par une pluie battante, ce qui n'est ni gai ni commode : mon dessin était fort déconfit. Aux deux tiers du chemin et à la hauteur du grand Tatarkeuy, je trouvai un khan, sorte d'abri banal construit en pisé, avec écurie au centre et galerie extérieure. Quand nous y entrâmes, mon fourrier et moi, nous trouvâmes la place occupée par une vingtaine de grands gaillards à mine farouche et à tournure suspecte, qui nous regardaient d'un fort mauvais œil. D'après ce que j'ai su depuis, je crois que ce devait être des bachi-bouzouks, de ces canailles qui assassinaient un homme pour cent sous. J'aurais préféré être ailleurs, d'autant mieux que chacun de ces gredins portait à la ceinture un arsenal complet; mais je compris qu'il fallait faire bonne contenance et je restai. Dix minutes après, la vue de notre avant-garde fit déguerpir toute cette vilaine société.

A sept heures un quart, le bivouac fut établi un peu au-delà et à droite du petit Tatarkeuy. En attendant l'arrivée de la colonne, j'entrai dans un tchiflick, sorte de ferme fortifiée, occupée, je crois, par une petite colonie militaire, et je fus bien reçu par les pauvres diables qui l'habitaient; ils firent du feu, et m'apportèrent du lait aigre et du pain atroce, mélange d'un peu de farine avec beaucoup de poussière. C'était mauvais, mais c'était offert de très-bon cœur et j'acceptai d'un air fort satisfait; puis, quand je partis, je voulus donner de l'argent qui fut refusé avec indignation. Une pièce de un franc que je mis dans la main d'un enfant produisit le plus triste effet, et je regrettai vivement d'avoir blessé les sentiments hospitaliers de ces braves gens. L'un d'eux, ancien soldat sans doute, et qui tenait à me le prouver, fit fort bien l'exercice avec le mousqueton de mon fourrier.

Quand la colonne arriva, j'étais encore dans le tchiflick, et les hommes me quittèrent pour aller contempler ce spectacle, si nouveau pour eux, et mon fourrier les accompagna. J'étais donc resté seul, quand je vis approcher une femme, le visage découvert et tenant un enfant à la main. Cette femme, remarquablement jolie, m'adressa la parole d'un air fort embarrassé, en rougissant beaucoup et en baissant les yeux qu'elle avait très-beaux. Ce qu'elle me dit, je ne le compris pas et je ne le saurai jamais : peut-être me demandait-elle quelque chose pour son enfant. Quoiqu'il en soit, la situation était fort intéressante, et peut-être allais-je embrasser cette jeune femme, au risque de manquer aux lois de l'hospitalité et peut-être de me faire assommer sur place, lorque des bruits de pas vinrent l'effrayer et la firent se retirer immédiatement. Voir une jeune femme et surtout se trouver seul avec elle est chose excessivement rare en Turquie, aussi ai-je trouvé quelque charme à cette petite scène.

Enfin, le 16, à cinq heures et demie du matin, nous partîmes pour Andrinople, et, arrivés près de la ville, nous fîmes une halte de trois quarts d'heure pour rajuster notre tenue et mettre les turbans, car nous devions faire une entrée solennelle. Le gouverneur de la ville, Rustem-Pacha, était venu à notre rencontre; il était escorté de quelques-uns de ces cavas, qui constituent la gendarmerie du pays, et d'un escadron de lanciers turcs, d'une très-piètre apparence, comme toute leur cavalerie. On se refuse à reconnaître en eux les descendants de ces hardis Osmanlis qui, montés sur de magnifiques chevaux, firent trembler le monde entier : hommes et chevaux sont tombés dans une bien déplorable décadence.

Notre arrivée produisit une vive sensation dans cette ville immense, qui semble dépeuplée, malgré ses cent mille habitants. Nous suivions une rue assez large qui la traverse dans toute sa longueur, et nous fûmes émerveillés de l'empressement avec lequel les habitants se heurtaient pour nous voir passer; de plus, chose inouïe en Orient, plus de dix mille femmes se pressaient en un triple et quadruple rang de chaque côté de la rue; presque toutes étaient vêtues uniformément d'une grande pièce de cotonnade d'un vert foncé et qui tombait jusqu'à terre; le cou et les épaules étaient enveloppés dans une mousseline d'une blancheur éblouissante, qui, de tout le visage, ne cachait que le menton, de sorte que nous pouvions admirer tout à l'aise leur teint éclatant, leurs ravissantes couleurs, leurs grands yeux noirs veloutés et leur bouche appétissante. peine en ai-je vu, dans toute cette foule, quelques-unes qui ne fussent pas jolies. Nos regards témoignaient à ces dames notre vive admiration, ce à quoi elles semblaient très-sensibles, car elles nous montraient, en souriant avec coquetterie, les plus belles dents qu'on pût voir, et des lèvres d'un rouge vif qui faisait ressembler leur bouche charmante à une grenade entr'ouverte. Pauvres femmes! elles ne s'étaient jamais trouvées à pareille fête; notre silencieuse adoration contrastait singulièrement avec les manières brutales auxquelles leurs maîtres les ont habituées.

Quelques vieillards semblaient très-mécontents, et j'ai appris depuis quelle était la cause de leur mauvaise humeur : ils voyaient une profanation dans le turban vert de nos zouaves, turban qui doit être réservé aux seuls descendants du prophète ; du reste il y avait encore là un contraste curieux : les partisans de la réforme se sont donné beaucoup de peine pour faire quitter aux Turcs leur costume national en leur disant qu'il n'y avait rien de convenable comme le costume franc. Quelle n'a pas dû être l'ébahissement de ces braves gens en nous voyant, nous les Francs, arriver chez eux avec le costume turc!

A neuf heures trois quarts, le bivouac fut établi dans l'île du Sérail, située au milieu de la Maritza. Il est impossible d'imaginer rien d'aussi ravissant que cette île, plantée d'arbres magnifiques ; elle a environ un kilomètre de longueur sur huit cents mètres de largeur et c'était tout ce qu'il fallait pour camper fort à l'aise toute notre division. Notre installation fut faite en un clin d'œil. Nous déjeunâmes à la hâte, et, après avoir fait notre toilette avec le plus grand soin, nous nous empressâmes de retourner à la ville, le cœur plein de projets de conquête; mais, hélas! toutes les jolies femmes avaient disparu, et nous n'en vîmes aucune pendant les neuf jours que nous passâmes à Andrinople : on les avait mises sous les verrous, et le beau sexe n'était plus représenté au soleil que par de vieilles et horribles négresses.

Andrinople (autrefois Hadrianapolis), que les gens du pays appellent Edrené, est la seconde ville de l'empire turc dont elle fut pendant quelque temps la capitale : elle a environ cent mille habitants. Située au confluent de la Maritza (autrefois Hébrus), et de Toundja (autrefois Tonzus), elle s'étend au milieu de beaux jardins et de bosquets d'arbres, en partie dans la plaine, en partie sur le penchant d'une colline aux pentes douces. Vue à une certaine distance, elle semble une masse de verdure d'où s'élèvent les minarets de ses trente mosquées.

Là, comme partout où elle s'est établie, la domination romaine a laissé des traces remarquables, une tour énorme et de thermes magnifiques où j'ai pris un excellent bain. Le bazar construit, je crois, au plus beau temps de la domination turque, est une immense galerie voûtée où se trouvent peu de produits de l'industrie du pays, mais beaucoup de produits autrichiens : du reste ceux-ci inondent toute la Bulgarie, et cela sans doute par suite des facilités que donne la navigation du Danube. En somme, ce bazar est fort peu intéressant à visiter : je n'y ai vu comme chose curieuse qu'une négresse qui s'approcha de moi en grimaçant un sourire et m'adressa quelques paroles dites avec une extrême volubilité et que je ne pus comprendre, quoique je commençasse à faire quelques progrès dans l'étude de la langue turque.

Un monument de la même époque que le bazar, c'est-à-dire du commencement du seizième siècle, mais d'une importance bien plus considérable, excita chez moi, non-seulement une vive curiosité, mais encore une véritable admiration : je veux parler de la mosquée bâtie par le sultan Sélim III. Son architecture, qui n'a rien de commun avec celles de nos temples chrétiens, est loin d'être dépourvue de majesté : comme dans tous les monuments de ce genre, le sanctuaire est précédé d'une magnifique cour entourée d'une fort belle galerie, et au centre de laquelle se trouve une fontaine pour les ablutions ; la porte de communication entre ce vestibule et le sanctuaire est une véritable merveille de sculpture, dont tous les détails, d'une très-grande originalité, sont fouillés avec un talent remarquable. Quant au sanctuaire, il est de l'aspect le plus imposant : rien en France ne peut donner l'idée de ces monuments grandioses, de forme circulaire et terminés par une immense coupole ; la voûte s'appuie sur huit colonnes engagées de vingt pieds de circonférence et de cent pieds de hauteur, dont le blanc mat est rehaussé par des ornements d'un rouge vif et d'un goût douteux. Tout autour du sanctuaire se trouvent des salles supplémentaires comme nos chapelles, et dans l'une d'elles, je vis un très-beau manuscrit in-folio du Koran, avec lettres ornées et culs de lampe de couleur, comme il s'en trouve dans nos manuscrits d'autrefois, avec cette différence pourtant qu'on n'y avait représenté aucun être animé, suivant les prescriptions de la religion musulmane[1].

Nous étions en pleine fête du Ramadan, et je pus voir plus de cinq mille croyants agenouillés sous la lumière rayonnante de mille lampes en verres de couleur; c'était là un coup d'œil dont il est difficile de se faire une idée. Du reste, les Turcs semblent tenir à honneur de conserver leur vieille réputation à propos des illuminations; ils avaient établi, entre deux minarets très-élevés de la mosquée du Sultan Sélim, un système de cordages et de poulies tout à fait ingénieux, qui leur permettait de dresser avec des verres

1. Je pus feuilleter ce manuscrit tout à mon aise, malgré tout ce qu'on raconte de l'intolérance des Turcs, qui sont vraiment d'un esprit fort accommodant. Le premier jours de notre arrivée, on nous pria de nous déchausser, suivant l'usage, pour entrer a la mosquée; mais ensuite, voyant que cette opération nous était désagréable, on ne nous le demanda plus.

de couleur une illumination du plus belle effet et variant chaque jour : c'étaient toujours des fleurs de plus de quarante pieds de diamètre et tracées avec un goût exquis.

Les minarets de cette mosquée sont d'immenses colonnes cannelées, dont le fût est orné de trois balcons, puis, à des intervalles réguliers, de cordons d'une ornementation simple et belle. Les quatre principaux de ces minarets, placés autour du dôme principal, ont près de cent mètres d'élévation, et présentent un véritable tour de force d'architecture en raison de leur faible diamètre, puisque, dans chacun d'eux, on a pratiqué deux escaliers qui s'enroulent l'un sur l'autre, et dans lesquels pourtant on monte avec facilité, sans être obligé de se baisser. J'y montai la nuit, et je jouis alors d'un spectacle vraiment féerique, car la ville était resplendissante de lumières, chaque habitant ayant à la main une de ces lanternes en papier que tout le monde connaît et qui sont d'une si grande commodité; rien ne saurait donner l'idée du spectacle curieux que présentaient ces milliers de lumières mises en mouvement. Quand je descendis, je trouvai partout une grande animation, car il y avait foule dans toutes les rues : les uns causaient gaîment entre eux, les autres savouraient les *cheurbett* (sorbets) ou les mille produits de la confiserie turque, produits qui sont loin de manquer de mérite. J'ai surtout remarqué certaines confitures sèches, composées de différents fruits, et le rad-el-akoum, qui rappelle notre pâte de guimauve. Cette dernière friandise est faite, je crois, avec de la farine de riz et du sucre, et on la parfume avec de l'essence de rose : cette odeur dont les Turcs abusent, puisqu'ils en mettent partout, aussi bien dans les bonbons que sur les habits, finit bien par être un peu désagréable.

Quant à nous, peu habitués à vivre dans la rue comme ces braves gens, nous avions adopté, pour y prendre le repos et les rafraîchissements que le climat réclamait impérieusement, une sorte de grand café qu'un industrieux valaque avait improvisé à notre intention. Cet homme, qui parlait fort bien la langue française, s'était montré fort intelligent en maintenant ses prix dans des limites très-modérées ; chaque consommation, quelle qu'elle fût, coûtait une piastre (vingt centimes), et on s'étonnait d'avoir pour ce prix des glaces très-convenables : cette excellente spéculation attira chez lui tous les officiers, et chaque jour il faisait de très-bonnes recettes.

Ces glaces me rappellent que, tous, nous avons remarqué combien les Rouméliotes aiment à boire frais : dans toutes les rues de leurs villes, on entend ce cri : *Cheurbett!* (sorbets) et, de plus, dans plusieurs villages que nous avions traversés, on nous avait proposé de nous vendre de la glace.

Je parvins à pénétrer dans une réunion de derviches tourneurs: tout le monde connaît cette secte curieuse qui excite plutôt la pitié que le rire. Dans un coin de la salle était accroupi un vieil abruti que chaque adepte venait saluer successivement en se croisant les mains sur la poitrine; puis chacun de ces malheureux étendant les bras se mettait à tourner avec une extrême rapidité jusqu'à ce qu'il tombât écumant et épuisé; c'est à ce moment qu'ils croient être possédés de l'esprit saint. Toute cette triste cérémonie s'accomplissait au son d'une effroyable musique dont les exécutants semblaient, par leurs contorsions, partager la rage des derviches.

Il y avait loin de là à la majesté du culte chrétien, même lorsque nos cérémonies s'exécutent en dehors des temples, comme cela se fit un dimanche dans notre camp. Une messe à Andrinople! et qui mieux est, dans l'île du Sérail! Certes, il y a quelques années, on n'eût pas osé songer à cela; l'autel, construit et orné avec beaucoup de goût par nos zouaves qui avaient disposé en gracieuses draperies leurs turbans et leurs ceintures, excita l'admiration des indigènes fort étonnés et en même temps fort édifiés de nous voir prier, nous les Français qui passons pour n'avoir aucune religion.

J'employais tous les moments qui me restaient disponibles à visiter la ville, quoique la chaleur fut très-forte, et je me félicitai de l'avoir fait quand, le 24 juin, nous fûmes prévenus que nous allions nous mettre en marche.

Le 25, à quatre heures du matin, nous levâmes le camp (1), et à 6 heures 40' nous trouvâmes un ruisseau dont l'eau était abondante et qui permettrait de faire la grande halte sur ce point si on marchait en sens inverse, en coupant d'abord les broussailles que nous rencontrâmes à sept heures un quart. A huit heures

(1) Je continuai ma reconnaissance topographique, mais malheureusement cette deuxième partie de mon travail a été perdue dans l'incendie de Varna ainsi que quelques-unes de mes notes; quant aux heures indiquées pour l'arrivée à chaque point important, elles sont exactes et il me semble que, non-seulement cela peut servir à apprécier les distances, mais encore que cette indication est le meilleur renseignement à donner soit à une troupe en marche, soit même à un voyageur. Ce qui est surtout important à connaître à propos d'un voyage, c'est le temps nécessaire pour l'exécuter : or, l'évaluation de la distance en kilomètres est loin de donner la solution de cette question. En effet, placés dans de bonnes conditions, un homme à pied pourra franchir cinq kilomètres au moins par heure, tandis que si le chemin est mauvais, pierreux, accidenté, il fera difficilement plus de trois kilomètres. Ceci étant vrai pour un homme isolé, l'est bien d'avantage pour une colonne de troupes : j'ai vu en Kabylie une division de 7000 hommes employer toute une journée pour parcourir six ou sept kilomètres : la tête de la colonne se mit en marche à trois heures du matin et l'arrière-garde, qui marchait derrière le convoi de vivres, ne commença son mouvement qu'à six heures du soir : elle arriva au bivouac à minuit moins un quart.

nous fîmes une grande halte de cinq quarts d'heure, et nous arrivâmes à onze heures vingt minutes au bivouac dans un bouquet d'arbres. Le nom de ce bivouac me manque comme presque tous ceux que nous occupâmes entre Andrinople et Varna : peut-être était-ce Tachli-Musselim ou Akbournou.

Le 26 juin le départ eut lieu à quatre heures du matin. A sept heures un quart nous trouvâmes de l'eau pour la première fois de la journée, à une fontaine près de laquelle il y a du bois ; à une lieue plus loin se trouve un ruisseau dont l'eau est peu courante. A huit heures un quart nous traversâmes un village (Tekekani), et à dix heures le bivouac fut établi : peut-être étions-nous à Vaïssal.

Le 27 juin, nous partîmes à trois heures quarante cinq minutes du matin : nous trouvâmes de l'eau pour la première fois de la journée, à six heures, à Karabounar Tchiflik, je crois. Comme près de là se trouvent des broussailles, ce serait un point convenable pour faire la grande halte si on marchait en sens inverse. A neuf heures un quart et à deux kilomètres d'un village (Gaïboula ?) que nous avions traversé, nous fîmes une grande halte d'une heure trois quarts, ayant de l'eau excellente, du bois et même de l'ombre. A midi et demi nous arrivions au bivouac : peut-être était-ce à Gaïboula ou à Karilgi-Klissi.

Le lendemain 28, nous eûmes à traverser le plus important des contreforts méridionaux des Balkans. Le départ eut lieu à trois heures quarante-cinq minutes du matin : à cinq heures vingt minutes nous trouvâmes de l'eau dans un ravin, à gauche de la route : à six heures cinquante minutes nous quittâmes la route pour tourner à droite et nous établir à environ cinq cents mètres de distance : cette grande halte fut d'une heure vingt minutes. A dix heures et demie nos sortîmes de la forêt dans laquelle nous avions marché toute la journée et à onze heures nous établîmes le bivouac à Oumour-Faki, je crois me le rappeler (1). On nous y distribua du biscuit turc, sorte de galette ronde d'un brun très-foncé et qui semblait contenir beaucoup de poussière : j'en fus incommodé et il en fut de même pour plusieurs de mes camarades. Mais je dois dire que c'est la seule fois que semblable distribution nous fut faite, et que presque toujours le biscuit qu'on nous donnait était excellent et très-beau.

Le 29 juin, le départ eut lieu à trois heures et demie du matin pour la colonne et à quatre heures et demie pour moi qui commandais l'arrière garde derrière les voitures. J'arrivai à huit heures trois quarts au bivouac :

(1) Oumour-Faki est un gros bourg de 80 à 100 maisons : c'est le point de séparation des routes de Constantinople à Varna et de Constantinople à Bourgas.

quant à la colonne, elle y était arrivée à sept heures et demie : nous étions, je crois, à Duss Kassri.

Le 30 juin, nous nous mîmes en route à trois heures et demie du matin et à cinq heures et demie nous traversâmes un village qui serait un point convenable pour faire la grande halte en marchant en sens inverse : à six heures et demie nous traversâmes un autre village près duquel se trouvait un ruisseau : à huit heures et demie nous fîmes une grande halte d'une heure et demie près d'un troisième village, et à midi nous arrivâmes à Aïdos où nous séjournâmes pendant la journée du lendemain, 1er juillet. Quoique mon indisposition continuât, je visitai la ville que je trouvai assez jolie et surtout admirablement placée dans une charmante vallée : à l'une des fontaines je vis une jeune Grecque d'une merveilleuse beauté.

Le 2 juillet, le départ eut lieu à quatre heures du matin : à cinq heures nous trouvâmes une belle fontaine en pierre donnant un pouce d'eau, et près de là, des broussailles assez épaisses : nous trouvâmes encore de l'eau à sept heures et demie, et à huit heures et demie nous fîmes une grande halte d'une heure trois quarts après avoir dépassé Tchandelikeuy. A une lieue de cette grande halte nous trouvâmes un beau village dont les maisons étaient couvertes en tuiles, et à une heure un quart nous établîmes le bivouac à Nadire-Dervent ou Delidjidéré : l'eau y était mauvaise.

Le 3 juillet, nous partîmes à quatre heures du matin : à cinq heures nous trouvâmes un ruisseau et des broussailles qui seraient très-convenables pour une grande halte en marchant en sens inverse, d'autant mieux que l'eau du bivouac que nous venions de quitter laisse beaucoup à désirer : cette eau, bue en grande quantité, comme cela se fait toujours après une journée de marche sans grande halte, pourrait faire beaucoup de mal. A partir de ce point, nous eûmes à gravir une montée assez raide jusqu'à six heures trois quarts : à sept heures et demie quelques-uns de nos hommes trouvèrent un mince filet d'eau dans un ravin à droite de la route et en face d'une masure abandonnée. A sept heures cinquante minutes nous trouvâmes une grande mare dont l'eau est passable mais tellement remplie de sangsues qu'il était indispensable, pour la boire, de la filtrer à travers un linge. A huit heures et demie nous trouvâmes une autre mare plus petite et dont l'eau était bourbeuse. Enfin à neuf heures et demie nous arrivâmes au bivouac à Keuprikeui, je crois.

Pendant toute cette journée, comme pendant une partie de celle de la veille et du lendemain, nous avons effectué la traversée des Balkans, et je fus heureux de pouvoir me rendre compte par moi-même de l'importance militaire de cette chaîne de montagnes dont on parle tant.

Les Balkans ont, dans cette région, un relief peu considérable et les pentes en sont assez douces : mais ils sont couverts, sur une zone de près de vingt lieues de longueur, d'une forêt assez épaisse qui constitue un obstacle des plus sérieux. Les accidents de terrain, quoique peu nombreux, sont encore assez importants pour empêcher de marcher en dehors de la route, et celle-ci, pour être praticable à l'artillerie et aux voitures, a besoin de grandes réparations : de plus, quoiqu'elle soit établie en pays de montagnes et sans donte à cause du peu d'élévation de celles-ci, elle est tracée sur un sol argileux qui serait trop facilement défoncé par les grandes pluies ; dans de semblables conditions, la circulation des milliers de voitures qu'une armée traine après elle deviendrait impossible.

Vouloir s'ouvrir un passage dans cette épaisse forêt avec le fer et le feu, serait une entreprise bien pénible et bien longue à accomplir, car le feu ne consumant jamais entièrement les arbres, il faudrait pour arriver à établir une route carrossable, se livrer à une opération d'une lenteur et d'une difficulté désespérantes, l'extirpation ou le rasement des souches durcies par le feu ; en outre après tout cela, il faudrait faire les terrassements. Comme nous avons pu le voir avant d'arriver au Kamtchik, les Russes ont tenté cette opération sur une longueur de quelques centaines de mètres et ils ont dû renoncer à la continuer : on trouve encore debout d'énormes souches que le feu n'a pu détuire, et quelques-unes seulement ont été arrachées.

Tout ce qui précède ne s'applique évidemment qu'à ce que j'ai vu, qu'au passage situé dans la partie orientale des Balkans : il est probable qu'à mesure qu'on s'avance vers l'Ouest, tout en s'éloignant de la mer, les montagnes s'élèvent et que les passages de Karnabat, de Kusanlik et d'Iktiman offrent de plus grandes difficultés. Les Russes, dans leur campagne de 1828, auraient pu y être arrêtés beaucoup plus longtemps, s'ils avaient eu devant eux une armée mieux organisée que ne l'était celle des Turcs à cette époque; tout le monde sait que cette armée se trouvait alors dans une situation pitoyable, et en quelque sorte à une époque de transition, par suite de deux grands événements, la destruction des janissaires et l'établissement si difficile des réformes décidées par le sultan Mahmoud.

Le 4 juillet, le départ eut lieu à trois heures quarante-cinq minutes du matin : à six heures vingt minutes nous trouvâmes un puits dans une grande clairière ainsi qu'un ruisseau dont l'eau était peu courante : à six heures trente-cinq minutes nous quittâmes enfin cette forêt où nous souffrions d'une chaleur atroce et nous ne trouvâmes plus que des broussailles dont nous sortîmes à sept heures près d'un village couvert en chaume. A sept heures trois quarts nous entrions dans un nouveau bois au débouché duquel, à huit heures trois quarts, nous fîmes une grande halte près d'une belle fontaine et d'un village. Au départ de cette grande halte, il nous fallut traverser de nouveau le bois où nous trouvâmes les traces des efforts que les Russes avaient faits en 1828 pour s'y ouvrir un passage. A onze heures nous arrivâmes à la rivière du Kamtchik qui, en cet endroit, n'a guère qu'une trentaine de mètres de largeur, mais qui est très-rapide et très-profonde, et nous la traversâmes sur un pont de bateaux construit par nos pontonniers : puis, nous établîmes le bivouac sur la rive gauche où nous vîmes les restes d'une fortification de campagne, tête de pont établie par les Turcs en 1828 : les fossés étaient encore en bon état et très-profonds, mais les pluies avaient dégradé les parapets et toutes les plates formes étaient à refaire.

Le 5 juillet, le départ eu lieu à cinq heures du matin. A six heures, nous trouvâmes un puits dont l'eau est à une grande profondeur ; puis une grande clairière dans le bois, d'où nous sortîmes à six heures et demie. A quelques centaines de mètres plus loin nous traversâmes le village de Peterkeuy, où se trouvent une fontaine peu abondante et un puits, et, à six heures trois quarts, nous rentrâmes dans le bois, en laissant à notre gauche un phénomène végétal assez curieux, deux grands arbres accouplés. A huit heures, nous trouvâmes une fontaine ; puis ensuite une autre, à environ huit cent mètres plus loin. Enfin, à neuf heures et demie, nous établîmes le bivouac près d'une autre belle fontaine qui a deux tuyaux et six auges, celles-ci pouvant contenir plus de quinze cents litres d'eau. Du sommet de la hauteur qui se trouve près de la route, on aperçoit Varna.

Le 6 juillet, nous partîmes à cinq heures du matin ; à cinq heures et un quart, nous trouvâmes deux petites fontaines à droite de la route, et à partir de ce point nous commençâmes à descendre dans la vallée où se trouve Varna. A six heures un quart, nous passâmes près de la fontaine du camp des Anglais ; ceux-ci, en nous apercevant, prirent les armes et nous rendirent les honneurs militaires.

Nous arrivions à Varna par le sud de la ville ; au lieu de la traverser, nous suivîmes, à gauche, une sorte de voie militaire qui la contourne, et nous passâmes à l'ouest près du camp où se trouvaient le 1er et le 4e régiments de hussards, arrivés par mer et sans chevaux, attendu qu'on comptait sur les ressources du pays pour les monter : tous les cavaliers portaient les souliers et les guêtres. En avant de ce camp, nous défilâmes devant le maréchal Saint-Arnaud, ayant à sa gauche Omer-Pacha que nous regardions tous avec empressement et avidité.

Tout le monde connaît le portrait de l'illustre généralisme des Turcs qui, après avoir été porté aux nues au début de la campagne, est maintenant fort déprécié. Quant à moi, j'ai toujours professé pour lui une très-grande estime. On ne songe pas assez au rôle secondaire qui lui a été assigné depuis qu'il a quitté le Danube; il était placé tout à fait à la suite de l'armée franco-anglaise, et pourtant, on doit se souvenir que toutes les fois qu'il a été livré à ses propres inspirations, qu'il a réellement commandé en chef, il a réussi. Si sa campagne d'Anatolie n'a pas donné de brillants résultats, on ne doit lui en faire aucun reproche, car son plan était fort judicieux; il pouvait et devait même compter sur le ravitaillement de Kars par le pacha d'Erzeroum, et si celui-ci eut fait son devoir, les Russes, forcés de lever le siége et d'opérer une retraite toujours difficile en pays de montagnes, auraient trouvé cette même ligne de retraite coupée per Omer-Pacha, et auraient eu à subir une désastreuse défaite.

De plus, pour marcher au secours de Kars, il fallait traverser une région très-montagneuse, sans chemin praticable à l'artillerie, et le temps manquait pour en établir; enfin, ce qui manquiat encore et ce qui manque toujours dans une armée turque, surtout dans un corps de débarquement, c'étaient les moyens de transport.

Bien peu de personnes qui jugent si sévèrement cette campagne d'Anatolie, possèdent les éléments de la question, et surtout la connaissance du théâtre de la guerre, connaissance si indispensable pourtant à qui veut se former une opinion précise.

Toutes les provinces de Russie, au-delà du Caucase, sont pourvues de chemins carrossables qui, au besoin, forment un réseau de routes stratégiques, dont les généraux Yermolow, Paskiéwitch et autres se sont déjà servis avec beaucoup de succès lors de leurs campagnes de Perse et de Turquie. Le corps d'armée d'Omer-Pacha, en prenant pour base d'opérations Batoum, Redout-Kalé et Soukoum-Kalé, se trouvait, par ce fait, en possession du point de départ d'une des plus importantes et des meilleures de ces voies de communication, celle qui conduit de Redout-Kalé à Tiflis. Elle est désignée sur les cartes russes sous le nom de grande route stratégique de l'Imérétie. Voici quelques détails concernant les principales localités qu'on y rencontre chemin faisant, et leurs distances respectives, en partant de la mer Noire.

De Redout-Kalé à Kutaïs, on compte vingt-une lieues dont les onze premières sont sur le territoire de la Mingrélie, en remontant la rive droite du Rioni (autrefois

Phasis) jusqu'au ruisseau de Tzkhénis-Tzkhalé, qui se jette dans le Rioni et sert de frontière entre la Mingrélie et l'Imérétie. C'est à Kutaïs, chef-lieu de cette dernière province, qu'on traverse le Rioni sur un pont placé au centre même de la ville, à moins qu'on ne préfère le passer à gué, ce qui peut se faire en plusieurs endroits aux environs de la ville. De Kutaïs à Vakhane dans la principauté de Gorie, on a à parcourir quinze lieues en remontant la rivière de Kvirila jusqu'à ses sources, c'est à dire sur toute la longueur de la vallée de Vakhane qu'elle arrose. De Vakhane à Sourama qui se trouve aussi dans la principauté de Gorie on compte douze lieues, en traversant une ligne de hauteurs dont le point culminant a environ quatre cents mètres d'élévation, et qui séparent le bassin de la Kvirila de celui du Kour. La route, en ce point, est large, en pente douce, bien entretenue et carrossable en toute saison : mais comme elle est dominée par des hauteurs qu'on ne peut tourner, on considère ce passage comme la clef de la route stratégique. Par conséquent, la possession de ce point important décide du sort de Tiflis, et cela d'autant mieux que depuis Sourama qui se trouve sur la rive gauche du Kour, on n'a plus devant soi que la vallée très-plate qui forme le bassin de ce fleuve. De Sourama à la ville de Gorie, chef-lieu de la principauté de ce nom, on compte neuf lieues, et de Gorie à Tiflis seize lieues, toujours en descendant la rive gauche du Kour : cette belle plaine, couverte de villages, de champs cultivés et de vignobles porte le nom de vallée de Gorie. C'est à Sourama que la route stratégique d'Akhaltzik vient s'embrancher sur celle de l'Imérétie.

En résumant ces détails, on verra que le meilleur et le plus court chemin qui conduise du littoral de la mer Noire à Tiflis, compte soixante-treize lieues de France, et qu'il traverse successivement les provinces de Mingrélie, d'Imérétie et de Gorie.

La Mingrélie est un Etat autonome qui reconnaît la suzeraineté de l'empereur de Russie : on évalue sa population à 68,000 habitants : son chef-lieu est Senakh où se trouvent seulement 500 habitants.

L'Imérétie compte environ 80,000 habitants : son chef-lieu est Kutaïs qui a une population de 1,000 âmes.

La Gorie, dont le climat, même au cœur de l'été, est aussi agréable et salubre que celui des deux provinces précédentes est perfide et malsain, a pour population environ 30,000 habitants y compris celle du chef-lieu Gorie qui est d'environ 1,600 âmes. C'est un pays couvert de belles forêts : les trois quarts de la population sont établis dans la vallée de Gorie sur les deux rives du Kour, le reste habite le versant des montagnes.

Ces indications sommaires peuvent servir, je crois,

à donner une idée du théâtre des opérations. Omer-Pacha devait agir dans un pays riche, abondant en ressources de toute nature et au milieu de populations récemment soumises par la Russie et par conséquent conservant encore l'amour de leur indépendance.

A Eupatoria, Omer-Pacha a brillamment repoussé l'attaque des Russes.

Mais son véritable triomphe est sa compagne du Danube. Ceux qui connaissent l'armée turque, ses pauvres soldats mal armés, mal équipés, mal nourris et surtout mal commandés par de tristes officiers, sont émerveillés de résultats obtenus par cet éminent général : il sut aguerrir ses troupes en les engageant successivement dans des opérations secondaires, jusqu'à ce que, sûr de ses forces, il put prendre sérieusement l'offensive. Pourquoi oublie-t-on les brillants combats de Giurgevo, de Citate, d'Oltenitza, et le glorieux siége de Silistrie? Pourquoi oublie-t-on que les Russes démoralisés par l'échec éprouvé devant certe dernière ville, reculaient devant lui, et qu'il avait franchi le Danube quand la déplorable intervention des Autrichiens vint l'arrêter dans sa marche victorieuse? Cette intervention, nous l'avons bien des fois maudite, non-seulement parce qu'elle empêchait Omer-Pacha d'entrer en Bessarabie, mais encore parce qu'elle laissait l'armée russe du Danube disponible pour venir se joindre à nos nombreux ennemis de Crimée.

Arrivés sur le plateau qui s'élève à plus de six cents mètres au-dessus du niveau de la mer, nous établîmes notre camp à environ sept kilomètres de la ville, à gauche de la troisième division et sur la même ligne. Un de nos hommes, qui en ce moment entra dans un petit bois en avant du front de bandière, disparut et depuis on ne l'a jamais revu : peut-être fut-il enlevé, comme on l'a dit, par des Kosaks venus de la Dobrutscha pour nous observer : peut-être aussi a-t-il été assassiné et dépouillé par des bachi-bouzouks, ce qui paraîtra peu extraordinaire à ceux qui les connaissent.

Pendant que je faisais dresser ma tente, je vis venir à moi deux officiers du 74e de ligne, mon ancien régiment : je m'empressai de les accompagner à leur camp et je passai une bien agréable journée au milieu de toutes ces vieilles connaissances dont j'avais gardé le meilleur souvenir. Mon amour-propre d'auteur fut flatté en apprenant que le 74e pratiquait encore une manœuvre de mon invention : les hommes étant sac au dos et en bataille, dressaient leurs tentes-abris en cinq minutes et en huit minutes ils les abattaient, les replaçaient sur leurs sacs et reprenaient leurs rangs.

Tout le monde sait quel beau rôle ce magnifique régiment a joué au siége de Sébastopol, mais tant de gloire n'a pu être acquise qu'au prix de bien douloureux sacrifices : beaucoup de mes meilleurs camarades ont succombé dans cette terrible lutte.

Dès le lendemain de notre arrivée au camp, nos hommes s'empressèrent d'élever tant pour eux que pour leurs officiers, des gourbis, cabanes en feuillage dont nous faisions usage en Afrique toutes les fois que l'abondance du bois nous le permettait. Ce sont d'excellents abris contre la chaleur, car non-seulement ils donnent de l'ombre, mais encore les intervalles qui existent forcément entre les branches et les feuilles livrent passage à la brise de mer : on y trouve alors une si grande fraîcheur que quelquefois, même au moment le plus chaud de la journée, on est forcé d'en sortir de peur de devenir malade ; les sybarites meublent leur gourbi au moyen de tables et de bancs construits avec les débris des caisses à biscuit. Le mieux logé d'entre nous était naturellement notre colonel dont le gourbi renfermait une cuisine, une chambre à coucher et un salon, et de plus un grand et beau fauteuil qu'un zouave sut construire à l'aide de son couteau et de sa hachette.

Je recommençai mes péregrinations et toutes les fois que les exigences de mon service me le permettaient, je me rendais à Varna.

La ville entourée d'une enceinte bastionnée et revêtue en bon état avec un beau fossé, est située à l'extrémité d'une vallée dans laquelle étaient campés les Anglais, notre cavalerie et les Turcs. Dans cette vallée coule lentement le Pravadi, dont les bords sont marécageux et qui près de son embouchure forme deux grands lacs auxquels on a attribué, à tort ou à raison, l'invasion du choléra. Toute notre infanterie avec l'artillerie divisionnaire se trouvait sur le plateau, à l'exception d'une partie de la cinquième division qui commençait à débarquer et qui était restée près de la ville.

On commençait à s'occuper de l'organisation des bachi-bouzouks, opération confiée au général Yusuf, et il était convenu que les Anglais en créeraient deux régiments et nous deux autres; des officiers de toutes armes y furent placés sur leur demande, soit avec leur grade, soit avec le grade supérieur, mais presque tous furent bientôt dégoûtés de la mission qu'on leur avait confiée. La plus vilaine canaille de nos pays civilisés ne peut donner une idée de ces truands, véritable rebut de l'Asie: il en était venu de fort loin, même des frontières de l'Inde, et tous, sous prétexte de guerre sainte, s'abattaient comme des oiseaux de proie sur notre vieille Europe. Qui ne les a pas vus ne peut se figurer ce qu'était ce ramassis de brigands: leur mine farouche, les armes nombreuses qu'ils portaient, leur accoutrement bizarre faisaient le bonheur des amateurs de croquis et d'aquarelles, mais ils étaient si hideusement sales et déguenillés, ils avaient tellement l'air ignoble, qu'ils inspiraient à toute l'armée un profond dégoût. Tout le monde sait qu'ils ont assassiné un de leurs chefs, jeune officier de cuirassiers, et cela uniquement pour le dépouiller, puisque, s'apercevant qu'on l'avait enseveli dans un manteau, ils ont déterré le cadavre pour s'emparer de ce dernier vêtement. Organiser de pareils gredins était impossible : on y renonça après un mois d'efforts inutiles.

L'intérieur de la ville, qui n'a rien de remarquable par elle-même, offrait le spectacle d'une animation extraordinaire. Il nous était arrivé quantité de marchands anglais et français et leurs boutiques étaient assaillies par des militaires de tous les corps, au milieu desquels s'agitaient par centaines les voitures, les chevaux, les mulets et les ânes. Deux industriels surtout firent de magnifiques affaires : une Française, Mme Desanglois, qui ouvrit un café ; et un Marseillais, le père Astier, que toute l'armée alliée connaissait et qui, chose plus extraordinaire, connaissait toute l'armée alliée : sa mémoire prodigieuse lui permettait de retenir le nom de chacun de ses chalands habituels. De plus, il était poli, empressé, et ne vendait que des choses de bonne qualité et à des prix relativement modérés : ce dernier détail, par lequel il contrastait avec tous ses concurrents, lui procura un débit énorme, si bien qu'après quelques mois de vente, il avait déjà réalisé un bénéfice de plus de deux cent mille francs, quoiqu'il fut parti de Marseille avec une maigre pacotille achetée à crédit. A l'incendie de Varna il perdit ses marchandises; mais ayant eu le bonheur de sauver quelqu'argent, il eut l'excellente idée d'acheter à ses confrères les quelques denrées plus ou moins avariées qui n'avaient pas été brûlées, et cette fois vendit tout cela un très-bon prix. Remis à flot, il reprit son commerce avec une telle activité qu'on assure qu'à la fin de la guerre, il était arrivé à se constituer une fortune considérable.

Je rencontrais souvent à Varna, dans une sorte de restaurant italien, un commissaire (1) de l'armée anglaise, homme fort intelligent, dont là conversation était très-intéressante. Un jour, il me dit :

« — Je suis fort ennuyé; nous allons manquer de » thé.

» — Pourquoi ne donnez-vous pas du café à vos » soldats, comme cela se fait dans l'armée française? » C'est à la fois un aliment et une boisson hygiénique » dont nous nous trouvons fort bien.

» — Du café! du café! Mais ils ne l'aiment pas et ne » sont pas habitués à en boire. Tenez, ajouta-t-il avec » colère, savez-vous ce qu'ils ont fait dernièrement ? Je » leur avais fait distribuer du café en grains, attendu

(1) Les commissaires remplissent dans l'armée anglaises les fonctions attribuées dans notre armée à l'intendance militaire.

» que nous n'avons pas de moulins, et je croyais qu'ils » trouveraient moyen de le moudre, ne fût-ce qu'en » l'écrasant entre deux pierres ; eh bien ! Monsieur, ils » ont jeté les grains entiers dans les marmites ! »

Si le fait est vrai, je trouve qu'il dépeint parfaitement l'inexpérience du soldat anglais, à propos des choses les plus usuelles ; ce sont là des détails qu'il dédaigne, habitué qu'il est à avoir toujours avec lui des serviteurs de toute espèce, cuisiniers, bottiers, tailleurs, etc. Au moment de notre débarquement, les Anglais trouvaient nos soldats fort ridicules lorsque, s'asseyant à l'entrée de leur tente et déployant leur trousse garnie de fil, d'aiguilles et de boutons, ils procédaient eux-mêmes à la réparation de leurs effets. Depuis, je crois qu'il ont dû changer d'avis.

Le général Napier donne sur l'armée des Indes, qu'il a commandée, des détails fort intéressants. Il paraît que les soldats de cette armée ne portent que leurs armes, et que leurs sacs sont toujours transportés soit par des voitures, soit par des bêtes de somme ; ils n'ont pas même la peine de dresser leurs tentes, car ce service est fait par des serviteurs indiens (*camp-followers*, gens du camp). Il résulte de tout ce bel arrangement qu'à son arrivée au camp, il faut que le soldat anglais attende sa tente et ses vivres, et il n'a souvent tout cela que trois heures après cette arrivée ; l'impatience française s'accommoderait peu de ce régime. Chacun de nos soldats portant sa tente et ses vivres, il arrive que vingt minutes après notre entrée au camp, non-seulement leurs tentes sont dressées, mais encore ils ont fait bouillir et bu une ration de café, et se reposent, à part les hommes de service pris à tour de rôle dans chaque escouade pour préparer les aliments. Enfin, dans l'armée anglaise, la cuisine se fait par compagnie ou même par régiment, tandis que chez nous, comme elle se fait par escouade, ce service important n'est jamais entravé par le fractionnement des compagnies en détachements de toutes sortes.

Le général Napier se plaint surtout du luxe des officiers : il faut, dit-il, que chacun d'eux traîne après lui, même en campagne, et outre sa tente, des lits, des tapis, des voitures, des cristaux, et une foule de serviteurs. Il raconte qu'ayant à entreprendre une expédition importante, il donna l'ordre aux officiers de restreindre le plus possible le nombre de leurs domestiques et d'envoyer à l'état-major une liste de ceux qui leur étaient le plus indispensables : la liste d'un simple enseigne portait l'indication de vingt-deux personnes. Malgré toute la rigueur qu'il déploya le général dut, pour avoir dix mille combattants, emmener une colonne de cent mille hommes. Aussi compare-t-il fort judicieusement ces armées à celles de Xercès.

Vers le milieu du mois de juillet, un bruit sinistre se répandit dans l'armée : plusieurs cas de choléra venaient de se présenter parmi les Anglais. Cette terrible mala die fit de rapides progrès, surtout parmi les troupes campées dans la vallée, et peut-être fut-elle aidée par l'ennui profond, je dirai presque le marasme auquel nos soldats étaient livrés. Habitués aux rapides expéditions d'Afrique, ils ignoraient quel temps énorme il faut à une grande armée pour concentrer ses approvisionnements, surtout dans une campagne d'outre mer, et s'étonnaient que, depuis quatre mois qu'ils étaient débarqués, on ne les eût pas conduits à l'ennemi : quelques-uns allaient même jusqu'à ne voir dans ce long retard qu'une hésitation dont ils s'indignaient. Partis avec joie de Gallipoli, car ils croyaient que le moment de la lutte était arrivé, ils s'attendaient à marcher directement sur le Danube, et cette nouvelle halte à Varna les désolait ; mais cet ennui n'a pas été jusqu'à les pousser à la révolte comme on a osé l'imprimer en Belgique : il est faux aussi que le service des vivres fût mal fait.

Le général en chef, comprenant sons doute qu'il fallait à nos hommes une distraction puissante, ordonna une grande reconnaissance dans la direction de l'ennemi, et le 20 juillet, les trois premières divisions se mirent en mouvement. La première division alla débarquer à Kustendje : la deuxième suivit la côte et la troisième se porta à Bazardjik : la quatrième resta sur le plateau de Varna, à son camp de Zéferlik. Mais le départ des troupes avait peut-être lieu déjà trop tard, et elles emportèrent avec elles le germe de cette maladie, germe qui se développa avec une effrayante rapidité, d'abord dans la première division, à la suite d'une marche forcée faite pour poursuivre un ennemi qu'on ne put atteindre.

Nos soldats avaient en outre beaucoup à souffrir de l'insalubrité du pays dans lequel ils se trouvaient, pays généralement connu sous le nom de Dobrutscha. C'est un désert dont les Européens se formeraient difficilement une idée, car en y comprenant la population des villes, on compte tout au plus trois cents habitants par mille géographique carré; cette solitude date surtout de la retraite des Tatars pendant les dernières guerres. En outre, la nature du terrain oppose de terribles obstacles à la marche des armées. Au nord s'élèvent les montagnes escarpées de Matschin, les Beschtepe ou les Cinq Monts, en partie couverts de forêts, et les hauteurs de Babadagh ; vers le sud, c'est un autre obstacle : le pays est un terrain bas et onduleux qui ne s'élève que d'une trentaine de mètres au-dessus du niveau de la mer, le sol y est formé d'un sable grisâtre très-fin, où l'eau ne peut séjourner et filtre ensuite à travers les couches de pierre calcaire qui forment le sous-sol. Vainement on cherche dans les vallées des ruisseaux et des fontaines : le peu d'eau potable que l'on trouve dans les villages qui sont bien clair-semés se tire de misérables puits où elle est presque toujours à une très-grande profondeur. Ce manque d'eau et l'absence de la population font que l'agriculture y est presque nulle et que le blé y manque ainsi que le fourrage : dès le commencement de l'été le gazon s'y dessèche et l'on aperçoit d'immenses plaines couvertes d'épis qui ondulent sous le vent, portant la tête haute, mais brûlés par le soleil. Les nombreux troupeaux de buffles et de moutons vont chercher des pâturages dans les bas-fonds ou dans les îles du Danube : on ne voit ni un arbre, ni un buisson près des villages : mais la partie la plus affreuse, la plus désolée, la plus dénuée d'eau et de verdure, est la partie comprise entre le mur de Trajan et Bazardjik, partie qui était précisément celle que nos troupes avaient à parcourir. Ce que l'on appelle le mur de Trajan est un rempart double, et même triple en certains endroits, que cet empereur fit élever du Danube à la mer Noire : il est encore intact sur une hauteur de deux à trois mètres et à l'intérieur gisent de grands blocs de pierre qui devaient former un mur des plus solides. A l'extérieur est un fossé qui devait être fort profond mais qui est comblé en partie, et la gauche du rempart est couverte par les lacs et la vallée marécageuse du Karrassou qui s'étend à ses pieds : de distance en distance on trouve les traces de vastes camps romains dont les contours et les issues se reconnaissent encore parfaitement.

Le centre de la Dobrutscha est occupé par les Tatars venus de la Crimée lors de la conquête de cette presqu'île par les Russes : réfugiés d'abord en Bessarabie, la prise d'Ismaïl les refoula au-delà du Danube ; de plus, il y a parmi les habitants des Cosaks et des Lipporans fugitifs.

La veille du jour fixé pour le départ de notre division, le colonel me fit appeler et m'annonça que j'avais été désigné pour commander le camp formé des hommes les plus maladifs et qu'on avait fait sortir des rangs, non-seulement parce qu'ils ne pouvaient suivre l'armée, mais encore, sans doute, pour faire la part du fléau, comme dans les incendies on fait la part du feu.

Je dis au colonel combien m'était désagréable cette nomination qui m'empêchait de marcher à l'ennemi : il me répondit qu'on n'allait exécuter qu'une simple reconnaissance, qu'une sorte de promenade militaire, et que la mission qu'on me confiait étant plus dangereuse que cette expédition, je serais fort mal vu si je semblait obéir avec répugnance.

Moins d'une heure après que la division nous eut quittés, et pendant que je procédais à l'établissement du camp, je vis l'un de mes hommes qui, un instant auparavant, causait avec ses camarades sans même sembler indisposé, tomber comme frappé de la foudre, et se rouler à terre en proie à des souffrances atroces. Je le fis transporter immédiatement dans une des tentes d'ambulance que j'avais fait élever en bonne exposition et en dehors du camp, puis, quand mon installation fut complète, je me rendis près de lui; je m'aperçus alors à mon grand regret que ses camarades, frappés de terreur, n'osaient l'approcher, et je dus surmonter mes propres appréhensions pour remplir mon devoir en m'asseyant près de lui et en lui prenant la main. C'était bien vraiment un effrayant spectacle : cet homme qui, peu d'instants auparavant semblait encore vigoureux, était là, gisant comme un cadavre, la face décomposée, livide et même verdâtre, et chose horrible à voir, les yeux renversés tellement que la pupile en était cachée : il n'avait déjà plus la force de faire le moindre geste, pas même celle de se plaindre : enfin, moins de deux heures après, il expira. Quelle mort épouvantable ! Ce brave soldat, que j'avais souvent remarqué quoiqu'il ne fût pas de ma compagnie, après avoir été blessé aux affaires de Paris, en juin 1848, et avoir ensuite échappé aux mille dangers de la vie d'Afrique, ne trouvait, au lieu de la mort glorieuse à laquelle il s'était exposé tant de fois, qu'une fin misérable au milieu d'atroces souffrances. Cette triste scène s'est bien des fois renouvelée sous mes yeux et presque toujours j'ai entendu ces malheureuses victimes exprimer amèrement le regret de n'être pas morts dans un combat. Ducroux, capitaine au 20e de ligne, l'un de mes camarades de promotion et en même temps l'un de mes bons amis, est mort en se rongeant les poings et en répétant : « Mourir si jeune et mourir ainsi ! » Un autre de mes camarades mourut le lendemain du jour où il avait porté la parole sur la tombe d'un de nos amis.

J'avais eu moi-même le choléra en 1838, mais jamais en France je n'avais vu ce fléau présenter un tel caractère foudroyant. Un jour je déjeunai gaiement avec trois officiers qui, fortement constitués et pleins de vie semblaient, à l'abri de toute indisposition : le soir même tous trois étaient morts.

Persuadé que l'influence morale joue toujours un rôle important en temps d'épidémie, je m'appliquai à distraire mes hommes des tristes pensées qui les tourmentaient : j'exigeai qu'aucun d'eux ne restât couché dans sa tente à moins d'indisposition sérieuse, j'organisai des jeux et je donnai mes journaux aux savants qui faisaient la lecture aux autres. Il est bien entendu qu'en même temps je soignais leur alimentation que je variais autant que possible : je leur fis rôtir leur viande, je me procurai des légumes frais et je composai pour eux une boisson rafraîchissante et légèrement tonique dont ils étaient très-contents : c'était du vin sucré, aromatisé et coupé d'eau; quant à ce dernier liquide, il était défendu de le boire pur. C'est peut-être grâce à ces précautions que j'ai dû de ne perdre aucun homme depuis le deuxième jour de mon installation, et de les rendre frais et dispos à leurs compagnies quand elles rentrèrent au camp. L'idée que l'on eut, le 25 juillet, de faire rapprocher les camps de malades de manière que ceux-ci pussent se visiter, produisit le meilleur effet.

Le burlesque se mêle souvent ici-bas aux choses les plus graves. J'avais prévenu les commandants des autres détachements que j'avais dans ma tente une civière que je tenais à leur disposition; un des hommes du 6ᵉ de ligne étant mort, le lieutenant qui commandait le détachement de ce régiment donna l'ordre à l'un de ses sous-officiers de se rendre le lendemain à la pointe du jour, dans ma tente, qu'il lui désigna, pour y prendre la civière, puis d'enlever le corps qui se trouvait dans une tente d'ambulance. Le lendemain matin, je fus éveillé par un léger bruit qui se faisait près de moi, mais je me bornai à écouter sans ouvrir les yeux; je ne saurais dire quel fut mon étonnement en entendant le dialogue suivant : « Tiens! il n'est pas vert comme les autres, » celui-là. — C'est vrai, il a tout simplement l'air de » dormir. — C'est égal, il faut l'enlever; va chercher » la civière. » A ce moment, secouant tout à fait le sommeil, je me redressai vivement disant : « Qu'est-ce que c'est ? » Les braves garçons qui s'étaient trompés de tente et se trouvaient sans doute confus de leur erreur, se sauvèrent en toute hâte.

Pendant ce temps, la colonne expéditionnaire était atrocement maltraitée par le fléau, et tous les jours je recevais de nouveaux détachements de malades. Je conserve avec soin une lettre que le capitaine Delabarre Nanteuil (1) m'adressa à cette époque. Cette lettre, écrite au bivouac de Kavarna et datée du 5 août, renferme les passages suivants :

« L'état sanitaire qui ne s'améliore pas me force à » évacuer directement trente-trois hommes sur Varna : » ils seront embarqués demain matin sur le *Berthollet*. » Nous sommes arrivés ici aujourd'hui et on dit que » nous y resterons quelques jours ; nous en avons bien » besoin, et cependant le bois manque et l'eau est fort » loin..... Bien des hommes sont morts au milieu d'a- » troces souffrances ; les officiers ont aussi ressenti l'in- » fluence de la mal'aria orientale, mais heureusement » ils en ont été quittes pour redoubler de précautions, » et nous n'en avons perdu aucun.

» ..... Quelle triste campagne que celle que nous » faisons ! et quel pays !... »

(1) Le capitaine Delabarre Nanteuil a été tué à Inkermann, et tous nous l'avons bien vivement regretté, car c'était à la fois un officier distingué et un excellent camarade.

L'officier payeur, qui fait la guerre depuis plus de dix ans et qu'on ne peut accuser d'un accès de sensibilité, terminait une lettre administrative en disant : « Je renonce à vous donner de nos nouvelles : elles sont trop tristes. »

Les hommes qu'on nous expédiait ainsi débarquaient à Varna et nous arrivaient, pâles et défaits, soit isolément, soit en petits détachements : on les répartissait dans les quatorze hôpitaux qu'on avait eu l'excellente idée d'établir sous des tentes et sur le grand plateau, et les hommes s'y trouvaient mieux qu'à Varna qu'on avait complétement évacué. Un jour qu'on m'avait annoncé l'arrivée d'un grand nombre de malades, je me rendis au-devant d'eux à environ une lieue du camp : je ne trouvai qu'un bivouac de bachi-bouzouks et vraiment je dus regretter de ne pas posséder le talent de nos grands maîtres pour reproduire la scène curieuse que j'avais sous les yeux. Trois de ces malheureux, atteints du choléra, se tordaient, en proie aux douleurs les plus vives, et près d'eux, leurs camarades au nombre de six ou sept, jouaient aux dés. La mise de chaque coup était au minimum de cinq francs et je leur vis aussi entre les mains plusieurs pièces d'or; d'où leur venait tout cet argent? Peut être attendaient-ils la mort de leurs trois compagnons pour jouer leur dépouille, mais certainement ils ne leur accordaient pas la moindre attention.

Pendant que je les regardais avec la curiosité qui me distingue, l'un d'eux commença à grommeler et porta la main à l'arsenal qui remplit la ceinture de chacun de ces messieurs : un de ses camarades lui prit alors le bras et sembla lui dire de rester en repos. Qui sait? cet homme m'a peut-être sauvé la vie : j'étais à une lieue du camp, seul, sans armes, et la chaîne d'or de ma montre était bien tentante. Quoiqu'il en soit, je crus voir, à tort ou à raison, qu'il était temps de m'en aller et je le fis aussi tranquillement que cela me fut possible, de crainte de paraître trembler, ce qui est toujours dangereux en présence de gens animés de mauvaises intentions.

Le même jour, des sous-officiers du troisième bataillon de chasseurs à pied m'annoncèrent qu'un combat important venait d'être livré par notre division : ils tenaient le fait d'un soldat du train qui avait déjeûné avec eux et qui leur avait donné les plus grands détails. Le général Bosquet, disait-il, ayant appris que les Russes devaient attaquer son camp pendant la nuit, avait fait évacuer la face du carré par laquelle l'ennemi devait arriver, mais il avait fait laisser les tentes dressées. A la face opposé, il avait mis en bataille le 7e léger et le 3e bataillon de chasseurs à pied. Quand les Russes arrivèrent, ils pénétrèrent sans méfiance dans le camp et on en tua un très-grand nombre : pas un seul ne se fût échappé, si le 7e léger ne s'était pas débandé, mais le 3e bataillon (1) de chasseurs à pied avait tenu bon et avait eu tous les honneurs de la journée : malheureusement ses pertes etaient considérables, attendu que, dans l'obscurité, les zouaves avaient eu le malheur de tirer sur eux.

Le déjeuner terminé, le soldat du train prit congé des sous-officiers qui vinrent me raconter l'affaire. Je trouvai le canard bien conditionné et annonçant une fort belle imagination; puis j'envoyai à la recherche de ce beau donneur de nouvelles à qui je voulais infliger une sévère correction, mais on ne put le retrouver; je dus me borner à reprocher à ses victimes leur trop grande crédulité.

Le 10 août, les troupes expéditionnaires rentrèrent au camp, silencieuses et accablées de fatigue, et mon détachement rentra dans les rangs. Le 11, vers neuf heures du soir, j'étais dans ma tente où je dormais profondément, lorsque je fus réveillé en sursaut par la marche du régiment, cette marche que nos clairons ne sonnent que dans les occasions solennelles. Nous n'eûmes tous qu'une pensée : les Russes sont près de nous. Hélas! il n'en était rien. Au lieu de nous faire prendre les armes, on donna à nos hommes l'ordre d'ôter leurs car-

(1 C'était le bataillon des amphytrions du narrateur.

touchières, et nous nous mîmes en route au pas de course, dans la direction de Varna qui était tout en feu. Je me rappellerai toujours la vive impression que me causa cet immense incendie, dont les plus belles décorations d'opéra, les plus beaux feux d'artifice ne peuvent donner l'idée. Les minarets et les principaux édifices se détachaient en silhouette sur cette masse de flammes jusqu'à ce que, atteints à leur tour, on les vît et on les entendît s'écrouler avec fracas. Une inquiétude poignante nous serrait le cœur : la grande poudrière était au milieu de ce brasier, et la ville était pleine de troupes qui travaillaient avec ardeur à éteindre l'incendie; une simple étincelle pouvait faire périr tant de braves gens. Heureusement des hommes dévoués, parmi lesquels je suis heureux de compter l'un de mes camarades, V... de J..., lieutenant de mon régiment, étendirent des toiles mouillées sur les toits et s'y tinrent en permanence pour éteindre les étincelles qui y tombaient constamment en pluie de feu. V... de J... nous revint dans un état pitoyable; il avait la figure et les oreilles brûlées.

On nous arrêta à un kilomètre de la ville, sans doute pour éviter l'encombrement, et nous passâmes toute la nuit à attendre notre tour de travail. Je ne pus résister au sommeil; mais, malheureusement, il faisait très-froid, et le matin quand nous entrâmes en ville, je me sentis pris d'une indisposition qui, par la suite, devint assez grave. J'eus la curiosité de visiter l'emplacemer du magasin de notre régiment, et j'y trouvai le cade nas de ma malle : c'était tout ce qui restait de mes ef fets ; le feu avait une telle intensité que des barres d'a cier, appartenant à notre armurier, étaient soudées en semble.

Pendant deux jours entiers, on travailla sans succès le feu ne s'éteignit que lorsqu'il n'y eut plus rien à brû ler ; la ville était rasée. Il n'y eut qu'une voix pour ac cuser les Grecs de ce méfait. Avait-on tort ou raison Il ne m'appartient pas de décider cette question. Je n puis que dire que tout le monde remarqua que le fe avait éclaté simultanément en plusieurs endroits, à l'un des extrémités de la ville, et de façon que le vent aida beaucoup à le propager.

Le résultat le plus grave de cet incendie était la des truction des magasins de l'armée alliée, et par suite u retard dans nos opérations militaires. Heureusement l'énergique persévérance de notre général en chef par vint à réparer le désastre. Mais, outre cette cause d retard, il y en avait plusieurs autres qui devaient exci ter son impatience : les vents contraires qui empêchaien l'arrivée d'un grand nombre de bâtiments portant l complément du personnel et du matériel des divisions puis les lenteurs que les Anglais apportaient, comm toujours, dans leurs préparatifs. On disait même qu nos alliés, après s'être montrés ardents partisans de l'expédition de Crimée, faisaient à ce sujet au maréchal une opposition bien inattendue.

Notre illustre chef n'en continuait pas moins ses préparatifs avec la prodigieuse activité qui le caractérisait. Il exerçait ses troupes, et faisait distribuer aux officiers généraux et aux chefs de corps des instructions pleines de sages recommandations : j'en ai gardé copie, et je ne puis résister à l'envie d'en citer la conclusion.

« Ces instructions sommaires ne sont pas de simples » spéculations de cabinet, et déjà vous en avez reconnu » l'origine. Je les ai empruntées à la pratique d'un maî- » tre dont les souvenirs et l'esprit vivent parmi nous, et » qui avait fait de ces questions l'objet des méditations » d'une vie illustrée par les plus beaux faits militaires.

»..... Les vœux ardents de notre pays, les sympa- » thies du monde entier nous suivent dans cette guerre » lointaine, où nous venons défendre les droits du faible » contre les violences du fort, et où nous sommes devant » l'Europe les représentants des plus grands et des plus » légitimes intérêts. »

Le maréchal aimait beaucoup à mettre ainsi ses recommandations sous la protection du grand nom du maréchal Bugeaud ; c'était à la fois modeste et habile. Ses proclamations étaient toujours fort bien rédigées et il parlait bien. En remettant un drapeau au régiment de tirailleurs algériens, il termina son allocution par une chute fort difficile à dire et qui, prononcée avec une incroyable énergie, produisit le meilleur effet :

« Quand on tient un drapeau français, plutôt que de » le rendre, on meurt ! »

Le 25 août j'allai trouver le docteur Gerrier, notre médecin major, en qui j'avais toute confiance ; mon état devenait tout à fait alarmant : la diarrhée qui me tourmentait depuis deux mois ne faisait qu'augmenter de même que le dégoût des aliments : mes forces s'épuisaient et je me sentais m'en aller. De plus, nous venions d'être prévenus officiellement de notre départ très-prochain pour la Crimée, et je voulais à tout prix faire partie de cette expédition si longtemps attendue. Je savais que si je restais à Varna, loin d'y trouver un repos salutaire pour ma guérison, je verrais mon état maladif s'empirer aussi gravement que possible par suite des regrets que j'éprouverais, regrets que je savais devoir atteindre les proportions d'un chagrin mortel.

Le docteur Gerrier me déclara que je ne devais pas penser à faire partie de l'expédition qui se préparait ; mais, quand je lui eus rappelé l'influence considérable que peut avoir l'état moral dans ce genre de maladie, et quand j'eus dis combien mes regrets seraient profonds si je ne partais pas, il changea d'avis et m'adressa plusieurs questions qui me prouvèrent qu'il prenait mon mal au sérieux. Tout d'abord, il me déclara qu'à la manière dont je lui avais jusqu'alors parlé de mon indisposition, il n'avait pas cru qu'elle fût aussi grave, mais qu'il voyait bien qu'il était grand temps de s'en occuper et qu'il y mettrait tous ses soins. A la suite de cette consultation il me fit prendre une potion de laudanum qui ne produisit aucune amélioration. Le 27 nous fûmes prévenus que le départ était fixé au surlendemain : j'étais désolé, je ne pouvais plus me tenir debout et pourtant il me fallait faire bonne figure, car je ne sais ce qu'on eût pensé de moi si j'avais eu l'air abbattu au moment où la grande nouvelle du départ avait mis tout le monde en joie : de plus, j'étais forcé des cacher mon mal, car on m'eut fait rester à Varna à la place de l'un des officiers que le sort avait désigné pour cela. J'allai encore trouver le docteur : « Il faut que je parte à tout prix, » lui dis-je. — « Nous pouvons essayer certain moyen, » répondit-il après avoir un instant réfléchi, « mais c'est une grande chance à courir et cela peut avoir les conséquences les plus graves. » — « Je suis prêt à tout, » répliquai-je. Il me fit prendre alors une dose de laudanum qui eût suffi pour endormir un bœuf, et je tombai, peu d'instants après, dans un état de torpeur stupide. Pendant le reste de cette journée, la nuit suivante et presque toute la journée du lendemain, je restai presqu'immobile dans ma tente, mais enfin j'eus la satisfaction de voir que mon mal avait cessé, sans qu'il me restât autre chose qu'un peu de fièvre et une grande faiblesse, et le lendemain, 29 août, lorsqu'on se mit en route, je pus suivre mon régiment.

J'avais peine à me traîner, mais heureusement pour moi nous formions la deuxième brigade de marche et nous fîmes des haltes fréquentes : chaque fois qu'on s'arrêtait, je m'affaissais sur moi-même, et étendu par terre je restais immobile pour réparer mes forces toujours prêtes à m'abandonner. Le hasard me favorisa : la marche fut courte ; partis à sept heures du matin, nous arrivâmes à midi un quart au bivouac près du village de Tagtikeuy.

Le lendemain 30 nous partîmes à six heures du matin en suivant un chemin qui longeait la mer. La deuxième brigade suivait au-dessus de nous la ligne des hauteurs ; quoiqu'ayant fait des haltes fréquentes, nous arrivâmes à Baltchik à dix heures du matin : cette petite marche m'avait tout à fait ragaillardi.

En arrivant, on nous donna l'ordre de ne pas dresser nos tentes, attendu que nous devions nous embarquer le jour même, mais le vent violent qui venait du large ne permit pas de le faire. Le général Bosquet profita de ce retard pour réunir tous les officiers de sa division et leur faire un speech qui, comme toujours, fut très-bien dit. Il ne nous dissimula pas que nous allions faire une expédition très-hasardeuse; il laissa même voir son mécontentement, ce dont chacun de nous fut frappé; il était évident qu'il désapprouvait cette entreprise. « Mais, ajouta-il, puisque la chose est décidée, chacun de vous comprendra que, dans les conditions où nous nous trouvons, nous ne pouvons envisager qu'une seule solution, il faut vaincre... » Il termina en nous engageant à haranguer nos hommes, en leur transmettant ce qu'il venait de nous dire.

Je réunis ma compagnie, qu'à cette époque je commandais en l'absence de mon capitaine, et, dans quelques mots que j'adressai à mes hommes, je m'attachai surtout à leur faire comprendre que nous allions commencer un nouveau genre de guerre, et que, par suite, nous devions quitter certaines habitudes pour en prendre d'autres. « Je ne vous recommanderai pas, leur dis-je, » de montrer du courage; je sais que je parle à des zoua- » ves! Je veux seulement que vous soyez bien persua- » dés que nous avons maintenant besoin d'une bravoure » plus réfléchie : nous ne vaincrons que si nous sommes » bien unis, que si nous nous montrons bien disciplinés. » Notre salut et notre gloire sont à ce prix. Il faut que » je vous aie tous dans la main; que chacun n'écoute » que moi, sans jamais s'abandonner à sa propre impul- » sion, quelle que soit l'occasion qui se présente. Puis- » que vous me dites que vous avez confiance en moi,

» vous comprendrez que si je donne un ordre, il faut » qu'il soit exécuté complétement, immédiatement, sans » hésitation et sans discussion... »

Le soir et le lendemain 31 août, nous vîmes arriver successivement les autres divisions. Enfin, à quatre heures du soir, le vent mollit un peu, et nous pûmes nous embarquer.

Je me trouvai à bord du *Marengo*, vaisseau de 74 canons, avec le général d'Autemarre, le colonel Tarbouriech et deux bataillons, l'un de mon régiment, l'autre du 50e de ligne. Ces 2,000 hommes étaient entassés dans les deux batteries basses, de telle façon que tous ne pouvaient se coucher en même temps. Quant à nous autres officiers, on nous avait donné des hamacs; mais l'espace qu'on nous avait affecté était si restreint, que la moitié d'entre nous dut rester sur le plancher; ainsi, dans un local de deux mètres de hauteur, nous formions deux couches. Nos hommes essayèrent d'adopter le même système, en employant leurs couvertures pour se faire des hamacs; mais cette installation ne pouvant être que très-imparfaite, il s'ensuivait des chutes fréquentes, quelques fâcheries et beaucoup de quolibets. Il faut ajouter à cela le bruit causé par les manœuvres qui ont lieu à chaque instant sur un bâtiment à voiles, et les discordantes sonneries des clairons du bord, de sorte qu'il y avait constamment dans chaque batterie le bruit le plus infernal qu'on puisse imaginer, et les dormeurs les plus acharnés ne pouvaient y résister.

Heureusement nous eûmes presque constamment très-beau temps et je pus, selon mon habitude, parcourir l'intérieur du bâtiment où j'examinais tout avec l'avide curiosité qui me distingue, ou bien encore flaner sur la dunette où j'accablais de questions les officiers de marine. Presque tous, particulièrement MM. Augier, capitaine de frégate, Thierry, Serval et Desrousseaux, enseignes, mais surtout MM. les enseignes Jouillé et de Terson, montraient à mon égard une patience admirable et une complaisance infatigable : presque toujours ils répondaient avec empressement à mes questions si multipliées et si minutieuses.

Mon infernale indisposition me reprit par deux fois avec une extrême violence, et je dus absorber encore de fortes doses d'opium. Je souffrais beaucoup, et dans l'impossibilité où je me trouvais de rester pendant la journée dans les batteries où le bruit était insupportable, je passais tout mon temps dans un coin du carré des officiers où j'avais le crève-cœur de voir mes camarades festoyer bravement les provisions du bord.

Nous restâmes en rade de Baltchik pendant quatre mortelles journées, attendant toujours les Anglais qui devaient s'embarquer à Varna : quant à la flotte turque, elle fut exacte au rendez-vous, car elle arriva le 31 août dans la soirée : après avoir mouillé, elle nous fit la politesse de s'illuminer, ce qui produisait le plus bel effet. Enfin on se décida à partir sans l'escadre anglaise, et le 5 septembre, à huit heures du matin, l'amiral hissa le signal de l'appareillage, au grand contentement de tout le monde, militaires et marins.

Le 8, vers le milieu de la journée, nous trouvant à la hauteur des bouches du Danube, nous vîmes arriver les retardataires, la flotte anglaise et nos vapeurs qu'on avait fait partir au dernier moment pour éviter une consommation inutile de charbon. Ce fut un spectacle bien grandiose que l'apparition soudaine de ces nombreux bâtiments qui semblaient sortir du sein de la mer : tout l'horizon en était rempli. Nous eûmes le bonheur de les voir tous défiler par le travers de notre bâtiment, à l'arrière, et même l'un des vapeurs anglais, celui sur lequel se trouvait l'amiral Lyons, nous rangea si près qu'il semblait qu'on eut pu sauter de notre bord sur leur pont.

Les dispositions prises pour le débarquement étaient vraiment admirables : pendant mon séjour à bord du *Marengo* j'ai pu prendre connaissance de l'ordre général publié à ce sujet, et je le trouvai tellement bien conçu que, malgré sa longueur, je l'aurais copié si je n'avais été aussi malade. Nous devions, en approchant de la côte, nous former sur trois lignes. La première comprenait deux espèces de bâtiments : les uns appelés vaisseaux de combat, sans passagers et par conséquent ayant toute liberté de manœuvre, devait, aux moyen de leur puissante artillerie, couvrir la plage de projectiles pour en éloigner l'ennemi (1) ; les autres portaient les premières troupes désignées pour le débarquement et ils devaient se hâter de les déposer à terre. Les embarcations des bâtiments de la seconde ligne devaient les aider dans cette opération qui ne pouvait manquer de marcher rapidement, attendu que tous les bâtiments, hormis les vaisseaux de combat, portaient deux énormes chalands construits à Constantinople et affectés spécialement au débarquement des chevaux et de l'artillerie. Pendant la route, les chalands avaient été relevés et fixés aux flancs des bâtiments : dans cette position, ils masquaient plusieurs sabords et c'est évidemment pour cela qu'on n'en avait pas donné aux vaisseaux de combat.

En seconde ligne devaient se placer les bâtiments chargés de troupes et en troisième ligne toute la foule des transports. Chaque division devait débarquer sur un point particulier de la côte, et ce point lui serait désigné par le placement préalable de son guidon.

Enfin, pour donner moins à l'ennemi le temps de se reconnaître, chaque bâtiment à vapeur devait, dès qu'on

(1) Ou combattre la flotte russe si elle se présentait.

serait en vue des côtes, prendre à la remorque un bâtiment à voiles.

Le 11, nous vîmes le *Caton*, qui servait de mouche à l'amiral Hamelin, quitter l'escadre et marcher en avant à toute vapeur : il revint le lendemain et annonça, nous dit-on, que l'embouchure de la Katcha, où l'on comptait débarquer, était hérissée de retranchements et garnie de troupes. Heureusement, la reconnaissance faite deux mois auparavant avait fait connaître plusieurs points de débarquement, et le beau temps nous permettait de choisir. On se décida pour une plage très-plate qui se trouve à sept ou huit lieues d'Eupatoria (Koslow) par le 45e degré de latitude, et le 13 au soir nous arrivâmes en vue des côtes, assez près pour que nous pussions en apprécier les détails à l'aide des longues vues. A notre gauche on voyait Eupatoria et au sud de cette ville, une longue suite de moulins ronds en pierre, alignés comme des soldats et bâtis si près de la mer qu'ils semblaient dans l'eau : cela produisait le plus singulier effet. Devant nous une immense plaine s'étendait à perte de vue, et à notre droite s'élevaient des montagnes aux contours pittoresques qui nous rappelaient celles de la Kabylie. Les tons chauds du soleil couchant donnaient à ce spectacle un charme tout particulier auquel venait se joindre le plaisir qu'on éprouve toujours en apercevant la terre après une longue traversée. Et puis, c'était la terre ennemie où nous, les chercheurs d'aventures, nous allions enfin trouver ce que nous désirions tant depuis près d'un an, des Russes à combattre.

Certes, il y avait là de quoi surexciter l'imagination, la folle du logis, et Dieu sait si la mienne prit largement ses ébats. Tant qu'il fit jour je restai sur le pont, les yeux fixés sur cette terre inconnue, et les pensées les plus diverses se présentèrent successivement à mon esprit. Je savais que nous allions commencer une guerre sans exemple dans les temps modernes, mais je savais aussi que le caractère audacieux de cette expédition convenait admirablement au génie entreprenant de notre nation : aussi quelle qu'en fût l'issue, la lutte serait terrible et grandiose, j'étais certain d'assister à de grandes scènes. Peut-être devais-je y trouver la mort, mais cette idée ne pouvait attirer longtemps mon attention, car depuis longtemps j'avais envisagé froidement les conséquences de la profession que j'avais embrassée ; par suite, j'avais fait complétement le sacrifice de ma vie, tout en étant décidé à la défendre avec ardeur, le cas échéant. Mais je songeais avec plus de tristesse à la perte que je pouvais faire de plusieurs de mes bons camarades que je voyais près de moi, pleins de vie, d'ardeur et de jeunesse : un peu de plomb ou de fer briserait leur existence et ferait cesser les battements de leurs cœurs si généreux et si pleins d'abnégation. Etait-ce donc un sauvage instinct de tuerie, comme l'osent dire les ennemis de l'armée, qui faisait étinceler leurs regards quand ils contemplaient la terre ennemie? Un sentiment aussi ignoble ne donnerait pas à toutes ces physionomies, comme je l'ai vu, une si noble expression de fierté; certes, il n'y avait dans tous ces cœurs ardents que le désir de faire de grandes choses, que l'impatience d'augmenter la gloire de la France.

Le 14, dès que le jour parut, on commença le débarquement en suivant toutes les dispositions prescrites. Cette grave opération, la plus difficile à exécuter sous le feu de l'ennemi, s'accomplit sans encombre, grâce à l'absence de troupes russes sur le rivage. Nous ne vîmes que quelques malheureux cosaques qui ne demandaient pas mieux que de s'en aller, et qui le prouvèrent quand une corvette anglaise leur envoya quelques obus. Nous entendîmes encore quelques coups de canon sur notre gauche : on nous dit qu'on attaquait Eupatoria; mais, vraiment, c'était faire trop d'honneur à une opération qui s'accomplit de la manière la plus simple. Le colonel Trochu, de l'état-major, débarqua sur le quai du port, et y fut reçu très-poliment par un vieux major qui, sommé de se rendre, déclara qu'il y était tout disposé; il n'avait avec lui que deux cents hommes, et encore n'était-ce qu'un dépôt de convalescents.

Dès qu'un régiment était débarqué, on l'envoyait

prendre position. Quelques cavaliers, lancés en avant, n'apercevant aucune trace de l'ennemi, nous reçumes l'ordre de camper. Quant à moi, j'eus l'insigne honneur d'être envoyé le premier en avant, avec ma compagnie, pour me placer en grand'garde. Le colonel et le général d'Autemarre approuvèrent les dispositions que j'avais prises, de même que le général Bosquet, dont je reçus la visite dans le courant de la journée. Pendant près de trois quarts d'heure il resta avec moi, et me fit causer tout en examinant ce que j'avais fait ; il me fit lui exposer comment j'entendais le système de guerre que nous allions entreprendre, et interrogea plusieurs de mes hommes pour savoir quelles étaient les instructions que je leur avais données : j'eus la satisfaction de le voir les approuver. Je me rappelle, en outre, qu'il dit aux hommes d'un petit poste qui s'étaient réunis et avaient pris les armes pour le recevoir : « Vous rappelez-vous que nous » avions entre Constantine et Sétif un endroit que l'on » appelait Eulma ? Eh bien ! les Russes se trouvent » maintenant dans un endroit qui porte à peu près le » même nom, Alma ; ils ne sont qu'à quelques lieues » de nous, ainsi gardez-nous bien ! »

La recommandation était inutile, car la guerre d'Afrique nous a perfectionnés autant que possible à propos de ce détail si important de notre métier. On nous considère toujours comme les gens les plus insouciants de la terre, et dès lors on doit supposer que rien ne doit être facile comme de surprendre un camp français ; et pourtant on se trompe, car il est impossible de montrer plus de prudence que nous. Je prendrai pour exemple ce que nous avions fait ce jour-là.

Devant les faisceaux de chaque compagnie, il y avait une sentinelle ; à deux cents mètres en avant, on avait placé une deuxième ligne de sentinelles (une pour deux compagnies), destinée à relier le camp avec le bataillon de soutien (un par division). Ce bataillon, outre les sentinelles de ses faisceaux, en poussait en avant pour se relier avec les grand'gardes (une compagnie par bataillon). Chaque grand'garde était fractionnée en deux parties égales ; l'une restait avec le commandant de la compagnie, l'autre formait trois petits postes, commandés chacun par un sous-officier et placés à trois cents mètres en avant, enfin, chacun de ces petits postes poussait au loin une sentinelle mobile qui devait se tenir constamment en communication avec celles des petits postes voisins.

Tout ce système de garde s'étendait ainsi jusqu'à plus d'un kilomètre du camp : on voit qu'il eût été impossible à un chat d'y pénétrer sans notre permission.

Cette grand'garde fut très-pénible ; pendant vingt-quatre heures nous reçûmes la pluie sur le dos, et je passai toute la nuit sur pied, ne m'en rapportant qu'à moi pour veiller à la sûreté du camp. C'est toujours mon habitude en pareil cas, car je trouve qu'on ne saurait s'exagérer la grave responsabilité d'un commandant de grand'garde, qui doit toujours songer que la vie, ou tout au moins la tranquillité de toute l'armée repose sur lui. Il est bien entendu que j'avais défendu du dresser des tentes et d'allumer le moindre feu, quoiqu'il fît très-froid et que la pluie fût vraiment glaciale. Pour comble de malheur, on manquait d'eau potable, et quand on eût fait la soupe, on dut la jeter, de même que le lard qu'on y avait mis. Nous mangeâmes du biscuit et nous serrâmes notre ceinturon d'un cran de plus ; ce n'était pas très-amusant : mais après tout, ce n'était pas la première fois que cela nous arrivait, et puis nous étions en veine de bonne humeur, car nous sentions les Russes près de nous.

Heureusement, suivant la consolante coutume des choses d'ici-bas, le mal n'a qu'un temps comme le bien, et cette grand'garde se termina le lendemain 15 dans l'après-midi. En rentrant au camp, je vis arriver un détachement de quatorze hommes d'infanterie russe, que les vingt-cinq spahis du maréchal, toute notre cavalerie, venaient d'enlever dans un village qui fut bientôt fouillé par nos hommes. Quelques zouaves du 2e régiment ayant trouvé un énorme porc, et ne sachant trop comment le ramener au camp, attendu que l'animal refusait de marcher, le placèrent dans un élégant tilbury qui se trouvait là. Leur entrée solennelle au camp eut un succès prodigieux : Toute l'armée les vit et les salua d'un immense éclat de rire. Pendant la nuit qui suivit, nous eûmes une alerte ; un malheureux sergent de chasseurs à pied ayant négligé de se faire reconnaître par une sentinelle, fut tué raide par celle-ci. Ce coup de feu et le cri : *Aux armes !* poussé par les sentinelles, réveilla toute l'armée, et en un instant tout le monde fut sur pied : ce grand mouvement se fit avec une extrême vivacité et sans bruit ; nous ne restâmes que quelques instants sous les armes, car la cause de cette alerte fut bientôt connue.

Je passai la journée du lendemain 16 à visiter la plage où l'on travaillait avec ardeur au débarquement des chevaux et du matériel, opération contrariée par l'état de la mer qui était un peu houleuse. La grande difficulté consistait surtout dans le placement des chevaux et mulets sur les chalands qu'on ne peut employer que pendant le calme : mais on s'avisa d'un excellent moyen, ce fut de déposer tout simplement ces animaux dans l'eau en s'en rapportant, pour leur sauvetage, à l'instinct de la conservation : ce moyen réussit parfaitement et aucun ne se perdit. Rien n'était plus bizarre que la vue de tous ces animaux nageant vers la côte et témoignant à leur arrivée la joie la plus vive, ce qui se traduisait, comme à l'ordinaire, par des hennissements et force ruades.

Tous se roulaient dans le sable avec volupté, heureux d'avoir échappé aux entraves du bord et d'avoir enfin retrouvé la terre.

Le 17 je visitai le camp des Turcs : je les trouvai tout en joie, car on venait de leur annoncer que l'administration française se chargeait de leur nourriture et on leur avait fait la première distribution. Je les voyais grignoter avec bonheur notre biscuit, tout en se le montrant avec une véritable admiration : ils préparaient aussi joyeusement le café qu'il venaient de recevoir.

Leur habillement, fort simple du reste, se compose d'une veste ronde et d'une pantalon dont le bas est recouvert d'une sorte de grande guêtre en guenilles garnissant la jambe, mais sans adhérence avec le soulier : le tout mal taillé dans un drap tellement grossier que celui de nos soldats fait auprès de celui-là l'effet du plus fin drap d'Elbeuf. Une sorte de renégat qui se trouvait parmi eux et qui était censé remplir les fonctions d'officier de santé, me dit que ces draps étaient de fabrication turque et tellement mauvais que malgré leur épaisseur ils se déchiraient facilement et tombaient en lambeaux après quelques mois de service. Du reste, dans cette chère Turquie, qui est encore dans l'enfance de l'administration, le pot de vin préside ouvertement à toutes les fournitures faites au compte de l'Etat. Mon renégat me dit que personne ne savait exactement le nombre de soldats qui se trouvaient dans le camp : le moindre état de situation leur est parfaitement inconnu. Quant à lui, au moment de quitter Constantinople, on lui avait remis, au lieu des médicaments nécessaires, quelques caisses remplies de ces remèdes dont l'annonce remplit la quatrième page de nos journaux et dont les inventeurs font faire de grands achats par les hauts fonctionnaires turcs en leur offrant des pots de vin intelligents. Ce malheureux corps d'armée était par suite de cela, abondamment pourvu de capsules de Mothes, mais il manquait totalement des médicaments vraiment usuels et nécessaires, de sorte que l'officier de santé, quand un malade se présentait à lui, n'avait qu'une seule ressource, celle de l'envoyer se coucher. Aussi, me disait-il, lorsque le choléra s'était déclaré au milieu d'eux à Varna, la mortalité avait été très-considérable. Du reste, il doit y avoir chez ces soldats une grande prédisposition aux maladies épidémiques, car, malgré les ablutions prescrites par leur religion, ils ne semblent pas avoir le sentiment de la propreté; ils n'ont pas même l'habitude d'entretenir leurs armes que j'ai trouvées dans un état pitoyable.

Tous semblent fort peu enthousiastes, et cela tient sans doute à la mauvaise composition du corps des officiers : je vis l'un de ces derniers, un chef de bataillon, maltraiter avec la plus grande brutalité plusieurs de ses soldats pendant un exercice : il osa même souffleter un vieux sergent décoré du Mahmoudié et cela pour une faute bien légère. On conçoit que de pareils chefs n'inspirent aux soldats ni entrain ni gaîté, aussi ont-ils généralement l'air très-ennuyé : je les ai vus pourtant s'animer à la prière du soir qui présente une scène assez intéressante. La prière terminée, tous se lèvent en criant par trois fois Allah! Ce cri, que nous entendions proférer à la fois par ces dix mille voix, avait quelque chose d'imposant et qui portait à la rêverie, au retour vers le passé. Alors seulement ces soldats nous rappelaient leurs ancêtres à la foi si ardente et qui faisaient avec le sabre une si furieuse propagande. Ce cri nous frappa surtout la veille de la bataille de l'Alma : il dut aussi être entendu des Russes et leur signaler la présence d'ennemis implacables.

Le 18 au soir nous reçumes enfin l'ordre si impatiemment attendu de marcher en avant, et le lendemain, à six heures du matin, le mouvement commença : nous pûmes dès lors comprendre que l'ennemi n'était pas loin, car on nous fit marcher en bataille tout en conservant l'ordre en colonne par régiment : de plus, nous étions précédés par nos tirailleurs. Ce déploiement sur une ligne d'une étendue considérable produisit un effet inattendu : nous fîmes lever une très-grande quantité de lièvres qui, ahuris par la vue de tant de monde et par les cris de nos soldats, poursuivis par nos officiers supérieurs qui étaient à cheval et par nos chiens, se jetaient tête baissée au milieu des colonnes où on les tuait à coups de bayonnette : mon seul bataillon en prit dix-sept. Ce ne fut pas la seule bonne aubaine de la journée, car nous traversâmes un champ immense planté d'oignons et de melons en bon état de maturité, sur lequel on se jeta avec empressement.

Après cet incident si gai, nous eûmes un spectacle bien triste qui nous prouva que les Russes que nous avions devant nous n'avaient pas dégénéré, qu'ils étaient bien les dignes descendants des Russes de 1812 : tous les villages que nous traversions avaient été livrés aux flammes ainsi que les maisons, et les habitants en avaient été chassés par les Kosaks. Tout annonçait un départ précipité : le sol était jonché d'effets et d'ustensiles de toutes sortes qu'on avait sans doute laissé tomber sans pouvoir prendre le temps de les ramasser.

Le besoin de mettre de l'ensemble dans nos mouvements forçait à nous faire marcher très-lentement : enfin, à une heure de l'après-midi nous nous arrêtâmes tout à fait, les colonnes se déployèrent et l'artillerie entra en ligne. Nous pûmes croire que l'action allait s'engager car nous aperçûmes en face de nous, l'armée Russe rangée sur une ligne de hauteurs escarpées : il est vrai qu'elle était un peu loin de nous, mais elle sembla nous faire la politesse de nous épargner une partie du chemin : des corps assez nombreux de cavalerie et d'infanterie vinrent à notre rencontre vers le milieu de notre ligne, nos tirailleurs commencèrent le feu, puis quelques canons français et anglais les imitèrent, et pendant près d'une heure échangèrent des projectiles avec l'artillerie des Russes. Nous vîmes la cavalerie de ces derniers exécuter quelques charges puis se retirer rapidement vers l'infanterie qui s'était formée en carrés. Cette escarmouche terminée, nous reçûmes l'ordre de camper sur l'emplacement même que nous occupions. Le soir, tout en festoyant bravement le produit de la chasse de la journée, les lièvres et les melons, nous apercevions devant nous les feux très-haut perchés des bivouacs russes : ce spectacle magnifique donnait bien un peu à penser, mais Dieu merci ! les idées tristes ne nous préoccupent pas longtemps et l'impression générale était une grande satisfaction de se sentir près d'en venir aux mains.

Le 20 septembre, à sept heures du matin, le général Bosquet réunit à la droite de l'armée où notre régiment était campé, une petite colonne formée de quatre bataillons dont deux de mon régiment et deux des tirailleurs indigènes, le tout formant environ 1,600 baïonnettes : il avait de plus avec lui quelques chasseurs d'Afrique. Cette colonne se mit en marche le plus tranquillement du monde. A huit heures nous nous arrêtâmes : en voyant cette halte se prolonger je donnai à mon ordonnance l'ordre de me servir un biscuit et un peu de lard et j'allai douillettement m'installer sur un beau tas d'avoine que je lorgnais du coin de l'œil depuis un instant : pour comble de bonheur on trouva de l'eau à proximité et mon festin fut complet. Cela fait, je m'endormis au soleil et je me réveillai qu'à midi en entendant rompre les faisceaux : j'avalai alors vivement un peu de café que me présentait un de mes zouaves et je suivis la colonne encore un peu engourdi par suite du sommeil, et sans trop faire attention où j'allais, comme marchent généralement ceux qui ont l'habitude d'abuser de cet exercice. Après avoir fumé quelques cigarettes, je levai le nez et j'aperçus au sommet de l'escarpement qui se dressait devant nous, des cavaliers portant quelque chose comme de longues gaules. Je me rapprochai alors d'un de mes camarades et lui dis d'un air un peu surpris : « Vois donc! vois donc! voilà des Kosaks. — Ah ça! est-ce que cela t'étonne? — Non, pas trop, je m'attends bien à voir quelques-uns de ces gaillards-là nous observer pendant notre reconnaissance. — D'où reviens-tu donc pour appeler une reconnaissance ce que nous allons faire? » Il m'apprit ensuite, à mon grand étonnement, que pendant mon sommeil on avait annoncé que nous allions attaquer l'armée russe : ainsi, chose assez bizarre, j'allais à la bataille sans m'en douter et c'est là certainement une situation fort rare.

Ce que me dit mon camarade me fit dresser l'oreille et donner un peu d'attention à ce qui se passait autour de moi. J'aperçus dans la plaine et à notre gauche, mais très-en arrière, notre armée s'avançant en bataille : c'était un magnifique spectacle. Nous venions d'entrer dans une belle vallée toute remplie de charmantes maisons de campagne et d'immenses jardins. Le versant nord sur lequel nous nous trouvions était à pente très-douce et presque insensible, tandis qu'au contraire nous voyions tout au bord de la rivière le versant sud se dresser presque à pic et comme un mur de 250 à 300 mètres de hauteur. Sur le sommet et à gauche, on apercevait une sorte de maison en construction et encore entourée des échafaudages : j'ai su depuis que c'était un télégraphe. Plus loin, on apercevait des masses de troupes russes et quantité de gros canons qui reluisaient au soleil.

Nous traversâmes un beau village, qui pouvait certainement soutenir la comparaison avec ceux de France, et qui, par hasard, n'était pas brûlé; sans doute, les Cosaques n'avaient pas eu le temps de le faire.

Mais déjà il n'était plus temps d'examiner la belle nature qui nous entourait. Nos tirailleurs gravissaient l'escarpement, et l'un d'eux était applaudi par toute la colonne ; quoique ses camarades grimpassent avec beaucoup d'agilité, il les dépassa tous, et, arrivant vivement au sommet, il eut l'honneur de tirer le premier coup de fusil. Nous franchîmes rapidement la rivière, où nous avions de l'eau jusqu'au ventre, tout en profitant de cette bonne occasion pour savourer la première eau potable que nous trouvions depuis notre débarquement. Pendant que nous gravissions l'escarpement, je pus voir que mes zouaves se rappelaient les recommandations que je leur avais faites. Nos tirailleurs avaient commencé le feu, et ces premiers coups de fusil qu'ils entendaient avaient redoublé l'animation de nos hommes, si bien qu'ils s'élançaient avec plus d'ardeur encore qu'au début de cette course furieuse; déjà quelques-uns des miens allaient se mêler aux compagnies qui nous précédaient; mais je les vis me rejoindre dès que je leur criai : « Dou-» cement, la huitième, ne me dépassez pas; ce n'est » pas la peine de tant vous presser, il y en aura pour » tout le monde. » Le général d'Autemarre, qui se trouvait derrière moi, me dit en riant : « Vous avez raison, « monsieur M..., il y en aura pour tout le monde. »

A mesure que nous arrivions sur le plateau, le colonel nous faisait mettre en bataille sans distiction de compagnie. Le temps qu'exigeait l'exécution de ce mouvement me permit d'examiner l'armée russe, rangée en bataille sur six ou sept lignes parallèlement à la crête des hauteurs; évidemment, ils ne croyaient pas qu'on pût les attaquer par l'endroit où nous étions montés, car notre arrivée sembla les étonner. Nous vîmes leurs dernières lignes se hâter de marcher par le flanc pour venir nous faire face, et l'artillerie de leur réserve vint au galop prendre position devant nous; puis, une nombreuse ligne de tirailleurs s'avança à notre rencontre, et les nôtres s'élancèrent vivement pour répondre à leur feu. Ils étaient vraiment beaux à voir nos braves zouaves, à la fois si admirables d'élan et si froidement courageux, courant bravement au feu, et cela sans cris et sans agitation inutile; puis, quand le moment était venu de tirer, on les voyait ajuster lentement l'ennemi qu'ils voulaient frapper, le couvrant de l'œil et observant toutes les prescriptions du tir avec le plus grand calme, comme devant une cible. Quel dommage qu'il en reste si peu!

Les Russes avaient très-bonne contenance et ils vinrent si près de nous que, malgré la faiblesse de ma vue, j'apercevais très-distinctement leurs gestes et même les moindres détails de leur équipement : leurs balles arrivaient jusqu'à mon bataillon, et ils blessèrent l'un de mes zouaves. Mais ils entendaient mal ce combat de tirailleurs, car tandis que tous les nôtres étaient couchés à terre et embusqués de telle façon que nous-mêmes les apercevions à peine, eux au contraire se tenaient tous debout et rangés sur une ligne presque coude à coude; on comprend dès-lors que nos tirailleurs avaient beau jeu et que tous leurs coups devaient porter : aussi les résultats de cet engagement furent remarquables. Nous eûmes un seul blessé, un sergent qui était resté debout : tandis que, quand nous marchâmes en avant, nous trouvâmes l'emplacement des tirailleurs russes parfaitement marqué par une ligne de morts et de blessés.

Ces tirailleurs ayant été rappelés, nous aperçumes à environ deux cents mètres plus loin une ligne d'infanterie composée de huit bataillons, les régiments de Minsk et de Moscou, d'après le rapport de Menschikoff : ces troupes commencèrent contre nous un feu de deux rangs assez innocent, puis se replièrent vivement lorsque, sans nous donner la peine de tirer, nous marchâmes en avant. De nouveaux tirailleurs leur succédèrent et furent rappelés pour faire place à une autre musique : une batterie de huit pièces de gros calibre commença à nous saluer.

Nous venions de nous former en colonne, attendu qu'on apercevait à la gauche de l'ennemi un corps assez considérable de cavalerie, composé d'environ une dizaine d'escadrons, qui semblait s'apprêter à nous charger : plusieurs fois elle se porta en avant au trot, mais toujours elle était arrêtée par les obus que lui lançait la corvette à vapeur la *Mégère*, commandant Devoulx, placée au cap Loukoul, près du cap Alma. Les premiers coups tirés par cette corvette que nous n'apercevions pas et à laquelle nous étions loin de penser, nous causèrent une certaine appréhension comme il arrive toujours lorsqu'on entend tirer derrière soi, mais la vue du trouble causé par les obus parmi les cavaliers russes nous donna la clef de cette énigme.

Quoi qu'il en soit, la présence de cette cavalerie constituait une menace permanente, et nous dûmes nous tenir constamment prêts à nous former en carré, c'est-à-dire nous tenir formés en colonne par divisions de deux compagnies : nos quatre bataillons étaient placés en échelons : le mien, quoique placé en arrière et à droite des turcos, était le plus exposé, car aucun pli de terrain ne le protégeait, ce qui avait lieu en partie pour les autres. Pendant que nous nous portions en arrière pour prendre cette position, un zouave dut la vie a un singulier hasard : à peine avait-il achevé son demi-tour, qu'une balle arriva, et au lieu de la recevoir dans la poitrine comme cela eût eu lieu un instant auparavant, il la reçut dans le dos ; mais heureusement c'était lui qui portait la marmite ce jour-là, et la balle ne put que traverser cette singulière cuirasse à la grande satisfaction du zouave qui, fort peu impressionné, faisait sonner la balle tombée au fond de la marmite.

Cette disposition en colonne nous fit faire des pertes plus nombreuses qui si nous étions restés en bataille : de plus, elle eut un autre résultat qui m'ennuyait fort : trois divisions de mon bataillon étaient devant moi et m'empêchaient de bien voir ce qui se passait : aussi je dus pour cela me porter sur le flanc de la colonne. Dans les premiers moments j'aperçus devant nous à environ sept cents mètres (j'ai su depuis que cette appréciation était juste) huit pièces de gros calibre mises en batterie, la droite au télégraphe et placées derrière un épaulement ou un pli de terrain, ce que je n'ai pu déterminer exactement : toujours est-il qu'on n'apercevait que la volée des pièces. La fumée de la poudre qui devint très-épaisse m'empêcha d'en voir d'avantage : seulement le trait lumineux qui traversait de temps en temps cet épais nuage indiquait la position de chaque pièce. Malheureusement cette batterie ne fut pas seule à tirer sur nous, car nous en vîmes bientôt arriver trois autres dont l'une nous fit la mauvaise plaisanterie de nous battre en écharpe; un boulet de cette batterie vint, sous mes yeux, couper en deux l'un de mes camarades, Lapeyre, lieutenant au turcos. Je fus averti de ce malheur d'une façon assez singulière : un zouave placé près de moi fut frappé en pleine poitrine et cela sans être blessé, à mon grand étonnement : je ramassai l'objet qui l'avait atteint, c'était une poignée de sabre d'officier toute déformée : inquiet, je regardai autour de moi pour savoir qui avait été atteint, et j'aperçus le pauvre Lapeyre dont on emportait le corps tout brisé.

Il y avait là en tout trente-deux pièces de canon

qui faisaient feu sur nous, d'après ce que m'a dit un officier d'artillerie, et il fallait recevoir tout cet ouragan de fer et de plomb en restant immobile, l'arme au pied et sans tirer un coup de fusil : or, l'obligation de recevoir des coups sans en rendre constitue une position atroce, surtout quand elle se prolonge. Toutes ces pièces faisaient déjà beaucoup de tapage, mais ce fut bien pis quand nos canoniers arrivèrent à notre grand étonnement, car nous étions loin de penser qu'on pût hisser des pièces jusque sur le plateau. Il y avait d'abord pour eux l'inconvénient de passer la rivière à gué, tout en ayant de l'eau jusqu'aux moyeux et ensuite, quoiqu'il y eût un chemin, la montée était rude; aussi les conducteurs avaient mis pied à terre et piquaient avec leur sabre la croupe de leurs chevaux : certes, ils faisaient bien, car ce n'était pas le moment de prendre des ménagements, il fallait arriver.

Enfin le capitaine Fiévet parut avec une de ses pièces qu'il plaça à la droite de mon bataillon et qui tira seule pendant assez longtemps : les autres arrivèrent successivement et je crois me rappeler qu'on en plaça encore une avec la première : quand aux autres elles furent mises en batterie à la gauche de notre bataillon et, sans doute pour leur faire place, on fit reculer les turcos jusqu'au débouché du chemin par où nous étions arrivés sur le plateau.

C'est en ce moment que le nombre des pièces russes,

que nous avons devant nous, fut porté à quarante, et dès lors éclata le plus effroyable vacarme que j'aie jamais entendu : nous fûmes bientôt enveloppés par un nuage de poudre que sillonnaient les rouges éclairs des canons russes, et ces lueurs de mauvais augure nous signalaient la présence de ces pièces dont les projectiles de toute nature tombaient comme grêle au milieu de nous. Notre position devint fort désagréable : je marchais lentement devant le front de ma compagnie parlant à mes hommes et observant leur contenance quand je vis l'un d'eux sortir des rangs pour chercher à mieux voir ce qui se passait : je le fis rentrer en lui disant que personne ne devait quitter son rang, et réfléchissant que je devais en donner l'exemple, je retournai à ma place de bataille. A partir de ce moment, je ne pus m'empêcher de conserver les yeux constamment fixés sur la septième pièce des Russes, car chaque fois qu'elle tirait, son boulait ou son obus abattait des hommes près de moi ou passait à une faible hauteur au-dessus de ma tête : il s'écoulait un espace de temps très-appréciable entre le moment où j'apercevais le jet de flamme qui annonçait le départ du projectile et le moment de l'arrivée de celui-ci, et pendant tout ce temps je sentais mon cœur se serrer affreusement. Cette inquiétude si fréquemment renouvelée se changea bientôt en une angoisse atroce et continue. Je compris combien les chances de mort s'accumulaient sur ma tête et je me préparai à ce grand événement par la prière : je recommandai mon âme à Dieu et je le suppliai de prendre en pitié mon pauvre frère en lui faisant supporter ma perte avec résignation. Cela me fit bien et j'attendis avec plus de calme le dénouement de cette terrible crise : longtemps encore, les bras croisés et les dents serrées, j'entendis le sifflement des projectiles qui semaient la mort autour de moi : enfin je fus renversé à mon tour. Qu'était-il arrivé? Je n'en sais trop rien, car mes souvenirs à ce sujet sont très-confus : il me semble pourtant me rappeler que je fus d'abord frappé au côté par un éclat d'obus qui me fit tourner sur moi-même et que je restai un instant encore debout, les bras croisés et me raidissant contre la douleur : puis arriva un autre projectile, boulet ou obus, qui, m'atteignant au pied gauche, me renversa : c'est sans doute vers ce même moment que je fus blessé à la main droite (1).

(1) Peut-être trouvera-t-on qu'en décrivant aussi franchement mes sensations, je fais un aveu quelque peu naïf : et pourtant on devrait savoir que les militaires consciencieux ne cherchent pas à dissimuler la douloureuse impression que leur cause toujours le danger, et il me semble que cette difficulté qu'ils éprouvent à dominer le sentiment de la conservation augmente leur mérite. Le général La Salle, qui s'était acquis une si grande réputation de bravoure, disait que le premier coup de canon d'une affaire lui donnait la mort dans l'âme.

J'ajouterai qu'il y a une grande différence entre un combat au-

En recevant ma première blessure j'avais voulu faire bonne contenance, mais quand arrivèrent les deux autres tout amour propre cessa et je poussai un cri prolongé, ce fut le seul, mais il était si effroyable qu'il me semble l'entendre encore. Mon premier mouvement fut d'apprécier la gravité de ma blessure du côté : quand je m'aperçus que je pouvais y introduire la presque totalité du doitg majeur de la main droite et toucher intérieurement la surface de je ne sais quel corps rond et onctueux, je me crus perdu, et j'ordonnai à quelques-uns de mes hommes de me porter sur le flanc de la colone pour y mourir plus tranquillement; je passai ainsi devant toute ma compagnie, et je pus voir alors combien j'étais aimé de mes zouaves, car tous me regardaient avec consternation et pitié : j'appelai plusieurs d'entre eux en leur disant : « Adieu, mes amis, comportez-vous bravement comme doivent le faire des zouaves! » Plusieurs me dirent : « Ah! mon lieutenant,

quel on pend une part active, où l'agitation qu'on se donne produit une puissante diversion à la crainte de la mort, où les mouvements exécutés font qu'on laisse derrière soi les corps de ceux qui sont frappés, et la rude épreuve que nous avons subie à la bataille de l'Alma; comme je l'ai déjà dit, nous avons dû, pendant un temps très-long, trop long, rester immobiles et l'arme au pied sous le feu de nombreuses pièces d'artillerie placées seulement à 700 mètres de nous, et, recevant ainsi des coups sans en rendre, jouer le rôle de cibles, compter nos pertes une à une, et contempler l'agonie de ceux de nos camarades qui étaient frappés.

vous en reviendrez ! » Ce n'était pas mon avis, car lorsqu'on m'eut déposé à terre et que j'eus prié M. Cham, l'adjudant du bataillon, de m'ôter mon sabre attendu que je me sentais très-oppressé, je ne pensai plus qu'à me recueillir. Quel moment solennel !

Après quelques instant j'éprouvai un étonnement indicible en voyant que je ne mourais pas : cette situation se prolongeant et les projectiles continuant à pleuvoir autour de moi, l'instinct de la conservation se réveilla ; je songeai que je pouvais quitter ce champ de bataille où je n'avais plus rien à faire, et je désignai quatre zouaves pour m'emporter : ils voulurent pour cela me placer un fusil sous les reins, mais ce fut impossible à cause de ma blessure du côté et ils durent saisir chacun l'un de mes quatre membres : l'un d'eux soutenait de son mieux mon malheureux pied qui se balançait à l'extrémité de ma jambe. Je leur avais dit de me transporter derrière un petit mur que j'avais remarqué en arrivant sur le plateau, mais nous le trouvâmes détruit par les projectiles et nous dûmes descendre le chemin qui menait à la rivière : Gerrier, notre médecin-major, y avait établi son ambulance, et je le trouvai entouré de mourants et de blessés : il examina mes blessures et me dit « Mon pauvre M..., voilà un pied qu'il faut amputer, mais je n'ai pas ici les instruments nécessaires, et il faut qu'on vous porte à l'ambulance de la division. » Je dus alors le quitter et le laisser donner ses soins aux autres blessés : il était là fort exposé.

A mi-chemin de la descente, mes souffrances étaient devenues attroces, je priai mes hommes de me déposer sur les bord du chemin ; ils le firent, mais après un instant très-court, ils me supplièrent de me laisser emporter ailleurs, attendu qu'en cet endroit je pouvais encore être frappé, et ils avaient bien raison, car un obus vint éclater à quelques pieds au-dessus de notre petit groupe et vraiment il est merveilleux qu'aucun de nous ne fut touché.

En arrivant à la rivière, je trouvai un officier du génie de mes amis, occupé à faire établir une rampe pour le passage des voitures au sortir du gué : comme il ne me reconnaissait pas, je l'appelai, et il vint me serrer la main d'un air fort consterné et sans prononcer une parole : il paraît que j'étais fort déconfit (1).

(1) Il est vrai que ma toilette était fort négligée : j'avais perdu mon képy : mon sabre m'avait été ôté parce qu'il gênait ma respiration, mais, ramassé et conservé religieusement pendant tout le combat par l'un de mes hommes, il me fut remis le soir même. Mes habits étaient en lambeaux, car l'éclat d'obus que j'avais reçu au côté m'avait enlevé tout le dos de ma tunique, de mon gilet, de ma chemise, de mon gillet de flanelle et un pan de ma tunique était arraché de même qu'une partie de mon pantalon : j'avais dû, en outre, faire couper ma guêtre et mon soulier pour découvrir mon pied. Ma montre et sa chaîne puis mon lorgnon furent perdus, mais, ces objets, trouvés le lendemain par des soldats en deux endroits

Le passage du gué fut fort pénible : j'avais le corps tout endolori et pour m'enlever au-dessus de l'eau, il fallut beaucoup tirer sur mon malheureux pied. Enfin, arrivés tant bien que mal sur l'autre côté de la rivière, nous cherchâmes des yeux l'ambulance de la division, et ne l'appercevant pas, nous dûmes supposer qu'on l'avait placée dans le village de Bourliouk qui se trouvait près de nous et que ses habitants avaient abandonné. Au village, rien encore : un de ceux qui me portaient, entrant dans une maison, y trouva un grand berceau que je voudrais posséder, tant il m'a semblé curieusement peint et sculpté : on essaya de m'y placer pour me rendre le transport moins pénible, mais, comme on doit le penser, il était trop court, et je ne pus y rester longtemps. En ce moment mes souffrances redoublèrent et je crus encore que j'allais mourir : je me fis placer à l'ombre et j'ordonnai à mes zouaves de me quitter; ils se bornèrent à s'éloigner à peu de distance sans mot dire et en me regardant avec une véritable expression de douleur, car eux aussi croyaient qu'ils

différents, furent portés par eux au quartier général et m'arrivèrent à Constantinople.

Chose bizarre! au moment où on me releva, un de mes hommes me dit : « Lieutenant, vous perdez votre argent! » J'étais tombé sur une bourse bien garnie qui ne m'appartenait pas : comme elle ne contenait que de la monnaie russe, je pus donner au zouave qui l'avait ramassée l'autorisation de la garder.

allaient me voir expirer. Cette crise douloureuse s'apaisa pourtant, et au même moment un médecin de la légion étrangère vint à passer et on l'amena près de moi. Il n'avait avec lui rien de ce qu'il faut pour faire un pansement, mais heureusement j'avais sur moi une bande roulée (2) dont j'avais déjà employé une partie à panser nn zouave blessé avant moi : je la remis au docteur qui me la plaça autour du pied, tout en me disant que l'amputation devait être pratiquée le plus tôt possible, puis il demanda pourquoi on ne m'avait pas porté à l'ambulance de la division, Quand on lui eut répondu que nous ne savions pas où elle était, il nous la montra à mi-côte de l'escarpement, admirablement placée très-près du champ de bataille, mais abritée des projectiles par un pli de terrain. Il fallait donc me hisser là-haut, opération encore bien douloureuse pour moi, mais heureusement un tirailleur indigène qui se trouvait là découpa avec son sabre une portion de clôture en clayonnage sur laquelle on me plaça : nous nous remîmes en marche, suivis par un vénérable prêtre qui s'enquérait de l'état dans lequel je me trouvais et attendait patiemment que j'eusse recours à son saint ministère.

Arrivé enfin à l'ambulance que nous cherchions depuis

(2) J'ai toujours eu l'une de ces bandes sur moi, et j'ai eu quelque fois l'occasion de l'employer, notre chirurgien ne pouvant pas toujours se trouver partout où tombe un blessé.

une heure et demie, je fus déposé sur le sol comme un grand nombre de blessés qui s'y trouvaient déjà placés sur plusieurs lignes : puis j'appelai les médecins, réclamant avec instance l'amputation qu'on m'avait dit être indispensable. Plusieurs de ces messieurs vinrent à moi, mais en voyant la bande placée sur mon pied, ils me déclarèrent que ce pansement ayant dû déjà me procurer quelque soulagement, je devais attendre qu'on eût donné les premiers soins à mes nombreux compagnons d'infortune : ayant reconnu l'un d'eux avec lequel je m'étais trouvé en expédition (M. Imbert, je crois), j'exigeai de lui la promesse qu'il m'opérerait le jour même.

En attendant, j'envoyai mon ordonnance chercher de l'eau à la rivière et je la lui fis verser goutte à goutte sur mon pied et sur la blessure que j'avais au côté gauche; puis, ces dispositions prises, je regardai mes voisins. J'avais à ma gauche un officier du 7e de ligne, M. V..., blessé d'une balle à la jambe droite, et à ma droite, M. Mermet, lieutenant-colonel du 20e de ligne, blessé d'une balle à la cuisse gauche. Je n'oublirai jamais la sollicitude avec laquelle le colonel veillait sur moi, gourmandant les infirmiers maladroits qui, passant trop près de moi, pouvaient me donner un choc douloureux, et, oubliant sa propre blessure pour chercher à me faire éprouver tout le soulagement possible. Il donna une somme assez ronde à un homme de haute taille, non militaire, proprement vêtu et suivi de sa femme non moins grande que lui : tous deux distribuaient gratuitement de l'eau-de-vie aux blessés, et il fallut que le colonel insistât beaucoup pour leur faire accepter cette indemnité.

A quelques pas de moi se trouvaient deux soldats russes blessés et fort âgés, puisqu'ils étaient agités du tremblement sénile. Ils regardaient avec reconnaissance ceux qui, s'empressant autour d'eux, leur prodiguaient leurs soins, et ils semblaient savourer avec la plus vive satisfaction l'eau-de-vie et le biscuit qu'on leur avait donnés. Plus loin encore, j'eus la douleur de reconnaître le corps d'un de mes anciens camarades, Troyon, chef de bataillon au 7e de ligne, qui avait reçu deux balles dans la région du cœur et qui venait de succomber. Quelques instants après, je vis apporter un autre de mes camarades, P. de S..., qui ne tarda pas à expirer. Que de regrets il a laissés après lui! Il s'était marié peu de temps avant la déclaration de guerre, et l'avait fait avec d'autant plus de sécurité, qu'appartenant à l'infanterie de marine, il ne se croyait pas exposé à faire cette campagne; l'ordre d'embarquer lui arriva pourtant, et, le jour de son départ, il eut la douleur de voir le plus précieux soutien de sa femme, sa belle-mère, succomber à l'émotion que lui causait cette séparation soudaine :

il ne resta donc de cette malheureuse famille qu'une jeune femme enceinte.

Un sergent de ma compagnie se trouvait aussi près de moi : un boulet lui avait broyé les deux jambes, mais on ne l'amputait pas, parce qu'on jugeait cette opération inutile. Ses souffrances étaient horribles et il demandait à grands cris qu'on lui fournît les moyens de s'achever : le malheureux n'expira que deux heures après. Un moment, il y eut parmi les médecins et les infirmiers un grand mouvement : on m'assura qu'un zouave venait de supporter l'amputation de trois membres sans pousser un cri : plus tard, on m'a encore assuré qu'il avait survécu pendant deux mois à cette triple opération.

La nuit arrivant, on dressa des tentes où l'on plaça les blessés : je me trouvai dans l'une d'elles avec le colonel Mermet, M. V., et un officier russe, et peu d'instants après y être entré, je reçus la visite du capitaine F., qui commandait l'une des batteries de notre division. En le voyant arriver je lui dis : « Au diable l'artillerie. » Cette exclamation excita quelque peu sa susceptibilité car il me répondit vivement : « Trouvez-vous qu'elle n'ait pas fait son devoir? » Je l'appaisai en lui disant que je faisais allusion aux effets produits par l'artillerie russe sur mon pauvre individu ; il me conta alors que sa batterie avait fait de grandes pertes, que tous ses chevaux étaient morts et que beaucoup de ses canonniers étaient tués ou blessés : il paraît que voyant l'un de ces dernier atteint d'une horrible blessure, il lui avait dit : « Ah ! mon pauvre ami, comme il vous ont arrangé ! il vous ont enlevé les deux bras ! » — « Ne m'en parlez mon capitaine, avait répondu le canonnier, ils ne m'en ont pas seulement laissé un pour manger la soupe ! » Quelle abnégation il y a dans cette plaisanterie !

Après le capitaine F., je vis successivement un de mes camarades, Lal..., lieutenant dans mon bataillon, puis Les..., mon sous-lieutenant qui me demanda ce dont je pouvais avoir besoin, et se chargea de prier le colonel de m'autoriser à faire embarquer mon zouave avec moi. J'envoyai ensuite ce dernier au camp chercher mon bagage qui se composait d'une couverture, d'une paire de chaussettes et d'un mouchoir, précieux restes de l'incendie de Varna. En ce moment arriva M. Imbert, accablé de fatigue et tout à fait hors d'état de m'amputer : il nous demandait asile dans notre tente et s'endormit après avoir pansé l'officier russe qui se trouvait avec nous, et à qui la blessure n'avait pas enlevé l'appétit car il mangeait d'énormes tranches d'un pain d'une entière noirceur qu'il tira de son sac, tout en refusant notre beau biscuit blanc. Ce brave capitaine, âgé à peine de trente ans, était prodigieusement farouche et devait avoir la tête remplie d'horribles histoires sur notre compte, car non-seulement il semblait peu sensible aux attentions dont il était l'objet, mais encore nous le vîmes plus tard exiger que l'infirmier qui lui présentait une potion en but la moitié : craignait-il donc qu'on l'empoisonnât? Placé dans la même salle que lui, à l'hôpital de Constantinople, je le vis refusant toutes les distractions que les plus ingambes d'entre nous lui offraient, préférer jouer aux dominos avec les infirmiers.

Mon zouave m'apporta une couverture ainsi qu'un petit matelas d'enfant qu'il avait trouvé dans le village et, la fatigue l'emportant sur la souffrance, je commensai à m'assoupir pendant qu'il continuait à me verser de l'eau sur le pied.

Le lendemain matin, à la pointe du jour, je reçus la visite de mes sous-officiers, puis d'une députation de ma compagnie, députation conduite par le caporal Martin, soldat d'une rare intrépidité. Martin me dit que toute la compagnie ne pouvant quitter le camp pour me témoigner ses regrets et me faire ses adieux, l'avait chargé de cette mission, de même que les deux zouaves qui l'accompagnaient. Ces quelques paroles, dites d'un air profondément pénétré, et cette démarche inusitée, m'émurent vivement. Je vis arriver ensuite le commandant Dubos et le colonel Tarbouriech : je ne devais plus revoir ce dernier, car il mourut le lendemain, emporté par le choléra, en même temps qu'un autre offlcier du régigiment. Le jour de la bataille, il avait couru de grands dangers; un obus, qui éclata entre les jambes de son cheval, avait tué celui-ci, sans faire au colonel d'autre blessure qu'une égratignure à la joue droite. N'eût-il pas mieux vallu pour lui qu'il succombât ce jour-là?

Ensuite arriva le général Bosquet, qui visitait les blessés de sa division : lorsque je lui eus exprimé le regret de quitter le commandement de ma compagnie dans des circonstances aussi graves, il me répondit des choses fort flatteuses.

Vers huit heures du matin, on nous annonça qu'on allait nous évacuer sur Constantinople, et, à dix heures, le point d'embarquement, situé vers l'embouchure de l'Alma, était couvert de nombreux blessés. On m'avait placé sur un brancard, que je parvins à conserver, malgré la résistance de l'officier d'administration, jusqu'au moment où l'on m'installa sur une couchette de l'*Albatros*, frégate à vapeur armée en transport; ce brancard fut placé en travers de l'embarcation, et lorsqu'il fallut me transborder, on lia un câble à ses quatre extrémités et je fus hissé comme les chevaux, au moyen d'une poulie placée à l'extrémité d'une basse vergue. On me transporta dans une cabine à deux couchettes, et le médecin du bord vint me trouver. Pour mieux examiner ma blessure, il tira mon pied du lit et le plaça sur un bât de mulet qui se trouvait dans l'endroit le mieux éclairé de la cabine; mais, en ce moment, on vint le prévenir que l'appareil de plusieurs amputés était dérangé, et, sachant ces malheureux en danger, il dut me quitter, et il en résulta que, pendant plus d'une heure, mon pied resta sur le bât sans que j'eusse la force de le retirer, quoiqu'un certain clou de ce bât me gênât beaucoup. Enfin, mon zouave, qui n'avait pu être embarqué en même temps que moi arriva fort à propos pour me tirer de cette fâcheuse position ; puis, la nuit arrivant, il s'étendit sur le plancher, près de ma couchette, et s'endormit. Je n'eus pas le même bonheur, de sorte, que je pus entendre un autre officier entrer dans la cabine, et en occuper la deuxième couchette sans m'adresser la parole, ce qui m'étonnait d'autant plus qu'il ne me semblait pas blessé. Vers minuit, il se leva tout à coup et se jeta sur mon zouave en criant : « Ah ! gredin ! je viens de t'y prendre, tu fouillais dans mes poches ! » Manuel, réveillé en sursaut et ne sachant à qui il avait à faire, attendu que nous étions dans l'obscurité la plus profonde, se mit en défense, et son adversaire se sauva, pour ne rentrer dans la cabine qu'au point du jour. Il parut, accompagné d'un matelot, à qui il demanda ses effets pour s'habiller. Quand ce valet de chambre improvisé lui présenta sa casquette, il la tourna et la retourna en disant : « Qui s'est donc permis de m'enlever mes galons de général de division? » Puis, s'adressant à moi : « Monsieur, on » m'a signalé votre belle conduite... Soyez tranquille,

» j'aurai l'œil sur vous, d'autant mieux que je suis » votre chef direct, puisque je vais remplacer le géné- » ral Bosquet, tué à la dernière affaire... » Ensuite il pirouetta sur ses talons et s'en alla sans plus me parler de l'absurde accusation qu'il avait portée contre mon zouave. Le malheureux était fou! Depuis quinze jours, on l'avait placé à bord de l'*Albatros*, en attendant qu'on pût l'évacuer en France (1).

Le besoin de repos me força à quitter mon très-malencontreux camarade, et heureusement, je pus être placé dans une autre cabine, où je me trouvai avec un capitaine malade, qui mourut un mois après à Constantinople, et avec un officier d'infanterie de marine, M. M... des P..., blessé grièvement au pied d'une balle cylindro-conique. A partir de ce moment je ne quittai plus ce dernier, et la communauté de souffrances, jointe à une certaine similitude de goûts, me fit contracter avec lui une liaison sérieuse; ses qualités solides m'inspiraient la plus vive estime.

Pendant les quelques jours que nous passâmes à bord de l'*Albatros*, nous reçumes fréquemment la visite du

(1) On m'a assuré que ce fou était devenu plus tard fort dangereux ; en arrivant à Marseille, il donna un coup de couteau à son camarade de cabine. S'il m'eût traité de même, il m'eût achevé.

maître d'hôtel, qui nous demandait ce que nous désirions manger, question fort intéressante pour mon camarade, doué d'un riche appétit. Nous vîmes aussi plusieurs fois le second du bâtiment, qui connaissait un peu M... des P... et qui se montra fort obligeant pour moi. Sur ma demande, il fit installer au-dessus de ma couchette un appareil qui me permettait de faire quelques mouvements; en outre, il plaça un matelot sur le carré où aboutissaient toutes les cabines, et lui donna l'ordre de se tenir à notre disposition. Pendant la première nuit de la traversée, le fanal qui éclairait notre cabine s'éteignit, chose fort désagréable, car le manque de sommeil et la nécessité de surveiller le pansement de nos blessures nous rendait cette lumière indispensable. Nous appelâmes donc le matelot de garde, pour qu'il vînt rallumer le fanal; mais l'animal nous répondit d'un ton bourru et avec un terrible accent marseillais : « La nuit, elle est faite pour dormir, et non pas pour lire le journal. » Puis, très-satisfait sans doute de cette observation si judicieuse, il se rendormit : le lendemain, sur notre plainte, il fut remplacé dans son poste et mis aux fers.

Ma blessure du côté avait le grave inconvénient de me causer des oppressions pendant lesquelles la respiration me manquait à peu près complètement, et il me semblait que si l'une de ces crises se prolongeait durant quelques secondes de plus, je devais succomber : mais, le danger passé, je n'y songeais plus, et je comparais mon pauvre individu à ces soufflets de foyer dont la peau est ouverte et qui ne peuvent plus chasser l'air.

Nous n'avions quitté le mouillage que dans la soirée du 21 septembre : favorisés par un très-beau temps, nous arrivâmes à Constantinople le 24 dans l'après-midi, mais on ne put me débarquer que le 25 au matin. Des matelots du bord me transportèrent au grand hôpital installé à Péra, près du grand Champ-des-Morts, dans un bâtiment qui venait d'être construit pour servir d'école de médecine et que le Sultan avait mis à la disposition de l'administration française. Le trajet à parcourir entre le quai et l'hôpital était assez long et les matelots qui me portaient durent poser plusieurs fois mon brancard à terre. Dans ces moments d'arrêt, j'étais entouré des habitants qui me donnaient de grandes marques de commisération : les hommes eux-mêmes s'approchaient de moi en me témoignant de la sympathie, malgré leur flegme habituel et l'orgueil que mettent tous les Orientaux à paraître indifférents à tout ce qui se passe près d'eux; mais, comme cela a lieu dans tous les pays du globe, les femmes surtout se montraient compatissantes : de belles dames turques faisaient arrêter leurs arabas (1) dorés et me regardaient avec de

(1) Voitures. Celles qui sont à l'usage des dames, sont montées sur ressorts et traînées par des chevaux.

grands gestes de pitié : en outre, une négresse s'approcha de moi et m'adressa, en langue arabe et avec une extrême volubilité, une foule de questions auxquels je répondis tant bien que mal, et elle s'empressa, en se tournant vers la foule, de répéter en langue turque tout ce que je lui disais, et cela avec une emphase et une exagération tout orientales.

Nous arrivâmes enfin à l'hôpital et on me plaça dans un lit : au moment où cette manœuvre difficile venait de s'achever, un infirmier eut la maladresse de porter un coup à mon malheureux pied : la douleur m'arracha une vive expression de colère et je l'accablais de reproches, quand tout à coup cette grande irritation cessa : une sœur de charité s'avançait vers moi, le sourire sur les lèvres. Ah! je n'oublierai jamais l'impression que je ressentis en ce moment : la vue de cette bonne sœur me rappelait à la fois notre religion si consolante, notre belle France qui était si loin, si loin, et que je n'avais pas vue depuis si longtemps, puis encore la famille et les soins qu'on y trouve..... j'étais bien vivement ému et je le suis encore en y songeant.

A la sœur succéda le médecin en chef, M. Scoutetten, entouré de plusieurs médecins : quand il s'approcha de moi, je lui dis qu'on m'avait prévenu que l'amputation était nécessaire, que j'étais préparé à ce sacrifice, et que, par conséquent, il pouvait me dire franchement la vérité. Il se pencha sur mon lit, examina longtemps et avec soin la blessure de mon pied, puis il fit, en se tournant vers ceux qui l'accompagnaient, un léger signe de tête. Ce mouvement ne pouvait m'échapper, car je prêtais à cette consultation la plus vive attention, et je lui dis : « Docteur, je sais maintenant à quoi m'en » tenir, veuillez pratiquer l'opération le plus tôt possi- » ble. » Il me considéra alors très-attentivement et me dit : « Vous semblez avoir une excellente constitu- » tion..... nous pouvons attendre encore vingt-quatre » heures. »

Arrivé à l'hôpital avant M. des P., mon compagnon de cabine à bord de l'*Albatros*, j'avais retenu pour lui un lit voisin du mien, et pendant tout le temps que je passai à Constantinople, j'eus à me réjouir de cette bonne précaution : j'obtins en outre l'autorisation de faire coucher Manuel, mon zouave, sur le plancher entre nos deux lits, de sorte qu'il était constamment à notre disposition. Vers le soir, je lui demandai ce qu'il avait fait de mes habits et il montra les débris de ma tunique qu'il avait conservée à cause des galons : quant au pantalon, il était tellement en lambeaux qu'il en avait fait cadeau à un matelot son compatriote. Je lui donnai l'ordre de retourner immédiatement à bord pour reprendre ce vêtement auquel je tenais beaucoup, et heureusement il put le rapporter : je renonce à décrire l'étonnement qu'il éprouva lorsqu'ayant, sur mon ordre, décousu la ceinture, il en vit tomber une somme assez ronde en or que j'y avais placée en réserve.

J'attendais avec la plus grande anxiété la visite du lendemain où cette terrible question de l'amputation devait être posée de nouveau : heureusement, la suppuration se prononça dans les meilleures conditions et j'eus la satisfaction d'entendre M. Scoutetten déclarer qu'on pouvait encore suspendre l'opération. Comme tous les blessés j'étais, au début, fort résigné à subir l'amputation, mais aussi, comme il arrive toujours en pareil cas, à mesure que le sacrifice était retardé, il devenait plus pénible, et je commençais à trouver qu'il valait mieux souffrir plus longtemps et conserver mon malheureux pied.

La fièvre commençait à me tourmenter, et je voulus, avant qu'elle ne devînt plus violente, écrire à mon frère pour lui faire connaître l'état dans lequel je me trouvais.

Voici cette lettre :

Constantinople, le 26 septembre 1854.

» Mon bon frère, mon excellente sœur, j'ai une mau-
» vaise nouvelle à vous apprendre. Recevez-la, je vous
» en supplie, avec résignation et surtout sans vous
» en exagérer la gravité : je vais vous dire toute la
» vérité.

» Le 20 septembre, nous avons gagné sur les Russes

» une brillante bataille. Toutes les difficultés possibles » avaient été amassées contre nous; elles ont été ad» mirablement surmontées par l'élan irrésistible de nos » soldats. Dès le début de l'affaire, mon régiment fut » envoyé pour enlever et occuper une importante po» sition : une fois là, il fallut attendre l'artillerie qui » montait par des chemins affreux, après avoir eu une » rivière à traverser; elle se montra enfin; mais, de» puis notre arrivée sur la hauteur jusqu'au moment » où l'on put marcher en avant, c'est-à-dire pendant » pràs d'une heure et demie, il fallut attendre l'arme » au pied, immobile, sous le feu de quarante pièces de » canon, dont une partie était retranchée. La distance » était de sept à huit cents mètres au plus, et les Russes, » ayant eu tout le loisir de la mesurer depuis huit jours » qu'ils étaient là, tiraient presque à coup sûr.

» Les coups de chaque pièce suivaient à peu près le » même parcours, et j'avais pu remarquer celle qui me » menaçait plus particulièrement; elle avait fait déjà de » nombreuses victimes près de moi : je recommandai » mon âme à Dieu, et j'attendis avec le plus de rési» gnation possible que mon tour arrivât. J'y comptais. » Enfin, je fus renversé; j'étais blessé en trois endroits » différents : au côté gauche, à la main droite, et au » pied gauche, à l'extérieur et au-dessus du talon.

» Heureusement, on parvint à me transporter à l'am-

» bulance, et le lendemain on me fit partir en bateau à » vapeur, de même que tous les autres blessés. Main» tenant, je me trouve à Constantinople, bien soigné par » le service de santé de l'armée, et surtout par les bon» nes sœurs de charité.

» Ma blessure de la main droite est peu de chose; » celle du côté gauche me donne des oppressions : elle » a causé, comme celle du pied, une hémorrhagie con» sidérable. Quant à la blessure du pied, elle me donne » beaucoup d'inquiétude; on ne s'est pas encore pro» noncé sur la terrible question de savoir si l'amputa» tion sera nécessaire, mais on me donne un peu d'es» poir, et, du reste, la plaie, quoiqu'énorme, présente » une belle apparence. Je souffre beaucoup, d'autant » plus que mes blessures me forcent à garder une fort » gênante position. Je n'ai pas encore dormi; mais la » suppuration marche bien, et peut-être pourrai-je » bientôt obtenir du semmeil la réparation de mes for» ces épuisées.

» J'espérais pouvoir écrire aussi à nos bons parents » de Loos, mais je suis bien fatigué.

» Au revoir, mes bons amis, A. M. »

Le style haletant de cette lettre peut donner une idée de la difficulté que j'éprouvai à l'écrire : quand je l'eus terminée, j'étais épuisé.

Mon frère me répondit bientôt. Il était désolé, d'autant plus que ce chagrin lui arrivait après une grande joie : un de ses amis, occupant une brillante position et tout à fait à même de lui donner les meilleurs renseignements, lui avait écrit : « Ton frère ne figure pas sur » la liste des morts et des blessés que nous venons de » recevoir, et, mieux que cela, il est proposé pour la » décoration de la Légion-d'Honneur, à cause de sa » belle conduite (1). » Ma lettre du 26 septembre était venue détruire tout l'effet de cette bonne nouvelle.

L'extrême sensibilité et la bonne amitié de mon frère eurent à subir une plus rude épreuve. L'un de mes compatriotes, officier au 74e de ligne, était venu, le soir de la bataille, demander de mes nouvelles à mon régiment, où on lui dit que j'avais succombé à mes blessures. Comme quelques jours plus tard il vit faire la vente d'effets arrivés à mon adresse, il ne douta plus de ma mort et l'annonça à mes parents : une notice nécrologique parut dans un journal de ma ville natale. En outre, plusieurs lettres que j'adressais à mon frère furent égarées, et il ne douta plus de ma mort en voyant qu'il ne lui arrivait aucune réponse aux lettres si pressantes que lui-même m'adressait ; il m'écrivait, le 27 octobre :

(1) D'après ce que l'on m'a dit, mes blessures n'avaient pas été mentionnées sur le tableau de proposition pour la décoration, parce que j'avais été proposé avant d'être blessé.

« Il est vraiment bien cruel de ne pas savoir si nous » pouvons nous livrer à l'espoir de te voir porter ta » croix, si noblement gagnée, ou si nous devons te » pleurer!... Hélas! les pleurs nous viennent plus sou- » vent aux yeux que la joie au cœur!

» Nous t'excusons bien de ne pas nous donner de tes » nouvelles, tu dois bien souffrir! Mais nous continuons » à en être bien malheureux. A côté des idées d'espoir » que tu t'es si bien attaché à nous donner, on peut » former tant de tristes conjectures!..... »

A partir du 27 septembre, la fièvre devint de plus en plus violente, et mes souffrances redoublèrent sans me laisser un instant de repos, et, chose bien pénible, je restai près de trois mois sans dormir, malgré tout l'opium qu'on me faisait prendre; du reste, j'étais arrivé à redouter le sommeil, qui pourtant produit le meilleur soulagement à toutes les souffrances, et cela, parce qu'à l'approche de la nuit, quand je commençais à m'assoupir malgré moi et lorsque j'étais arrivé à ce point qui forme la limite entre la veille et le sommeil et où les muscles se détendent, j'éprouvais tout à coup dans le pied une secousse violente qui me causait la plus vive douleur, et dès lors le sommeil me fuyait; il me fallait attendre le jour. Combien ces longues nuits d'hiver étaient pénibles à passer! Heureusement, je voyais quelquefois la porte de notre salle s'entr'ouvrir, et l'une des saintes femmes qui prenaient soin de nous s'approchait doucement de moi et me prodiguait les consolations dont j'avais tant besoin. La sœur supérieure, sœur Joséphine, remplissait sa mission avec une sensibilité et un tact exquis; sans se laisser entaîner à faire trop de propagande, elle savait rendre la religion aimable, et toujours ses admonestations sages et modérées ont été écoutées avec le plus grand respect : de plus, j'ai vu tous mes camarades recevoir avec empressement les petites médailles de la sainte Vierge qu'elle nous donnait pour les porter au cou, et je suis certain qu'aucun d'eux ne s'en est séparé. Combien de fois je l'ai remerciée! et combien encore je lui suis reconnaissant, car chaque fois que je pense aux bons soins qu'elle a eus pour moi, et j'y pense souvent, je la remercie encore : toujours son souvenir me fait battre le cœur, et il doit en être de même pour tous ceux qui l'ont connue, car elle dispensait à tous les trésors de son inépuisable bonté. Son ardente charité la rendait éloquente quand elle voulait combattre ce penchant au désespoir que donnent les souffrances prolongées; de sa voix douce et sympathique, elle réveillait dans le cœur du pauvre blessé les souvenirs d'enfance et les sentiments religieux; elle lui parlait de sa mère, de ses parents, de ses amis, de la France qu'il reverrait bientôt, car sa guérison ne pouvait tarder à s'effectuer, et il pourrait partir...

Dans l'hôpital où je me trouvais, il y avait douze cents malades partagés en deux catégories, les blessés et les fiévreux : on donne ce dernier nom à tous ceux qui sont atteints d'affections internes. Plus tard on arriva à réunir vingt-sept mille lits, c'est-à-dire plus qu'il n'y en a dans tous les hôpitaux militaires de France (19,000) et on les plaça dans de vastes établissements, l'Ecole de médecine, l'Ecole polytechnique, Rami-Tchlick, Dolma-Baghtché (la caserne de la garde), Daoud-Pacha (immense caserne de jannisaires qui se trouve hors de la ville), Kanledja-Bosphore, puis encore à l'hôpital de Maltaïpaï, dans l'ancienne Ecole navale de Kalki, à Scutari, à Principico, dans les baraques construites à Gulhané, sur la pointe du Sérail, à l'Ambassade russe et jusque sur de vieux vaisseaux mouillés devant l'arsenal ou dans les Dardanelles.

L'hôpital établi à l'Ecole polytechnique fut détruit par un incendie, mais heureusement on eut le temps de sauver les malades.

Le service religieux était dirigé à l'armée par des prêtres catholiques, mais les consistoires centraux de l'Eglise réformée et du culte israélite avaient envoyé auprès de leurs coréligionnaires des ministres et des rabbins : en outre des prêtres grecs venaient visiter les blessés russes et leur donner les secours de la religion. Quant aux service catholique des quatorze hôpitaux de Constantinople, il était confié à la congrégation des Lazaristes qui a un collége dans cette ville et dont l'influence se fait vivement sentir dans tout l'Orient; cette mesure était d'ailleurs une conséquence de l'installation dans nos hôpitaux des sœurs de Saint-Vincent-de-Paul, dont les Lazaristes sont les supérieurs. J'y ai remarqué un homme bien distingué, l'abbé Gloriot, dont l'esprit élevé et la conversation toujours intéressante ont fait une vive impsession sur tous ceux qui l'ont connu; après avoir conduit en France le corps du maréchal Saint-Arnaud, dont il était l'aumônier, il sollicita l'honneur de retourner en Crimée et y succomba à une attaque de choléra. Un jeune prêtre, M. Gélin, de Metz, excitait aussi bien vivement nos sympathies; apprenant que son frère, officier de chasseurs à pied était malade en Crimée, il sollicita et obtint l'autorisation de se rendre auprès de lui : mais, après avoir eu la satisfaction de le voir revenir à la santé, il mourut emporté par le choléra comme l'abbé Gloriot.

La mortalité dans les hôpitaux de Constantinople n'a pas été aussi considérable qu'on se l'imaginait en France : M. Scoutetten, médecin en chef, donnait, le 1er février 1855, les renseignements suivants :

Le grand hôpital de Péra, ouvert le 11 juillet 1854,

a reçu jusqu'au 1er février 1855, 4,016 fiévreux et 2,010 blessés : il est mort 520 fiévreux et 170 blessés.

L'hôpital de Dolma-Baghtché, ouvert le 26 septembre 1854, ne renfermait que des blessés : il en a reçu 1,607 et en a perdu 250.

L'hôpital de Kanlidjé, ouvert le 24 septembre 1854, a reçu 177 fiévreux et 355 blessés : il a perdu 11 fiévreux et 64 blessés.

L'hôpital de Maltaïpaï, ouvert le 6 juin 1854, a reçu 3,457 fiévreux : il en a perdu 165.

L'hôpital de Rami-Tchiflick, ouvert le 6 juin 1854, a reçu 5,025 fiévreux : il a eu 245 morts.

L'hôpital de Gulhané, ouvert le 19 novembre 1854, a reçu 1,483 fiévreux et 712 blessés : il a perdu 315 fiévreux et 110 blessés.

Le résumé général donne donc, depuis le 6 juin 1854, jusqu'au 1er février 1855 :

Entrés dans les hôpitaux : 14,156 fiévreux et 4,684 blessés, ensemble 18,440 ; morts, 1,156 fiévreux et 594 blessés, ensemble 1,750 hommes.

Depuis le 1er février 1855, de nouveaux hôpitaux ont été ouverts, notamment ceux de l'Ecole polytechnique et de l'Ambassade russe : de grandes pertes ont sans doute été éprouvées, mais elles sont loin d'être aussi considérables que la crainte le faisait supposer : la réalité était bien suffisamment triste.

L'hôpital de Péra était parfaitement installé : nous y avions trouvé les lits en fer, le linge, l'ordre et la propreté des hôpitaux de notre patrie, et j'aurais pu me croire en France, si, en jetant un coup-d'œil à travers la fenêtre près de laquelle je me trouvais placé, je n'avais aperçu le Bosphore et Scutari. Il est d'usage que, dans chaque édifice public, on réserve un appartement pour le Sultan ; c'est dans cet appartement, composé de quatre grandes chambres, que j'avais été placé, et, conservant constamment la même position, j'eus tout le loisir de contempler les peintures à fresque dont le plafond et les murs étaient ornés : il y avait surtout certaine rosace, placée directement devant moi, et que je me rappellerai toute ma vie, car je ne pouvais ouvrir les yeux sans l'apercevoir. La pièce principale, destinée à servir de chambre de repos pour Sa Hautesse, était rigoureusement fermée, et les autorités turques s'opposaient opiniâtrement à ce qu'aucun chrétien y pénétrât ; mais on dut forcer la consigne, après la bataille d'Inkermann, pour y placer une partie des nombreux blessés qui nous arrivaient.

J'étais pansé deux fois par jour, et chaque fois, quand M. Scoutetten ne pouvait se charger de ce soin, un habile chirurgien, M. Verdier, consacrait près d'une heure et demie à mettre un peu d'ordre dans l'énorme plaie que j'avais au pied gauche. Cette longue opération me faisait bien souffrir, et pourtant, durant les premiers jours, je voulus, comme tous mes camarades, faire preuve de stoïcisme en ne criant pas; mais les médecins, sachant combien mes souffrances étaient grandes, insistèrent pour que je ne m'imposasse pas cette gêne, ajoutant que cela me procurerait un certain soulagement et par suite faciliterait leur besogne. Après quelque hésitation, je me décidai à crier, et je le fis en conscience. En quittant l'hôpital, je m'excusais auprès de ces Messieurs à propos de ces plaintes qui avaient dû les fatiguer; mais M. Verdier, l'homme du monde le plus patient et l'un des médecins les plus dévoués que j'ai connus, me répondit gaiement : « C'est égal vous ne m'avez pas appelé charcutier! » combien de fois j'ai admiré son dévouement lorsque je le voyais penché, pendant de longues heures, sur des plaies repoussantes et exhalant une odeur épouvantable! A ma rentrée en France, j'ai eu le bonheur de pouvoir dire tout cela à une personne fort influente, et je me réjouis à l'idée que j'ai peut-être ainsi contribué à faire rendre justice à M. Verdier, à lui faire donner une décoration qu'il a si noblement méritée.

Bien souvent aussi, pendant ces pansements, une de nos bonnes sœurs me prenait la main, et me disait de sa voix si douce et si consolante : « Courage! courage! » Certes, j'en avais besoin, car c'étaient là de rudes épreuves. Ma cheville et une partie du talon avaient été broyés, mais tous les débris étaient restés agglomérés, et chacun d'eux était attaché par un tendon aux muscles de la cavité. Il fallut enlever successivement chacune de ces esquilles; pour cela, on la saisissait avec une pince, et, quand on le pouvait, on glissait par-dessous des ciseaux pour couper les muscles ou les tendons adhérents. C'était dejà fort douloureux; mais il me fallut endurer pis que cela, car il n'était pas toujours possible de placer les ciseaux; presque toujours, après avoir saisi l'esquille avec la pince, on dut, pour briser le muscle ou le tendon, donner un tour de poignet comme lorsqu'on arrache une dent : l'horrible chose! et encore arrivait-il souvent, quand l'adhérence était trop grande, que l'opération manquait. Pour une seule esquille, pour la dernière, on tenta inutilement l'extraction pendant huit jours, soir et matin, et pourtant MM. Scoutetten et Verdier ont un vigoureux poignet; ce qui rendait cette opération plus douloureuse encore dans les derniers temps du traitement, c'est que les chairs, qui repoussaient, recouvraient complétement les esquilles; il fallait alors fouiller dans la plaie, puis écarter les chairs, et on n'arrivait à saisir l'esquille qu'avec la plus grande difficulté.

Généralement il faut, dans cette sorte d'opération, tenir le membre blessé, afin d'obtenir la plus grande immobilité; mais, malheureusement, cette précaution n'étoit pas nécessaire avec moi, car mon pied gisait sur mon lit comme une masse inerte, et même avec le plus violent effort je n'aurais pu le faire remuer. Certes, s'il ne m'avait autant fait souffrir, j'aurais pu croire qu'il était separé de ma jambe, car j'avais perdu toute influence sur lui, et il me semblait que je n'aurais pu le soustraire aux morsures d'un animal qui serait venu le dévorer. Dire ce que j'ai souffert est impossible : les meilleures expressions, les détails les plus minutieux ne sauraient en donner une idée.

Mon malheureux camarade, M. des P..., eut à supporter une effroyable opération pour éviter l'amputation, et il le fit avec un courage inouï. La balle qui l'avait frappé au pied avait broyé un os dans lequel la carie se déclara; pour combattre cette complication, on fit chauffer à blanc un instrument terminé à angle droit par un cône d'acier de près de quatre centimètres de hauteur sur environ deux centimètres de diamètre à la base, puis ce cône fut appliqué vingt fois autour de la blessure : on le plaça ensuite à l'orifice, et à mesure que les chairs brûlaient, on l'enfonça jusqu'à ce qu'il fût entré tout entier dans le pied; cette opération dura plus de cinq minutes! C'était horrible à voir, d'autant plus que je pouvais me dire que pareille chose m'attendait. Le courage de M. des P... a été récompensé : non-seulement il a conservé son pied, mais encore il marche sans grande difficulté.

Contrairement à ce que l'on croit en France, nos médecins n'opéraient qu'avec la plus grande réserve et la plus grande prudence. Quand l'un d'eux croyait nécessairé de pratiquer l'amputation chez l'un des blessés qu'il soignait, il en prévenait le médecin en chef qui venait immédiatement examiner la blessure. Si le cas lui paraissait réellement grave, le médecin en chef réunissait ses principaux collègues, et tous ensemble venaient faire une consultation au lit du malade, puis ces messieurs se retirant dans une autre salle, procédaient à un vote régulier sur la question de l'amputation; enfin, si celle-ci était décidée, le médecin en chef attendait encore vingt-quatre heures avant d'opérer, à moins qu'il n'y eût tout à fait péril en la demeure.

Dans la salle n° 7, où je me trouvais, on avait placé trois officiers russes dont l'un était ce jeune capitaine si farouche et si méfiant, qui avait été mon camarade de tente le soir de la bataille. On fut forcé de l'amputer; mais à la suite de cette opération, il a dû arriver difficilement à la guérison, car il était fort peu raisonnable, Non-seulement il n'observait pas le régime qui lui était prescrit, mais encore il mangeait avec beaucoup d'avidité des pommes vertes qu'il se faisait apporter par ses coreligionnaires; en outre il ne savait pas s'astreindre à l'immobilité si nécessaire à un amputé, et dès lors l'appareil placé sur la plaie se dérangeait souvent, ce qui est toujours fort dangereux. De ses deux camarades, l'un ne soufflait mot, mais l'autre, d'origine polonaise, se montrait plus liant; malheureusement il avait une blessure mortelle, une balle près de la colonne vertébrale. Cette atroce blessure le faisait beaucoup souffrir et le tenait fixé sur son lit sans qu'on pût lui faire exécuter le moindre mouvement, même pour satisfaire à certaines fonctions digestives : il vécut ainsi près de quinze jours, et une nuit, je le vis s'éteindre sans convulsion et sans effort. On se hâta d'enlever son lit qu'on brûla, car il était devenu un véritable foyer d'infection.

Nous recevions fréquemment des visites des habitants de Constantinople, et nous vîmes ainsi défiler devant nous les prêtres arméniens avec leur singulière coiffure ornée d'un voile de femme, puis des Turcs, des Géorgiens, des Circassiens, et même des femmes revêtues de leurs plus beaux atours. La présence du général Thomas atteint d'une très-grave blessure et placé dans une salle voisine de la nôtre, nous attira aussi la visite de hauts dignitaires turcs, toujours suivis de soldats de la garde au grand collet brodé d'or, et des nombreux serviteurs qui les accompagnent partout : c'était surtout le porte-pipe, le porte-tuyau de la pipe, l'allumeur de pipe (celui-ci est très-considéré), puis encore, il faut le dire au risque de scandaliser ceux qui ne considèrent l'Orient qu'à travers le mirage de la poésie, le porte-parapluie! car ce meuble si vulgaire est fort apprécié par messieurs les Musulmans. Je remarquai surtout la figure intelligente d'Halil-Rifaat-Pacha, capitan pacha (ministre de la marine). Sachant que j'étais très-grièvement blessé, il vint plusieurs fois s'entretenir avec moi par l'intermédiaire de son drogman (interprète), et me demanda un jour s'il me serait agréable de recevoir la décoration du Medjidié : sur ma réponse affirmative, il fit prendre mon nom; plus tard, je fus encore proposé, à deux reprises différentes, pour cette décoration. Je vis aussi plusieurs fois le seraskier (ministre de la guerre) Hassan-Riza-Pacha, qui connaît un peu la langue française, puis le grand muphti, dont la figure annonçait un caractère jovial, chose très-rare en ce pays. Ce dernier parut avec l'ancien costume turc, très-simple et même laissant un peu à désirer sous le rapport de la propreté : c'est le seul fonctionnaire que j'ai vu ainsi vêtu, tous les autres portant le pantalon français et la tunique.

A l'époque où le parlement et les journaux anglais retentissaient de plaintes les plus violentes contre le gouvernement de la Grande-Bretagne, à propos du manque de soins dont souffraient leurs blessés, deux membres de la chambre des lords, voulant s'assurer par eux-mêmes de l'état des choses, vinrent à Constantinople.

Ils se rendirent d'abord à Scutari et y trouvèrent, dit-on, les blessés anglais sur la paille et fort mal installés dans de pauvres maisons turques; puis ils vinrent à Péra, et malgré leur flegme, ils ne purent dissimuler la vive impression que leur causa notre situation, qui contrastait si bien avec ce qu'ils venaient de voir. Quand ils entrèrent dans notre salle, ils aperçurent les débris du déjeûner assez confortable de ceux d'entre nous qui étaient le moins grièvement blessés : les lits étaient bons, tout était reluisant de propreté, et chacun de nous lisait un journal en fumant un excellent cigare d'Espagne. Ces cigares et ces journaux nous avaient été envoyés, de même que plusieurs caisses de vin de Bordeaux, par le prince Napoléon qui, plusieurs fois, nous a donné des preuves de grande sollicitude.

Il y aurait véritable ingratitude à ne pas citer parmi nos plus bienveillants visiteurs, M. Benedetti, notre chargé d'affaires à Constantinople, en l'absence de l'ambassadeur. Dès notre arrivée il vint nous voir, s'enquit de nos besoins et nous envoya des journaux et des jeux d'échecs, de dames, etc. : il fit même distribuer une grande quantité de tabac aux soldats blessés.

Le beau-frère du sultan, Mehemed-Djemil-Bey, je crois, nous envoyait quelquefois de forts beaux fruits et surtout du raisin magnifique, auquel malheureusement je ne pouvais goûter, car outre mes blessures, j'avais encore à soigner la maladie d'entrailles dont j'étais atteint lors de mon départ de Varna. Cette grave affection résista longtemps au soins des médecins et fut sans doute la cause de la perte totale de mon appétit. Pendant près de deux mois, je ne pris que quelques cuillerées de potage, mais heureusement je m'avisai d'employer un aliment qui me fit le plus grand bien : c'était une petite quantité d'excellent chocolat que j'avais réussi à me procurer, et qu'une bonne sœur, la sœur Vincent, m'apportait au point du jour, au moment où j'étais le plus abattu par suite de l'insomnie et des souffrances qui redoublaient toujours pendant la nuit. Je fis part à M. Scoutetten de l'excellent effet produit sur moi par l'usage de cet aliment, et il le fit entrer immédiatement dans le régime de plusieurs blessés qui s'en trouvèrent parfaitement. La sœur Vincent prit dès lors le nom de sœur Chocolat : il ne faudrait pas voir un manque de respect dans ce surnom qui était bien plutôt une allusion à l'extrême douceur, à l'extrême bonté de l'excellente sœur Vincent.

Je n'aurais pu supporter cette insomnie dont je viens de parler, si je n'avais eu à ma disposition une grande ressource, la cigarette, qui bien souvent m'avait fait oublier la faim, la fatigue et le froid, et qui, maintenant encore, m'était utile en me donnant la patience et la distraction dont j'avais tant besoin. J'étais placé près d'une fenêtre de même que M. des P. qui se trouvait vis-à-vis de moi : dès que nous voyions les premières lueurs du jour blanchir le ciel derrière les montagnes d'Asie, nous roulions ce que nous appelions la cigarette de l'aurore et quand elle était terminée, nous voyions apparaître la sœur Vincent avec sa précieuse tasse de chocolat : de cette façon, nous commencions assez gaiement notre journée.

Cette gaieté disparut pourtant pendant une période d'une quinzaine de jours. M. des P. et moi, comme étant grièvement blessés, avions eu le privilége d'occuper la chambre du général Thomas lorsqu'on le transporta de l'hôpital au palais de l'ambassade France : nous nous y trouvions seuls. M. des P. tomba à cette époque dans un état d'abattement qui me donnait les plus vives inquiétudes et en même temps me causait le plus grand ennui : je ne pouvais en obtenir une seule parole. Enfin, après plus d'une semaine de ce silence désolant, je me redressai un jour brusquement et je lui criai : « Mais parlez-moi donc! dites-moi des sottises si vous voulez, mais parlez! » Cette violente sortie l'étonna mais heureusement elle lui fit secouer la torpeur dans laquelle il était tom bé.

Dès la fin d'octobre plusieurs de nos camarades nous quittèrent, car les soins minutieux dont nous étions entourés amenaient généralement la guérison rapide des blessures qui n'offraient pas une véritable gravité; j'ai vu à cette époque un grand nombre de mes compagnons d'infortune donner de grandes preuves de patriotisme et d'amour propre militaire. J'ai vu plusieurs officiers et soldats chercher à tromper les médecins, à leur faire croire qu'ils étaient complétement guéris, pour obtenir plus tôt l'autorisation de retourner en Crimée, et presque tous refusaient les congés de convalescence qui les auraient éloignés du théâtre de la guerre; malheureusement, beaucoup d'entre eux ont payé cher cette imprudence, car ils n'ont pu supporter les fatigues du siége : d'autres ont été tués ou sont rentrés dans les hôpitaux, blessés pour la deuxième fois.

Nous commencions aussi à voir arriver à l'hôpital des soldats et des officiers blessés qui, épuisés de fatigue, étaient atteints d'un marasme assez semblable à celui que produit la nostalgie. Sans fièvre et sans paraître souffrir d'une affection interne, ils arrivaient à un mutisme complet, semblaient ne plus reconnaître leurs camarades et, perdant tout à fait l'appétit, s'éteignaient sans proférer une plainte : heureusement le repos et l'excellent régime de l'hôpital ramenaient la santé chez le plus grand nombre d'entre eux, et cela en très-peu de temps.

Mon frère reçut enfin une lettre que je lui écrivis le 17 octobre, et dans laquelle je lui donnais des nouvelles rassurantes. Ma blessure de la main droite, qui aurait pu amener l'amputation d'un doigt, était à peu près fermée; ma blessure du côté était en bonne voie de guérison; ma dyssenterie diminuait, et ma blessure du pied allait, suivant le dire des médecins, aussi bien que possible. Le 14 au matin, M. Verdier, examinant cette blessure avec le plus grand soin, m'avait dit, sans y être provoqué par aucune question de ma part : « Mainte- » nant, Monsieur M..., vous pouvez compter que vous » conserverez votre pied; » puis il avait ajouté: « Le » médecin en chef et nous tous étions loin d'espérer un » pareil résultat dans les premiers jours de votre arri- » vée ici. » Cette bonne parole me fit le plus grand bien; mais, malheureusement, plusieurs fois encore, je dus entendre discuter cette terrible question de l'amputation.

Dans les derniers jour d'octobre, quand la dernière grande esquille fut extraite, on put laisser pousser librement les chairs, quitte à réprimer de temps en temps avec le nitrate d'argent les bourgeons qui croissaient trop vite, et le travail si lent de la cicatrisation commença. Il restait, sans doute, quelques autres esquilles à arracher, mais c'était au péronée, dont l'extrémité avait été broyée, et cela devait être plus facile, attendu que ces esquilles se trouvant dans la partie externe de la jambe, ce n'était plus qu'une carrière à exploiter à ciel ouvert;

seulement il fallait attendre que dame nature se décidât à détacher ce qui devait être enlevé.

M. Scoutetten imagina, vers le commencement de novembre, un appareil fort ingénieux qu'il fit immédiatement exécuter pour moi. Cet appareil avait pour objet, d'abord, de permettre de me faire lever, et ensuite, d'habituer progressivement ma jambe à quitter la position horizontale pour arriver à la position verticale; il consistait en un petit hamac suspendu, sur lequel reposait ma jambe tout entière, et qu'on abaissait chaque jour et petit à petit.

Le 5, tout étant prêt, M. Scoutetten décida qu'il fallait essayer de me lever, et voulut se charger lui-même de la partie la plus difficile de la manœuvre, le maniement de l'appareil. On me souleva avec précaution, et je fus placé sur un fauteuil : notre excellent médecin en chef sacrifia, pour servir de supports à l'appareil, les deux seules chaises qu'il eût dans sa chambre.

J'excitai la pitié de tous ceux qui assistaient à cette opération, attendu que j'étais arrivé à un tel état de maigreur, qu'on eût pu faire sur mon corps un cours complet d'ostéologie; tout le côté gauche surtout semblait avoir perdu jusqu'aux muscles, et on ne voyait, au lieu de ma cuisse et de ma jambe, que le fémur et le tibia, d'où la peau pendait comme un sac vide. On put enfin faire mon lit que je n'avais pas quitté depuis quarante-six jours, sans jamais changer de position, si bien que je m'y étais enfoncé petit à petit et presque complétement. A peine assis, je fus pris d'un éblouissement suivi d'une grande faiblesse, puis, comme en proie à une sorte d'ivresse, je me mis à bavarder avec volubilité, ce qui contraste assez avec mes habitudes. Après quelques instants, et mon lit étant fait, il fallut me recoucher; mais à partir de cette époque, je pus, presque tous les jours, rester levé durant quelques heures; puis, ma blessure du côté commançant à se cicatriser, on supprima un bandage qui me serrait la poitrine, et, enfin, je pus quelquefois changer de positon en me plaçant sur le dos. Il est vrai que cela donnait lieu à une manœuvre fort difficile et très-douloureuse, et qu'en outre j'étais tombé dans un grave inconvénient : ma blessure se prolongeant jusque derrière le talon, je ne pouvais longtemps supporter la pression que le pied exerçait sur cette partie, et il fallait, de dix minutes en dix minutes, soulever le pied en le saisissant par l'orteil. Ce dernier ne tarda pas à être fort endolori par suite de ces tiraillements répétés, mais toutes ces nouvelles souffrances ne pouvaient entrer en balance avec la satisfaction que je trouvais à changer de position.

Du reste, j'oubliais tout cela, quand, assis près de la

fenêtre, je contemplais le magnifique panorama qui se déroulait sous mes yeux. Muni d'une excellente lorgnette, je pouvais admirer, dans tous leurs détails, les rives du Bosphore et les magnifiques palais qui viennent y baigner leurs escaliers de marbre ; puis Scutari, le nouveau Sérail et la mosquée de Mahmoud, entièrement construite en marbre blanc. Quelquefois j'apercevais le Sultan se rendant en très-grande pompe à la mosquée, ou traversant le Bosphore sur un caïque doré, suivi d'autres embarcations portant sa suite et ses musiciens : quelquefois aussi, je voyais les *tobjis* (canonniers) de la garde se rendant au champ de manœuvre, et cela au son d'une musique étrange et dont la nôtre ne saurait donner une idée, mais dont les mélodies pleines d'une douce mélancolie ne sont pas dépourvues de charme. D'autres fois encore, le spectacle devenait plus triste, de longues files de blessés défilaient sous mes yeux et me prouvaient que la guerre continuait à être très-meurtrière. Enfin, je servais de vigie pour signaler les bâtiments français arrivant de Crimée à mes camarades, impatients comme moi de recevoir des nouvelles de l'armée. Le 9 novembre, j'aperçus plusieurs de nos bateaux à vapeurs qui, arrivant à toute vitesse, jetèrent l'ancre devant notre hôpital : je compris qu''ls devaient porter les blessés d'Inkermann, et, comme il pouvait se trouver parmi ceux-ci plusieurs de mes camarades, je m'empressai de demander qu'on réservât pour eux les lits qu'on venait de placer dans la salle où je me trouvais. Mon zouave, que j'avais envoyé en reconnaissance, vint bientôt m'annoncer qu'il venait de voir cinq officiers de notre régiment, et qu'il les avait prévenus des dispositions que j'avais prises : ils arrivèrent successivement, et comme leurs blessures, tout en présentant une certaine gravité, n'étaient pas mortelles, je pus me livrer sans arrière pensée à la joie de les revoir. Répondant à mes questions multipliées, ils me donnèrent des nouvelles du 3e zouaves, qui avait été magnifique, mais qui avait eu à supporter des pertes sensibles : outre un assez grand nombre de zouaves, nous avions à regretter deux de nos meilleurs camarades, dont un avait été tué par le dernier coup de canon tiré par les Russes.

L'un de nos blessés, le capitaine S..., avait été frappé d'une balle au pied, mais on doutait qu'elle y fût encore; cependant, après quelques jours de traitement, on reconnut la présence du projectile, et il fallut l'extraire, ce qui fit terriblement souffrir notre brave camarade, si bien qu'il criait pendant l'opération. « Ah! les Russes! les Russes! ils me le paieront; » puis quand on lui remit la balle, il en chargea vivement l'un de ses pistolets, en disant : « Je la leur rendrai! »

Je recevais quelquefois la visite du capitaine de F..., du 1er zouaves qui, blessé à la tête, avait conservé la possibilité de marcher, et en profitait souvent, à la grande satisfaction des amis qu'il vevait voir. Le 10, de grand matin, il vint m'annoncer en tonte hâte que j'étais nommé chevalier de la Légion-d'Honneur : immédiatement l'un de mes camarades, remplissant son verre de tisane, porta un toast en mon honneur, et toute la salle se joignit à lui en m'adressant de cordiales félicitations; M. des P... avait reçu la même nomination quelques jours auparavant, si bien que notre plaisir fut double par la satisfaction que donne le bonheur d'un ami. Une heure après, le général de Failly, sous les ordres duquel je m'étais trouvé en Afrique, et qui en ce moment commandait à Constantinople, entra dans la salle, et venant à moi, me dit qu'il n'avait voulu laisser à personne le plaisir de m'annoncer ma nomination de chevalier de la Légion-d'Honneur, qu'il avait pu depuis longtemps apprécier mes services et qu'il était heureux de me voir l'objet d'une distinction que j'avais si bien méritée : cette démarche si flatteuse et les excellentes paroles dont elle était accompagnée m'émurent vivement, et je remerciai le général avec effusion, tout en lui cachant que je connaissais déjà cette grande nouvelle.

Malgré tous les soins que prenait l'administration pour assainir les hôpitaux, les blessés avaient à craindre deux grands dangers. D'abord, c'était une fièvre subite, la fièvre purulente causée par la résorption du pus qui s'infiltre dans les veines, se mélange avec le sang et empoisonne le blessé; puis encore une terrible maladie, la pourriture d'hôpital, qui se propage presque toujours avec une très-grande rapidité et provoque, soit la mort du blessé, soit au moins l'amputation du membre malade. Quelques cas de cette grave affection se déclarant dans notre hôpital, décidèrent M. Scoutetten à diminuer l'encombrement en envoyant en France tous les blessés qui pouvaient supporter le voyage, et vers le 18 novembre, il vint m'annoncer que, me jugeant transportable, il allait me diriger sur Marseille. L'annonce de cette bonne nouvelle me remua profondément, et je m'empressai de l'annoncer à mon frère : j'allais donc enfin l'embrasser, revoir la France, et cela bien plus tôt que je ne l'espérais!.......

Je devais m'embarquer le 30 novembre sur un paquebot des Messageries impériales, mais je ne songeais pas sans appréhension au pénible voyage que j'allais entreprendre : j'étais effrayé de ce long séjour à bord d'un bâtiment où je serais privé des soins qui m'étaient encore indispensables, et je tremblais de n'obtenir comme résultat que beaucoup de souffrances et de voir mon mal empirer. Mais le 24, je fus agréablement distrait de ces réflexions par la visite de M. Cloué, commandant du vapeur le *Brandon*, sur lequel j'avais fait la traversée d'Afrique en Turquie : depuis, j'avais conservé avec lui les meilleures relations. « Je vais en France, » me dit-il, — « et moi aussi, » répondis-je. — « En ce cas, je vous enlève. » — « Adopté. »

Le lendemain 25 novembre, en faisant mes préparatifs de départ, je m'aperçus que je n'avais plus de vêtements. L'un de mes camarades me donna alors son pantalon en me disant que blessé plus récemment que moi, et par suite forcé de prolonger son séjour à l'hôpital, il aurait le temps de s'en procurer un autre. Après l'avoir décousu, on y plaça ma jambe, et je m'enveloppai le reste du corps dans mon vieux caban sur lequel une bonne sœur attacha un flamboyant ruban rouge; puis je m'empressai de dire à M. Scoutetten, à M. Verdier et à nos bonnes sœurs combien j'étais reconnaissant des soins qu'ils m'avaient prodigués, et à une heure de l'après-midi, après un long adieu à mes camarades, quatre matelots m'enlevèrent sur un brancard apporté du *Brandon*. Ce brancard qui fut placé en travers sur le grand canot, le débordait un peu du côté des pieds et cela faillit m'être funeste : en arrivant près du *Brandon*, le courant fit virer le canot et je vis le moment où mon malheureux pied allait frapper le bord. Ce choc épouvantable m'aurait obligé, au lieu de me rendre en France, à retourner à l'hôpital et à y subir l'amputation : quel contraste poignant! Heureusement un coup de gaffe donné par un matelot empêcha ce malheur.

Quelques instants après, j'étais descendu dans le salon du commandant; mon brancard était solidement amarré au parquet et contre l'une des parois, tandis qu'on installait de l'autre côté une planche à roulis, sorte de garde-fou assez élevé qui devait m'empêcher d'être jeté à terre dans les gros temps : j'ai vu depuis combien cette disposition était utile.

Cela fait, on chauffa la machine et nous partîmes. Les fatigues causées par le transport entre l'hôpital et le quai en suivant un chemin atroce défoncé par la pluie, puis du quai à bord et enfin les changements de lit me valurent vingt-quatre heures de souffrances assez vives et provoquèrent sans doute l'éruption d'un gros abcès près du talon. Le 27, à onze heure du soir, nous entrâmes dans le port du Pirée, et le lendemain, M. Cloué m'amena le chirurgien en chef de l'escadre des côtes de la Grèce. Le docteur avait bien voulu se charger d'examiner ma blessure, mais au moment où il s'approchait de moi l'abcès creva et je ressentis immédiatement beaucoup de soulagement : je dus donc me borner à dire au docteur combien je regrettais de l'avoir dérangé inutilement. Retenus par le mauvais temps, nous ne quittâmes le Pirée que le 1er décembre au matin, et je m'éloignai de la Grèce fort désolé de n'avoir pu visiter Athènes et son Acropole.

Le commandant se montrait pour moi d'une obligeance

extrême et d'un dévouement complet : il avait mis directement à mon service les timoniers, ses matelots les plus intelligents, et cette disposition était excellente, attendu que la barre du gouvernail se trouvant au-dessus de ma tête et les timoniers en étant spécialement chargés, je pouvais toujours les appeler. Il y avait mieux encore : de demi-heure en demi-heure je voyais l'un d'eux venir me trouver pour me demander si j'avais besoin de son aide. Quand il fallait soulever mon pied, le commandant ne voulait confier ce soin à personne et il faisait cette petite manœuvre avec des précautions infinies ; toujours il venait prendre ses repas près de moi, et pour me distraire, il invita un jour à dîner plusieurs de ses officiers. Malheureusement, au moment où ces messieurs allaient se mettre à table, un grain épouvantable nous arriva et tous les convives durent monter sur le pont : le dîner ne put avoir lieu que fort tard et encore il fallut se déranger fort souvent. Du reste, depuis Athènes jusqu'à Messine où nous n'arrivâmes que le 4 à neuf heures du soir, le temps fut très-mauvais et le commandant, marin des plus expérimentés, se montrait souvent inquiet. Notre petit aviso dansait sur les lames, mais il ne pouvait les éviter toutes, et une nuit où le vent soufflait avec violence et où le bâtiment craquait d'une manière effroyable, une masse d'eau, ce que les marins appellent un paquet de mer, défonça la claire-voie du salon et vint m'inonder : franchement, je crus que nous coulions. L'eau salée tombée sur mes blessures me causait une grande cuisson et de plus j'avais le grave inconvénient d'être mouillé, mais je n'appelai personne, car en ce moment on avait autre chose à penser. Nous étions véritablement en danger : l'habitacle et, je crois, la barre du gouvernail avaient été emportés par les lames et chacun était employé à disputer le bâtiment à la mer et au vent, qui tous deux faisaient rage. Le bâtiment donnait constamment de la bande à tribord, c'est-à-dire que sous l'influence du vent, il resta plusieurs jours couché sur le côté, si bien, que sans ma précieuse planche à roulis, je n'aurais pu rester sur mon brancard.

Partis de Messine le 5, à six heures du soir, nous eûmes le bonheur de franchir sans encombre les bouches de Bonifacio, ce fatal passage où périt la *Sémillante ;* mais, de l'autre côté, nous retrouvâmes encore le mauvais temps, et la machine, qui avait déjà beaucoup souffert dans les jours précédents, commença à se déranger. On parvint pourtant à jeter l'ancre dans la rade de Toulon, le 8 décembre, à sept heures et demie du soir.

Le bruit de cet ancre pénétrant dans le sol de la patrie me retentit au fond du cœur et me causa une vive émotion. Enfin, j'étais en France ; j'allais revoir ma ville natale ; embrasser mon frère, mes parents, mes amis !

Il me restait pourtant une inquiétude. Comment me rendre à Marseille? Je savais que je ne pouvais supporter un voyage en voiture, et je faisais part de mes inquiétudes au commandant Cloué, mais heureusement le commandant ne jugeait pas sa tâche accomplie, et son dévouement ne s'était pas lassé. Quoique l'heure fut très-avancée, il se rendit chez l'amiral et lui rendit compte de son arrivé, de ma présence à bord et de l'embarras dans lequel je me trouvais : l'amiral eût la bonté de donner l'ordre de m'embarquer à bord du *Fleurus*, qui prenait la mer le lendemain pour expérimenter sa machine, et devait toucher à Marseille. En exécution de cet ordre, je quittai le *Brandon* le lendemain, 9 décembre, à sept heures du matin, après avoir témoigné ma vive reconnaissance au commandant et serré la main de ses officiers. Mon brancard fut descendu dans le canot au moyen de la manœuvre que j'ai déjà décrite, et fut enlevé ensuite de la même manière à bord du *Fleurus*; mais, dans cette dernière opération, je faillis encore éprouver un grave accident : le câble auquel j'étais suspendu se détordit et mon brancard tourna rapidement sur lui-même, si bien que mon malheureux pied frôla le porte-haubans à la hauteur duquel je me trouvais en ce moment. A mon arrivée sur le pont, je trouvai le commandant du bâtiment, M. Paris de la Bollardière, capitaine de vaisseau, qui me combla d'attentions et fut pour moi d'une bonté extrême pendant toute la traversée, de même que tous les ingénieurs et officiers supérieurs de la commission nommée pour l'examen de la machine : le commandant voulut que je fusse placé dans son salon et me présenta lui-même quelques aliments, mais j'avais peu d'appétit, le mouvement de trépidation imprimé au bâtiment par l'hélice me faisant beaucoup souffrir.

Partis à dix heures du matin, nous n'arrivâmes à Marseille qu'à quatre heures du soir, attendu que les expériences ralentissaient la marche, et on jeta l'ancre en grande rade, au Frioul : à quatre heures et demie, on me descendit dans le grand canot et nous nous dirigeâmes vers Marseille. Mais, malheureusement, nous étions fort éloignés, et il fallut toucher au poste de la santé. En outre, il tombait une pluie fine et glacée, qui en tout autre circonstance m'eût vivement contrarié, mais je la reçus avec indifférence, car mon cœur était inondé de joie. Enfin, à sept heures et demie, nous abordâmes au bas de la Canebière, et les marins enlevèrent mon brancard sur leurs épaules pour me transporter à l'hôpital. Partout sur mon passage, la foule m'entourait et me donnait des marques de sympathie : une femme voulut m'accompagner en me couvrant de son parapluie, malgré tout ce que je pus lui dire pour l'engager à se servir pour elle-même de ce meuble si nécessaire en ce moment.

A huit heures du soir, j'étais couché dans un lit de l'hôpital, et un médecin prit ses dispositions pour me faire un grand pansement dont j'avais bien besoin, car cela ne s'était pas fait depuis mon départ de Constantinople. Cette opération me causait toujours une souffrance assez vive, et pourtant la fatigue, le bien-être que j'éprouvais en me trouvant placé dans un bon lit, et par dessus tout cela l'immense satisfaction dont j'étais rempli, firent que je m'endormis profondément, pour ne me réveiller que le lendemain à huit heures du matin. C'était la première fois, depuis près de trois mois, que j'avais le bonheur de goûter un véritable repos, et j'en ressentis le plus grand bien : cette excellente nuit m'avait transformé.

M. Berthemot, médecin-major, qui depuis, victime de son dévouement, a succombé à une attaque de typhus, vint bientôt constater l'état dans lequel je me trouvais. Malgré une traversée dangereuse et pénible, où j'avais été secoué d'une manière infernale, j'avais éprouvé dès le début l'heureuse influence du changement d'air, comme me l'avait prédit M. Scoutetten : à mon départ, ma plaie était tout à fait stationnaire, et elle avait encore la dimension d'une pièce de cinq francs ; mais pendant la traversée, la cicatrisation avait marché rapidement, et il ne me restait que trois parties non cicatrisées, dont la plus grande avait la dimension d'une pièce de vingt centimes. En outre la vigueur me revenait dans tout le corps, et dans la jambe à qui je faisais exécuter de moi-même quelques mouvements, ce qui contrastait fort avec l'état de complète inertie dans lequel elle se trouvait au moment de mon départ.

Mais, deux jours après mon arrivée, j'eus encore une angoisse à subir : à mon réveil, j'aperçus à la partie interne de mon pied, c'est-à-dire du côté opposé à celui où se trouvait la blessure, une large tache d'une teinte violacée, et quand je la montrai à M. Berthemot, il devint fort sérieux : je compris qu'un grand malheur me menaçait, et je m'efforçai de m'y résigner; puis je demandai au docteur, avec assez de calme, si j'avais à craindre l'amputation. Il me répondit alors après avoir mûrement réfléchi : « Je ne sais trop... c'est grave, c'est fort grave... Je ne puis encore me prononcer. » Puis il donna l'ordre d'appliquer douze sangsues sur cette tache de mauvaise augure; grâce à ce remède énergique, le danger disparut. J'appris le lendemain ce qui avait effrayé le docteur : des cas de pourriture d'hôpital s'étaient déclarés parmi les blessés d'Orient qui se trouvaient à Marseille; je me hâtai alors d'écrire à mon frère que je renonçais à l'idée de rester plus longtemps dans cette ville, et que je n'attendais que lui pour partir.

J'étais seul dans une chambre et je m'ennuyais profondément, quand heureusement je vis arriver mon ancien compagnon d'infortune, M. des P..., pour qui je fis dresser un lit près du mien : resté à Marseille après mon départ, et malgré mes vives représentations, il fut atteint de la pourriture d'hôpital qui le fit beaucoup souffrir et retarda sa guérison.

Le 24 décembre, j'eus enfin le bonheur d'embrasser mon frère : il s'occupa activement de tous les préparatifs de mon voyage, rendu fort difficile par l'obligation qui m'était imposée de rester couché, et fit, en conséquence, construire un brancard dont la largeur était moindre que celle des portières du wagon, ainsi qu'un matelas de même dimension que le brancard. Tout étant prêt, nous partîmes le 26, accompagnés d'un infirmier qui ne devait me quitter qu'à Valenciennes, et le chemin de fer nous transporta jusqu'à Valence, où nous couchâmes : le lendemain, je fus placé à bord du bateau à vapeur, sur le pont duquel on construisit une sorte de tente pour m'abriter de la pluie. Enfin, après avoir couché à Lyon, puis à Paris, nous arrivâmes le 29 à Valenciennes, où m'attendait une bien douce réception de mes parents et de mes amis.

Ce ne fut que le 25 février que je pus tenter mes premiers essais de marcher avec des béquilles ; le 1er mars, ma blessure du pied se ferma, et, le 15 du même mois, je me hasardai à faire une promenade à l'aide de mes béquilles et en tenant ma jambe suspendue à une écharpe en bandoulière.

L'usage des eaux de Bourbonne-les-Bains me fit le plus grand bien, malgré l'effet produit au début par leur action un peu irritante; un abcès qui s'était déclaré au pied creva, après m'avoir fait souffrir pendant huit jours, mais depuis, ma blessure ne s'est pas rouverte. Le 29 juin, je commençai à poser mon pied à terre en marchant, et le 1er août, je le chaussai d'un brodequin, auquel était joint un appareil protecteur. Le 26 juillet, ma blessure se ferma, et le 1er septembre je tentai de marcher sans béquilles; mais les quelques pas que j'avais fait ainsi me fatiguèrent tellement que je dus y renoncer; ce ne fut que dans les premiers jours de décembre que je pus échanger les béquilles contre deux cannes, qui furent réduites à une seule vers le 1er juillet 1856, par suite des bons effets que produisit sur moi un deuxième séjour à Bourbonne-les-Bains.

.....C'est là que j'eus le bonheur de revoir plusieurs de mes bons camarades, blessés comme moi, et nous causâmes longuement de mon brave régiment, qui a payé bien cher la gloire qu'il a acquise. Au moment du débarquement en Crimée, nous étions au nombre de quarante-quatre officiers, nombre qui ne fut jamais dépassé, attendu qu'on devait se borner à remplir les vides, au moyen des officiers récemment promus ou tirés de la partie de notre régiment qui était restée en Afrique : sur ce nombre, trois sont morts du choléra, dix-neuf ont été tués et tous les autres, à part quelques-uns, ont été blessés.

Les survivants ont obtenu de nombreuses récompenses : nos deux chefs de bataillon sont devenus colonels de deux régiments de voltigeurs de la garde, sept de nos capitaines ont été nommés chefs de bataillon et presque tous les autres officiers ont obtenu au moins le grade supérieur à celui qu'ils avaient en débarquant : en outre, les officiers ont eu de nombreuses nominations dans l'ordre de la Légion-d'Honneur, une croix de commandeur, trois croix d'officier et trente-trois croix de chevalier.

. . . . Le traité de paix qui venait de se conclure était aussi fréquemment le sujet de nos conversations : les impatients disaient que les résultats obtenus étaient incomplets, mais les plus raisonnables, et ils constituaient le plus grand nombre, arrivaient par la réflexion à une décision contraire. Ils se reportaient à deux années en arrière, à l'époque ou des traités onéreux liaient la Turquie avec la Russie qui les invoquait pour justifier son agression : la Russie réclamait en outre le protectorat de ses coréligionnaires qui composent en Europe la majeure partie des sujets du sultan : Sébastopol, protégeant une flotte puissante, était une menace permanente pour Constantinople : la Russie prétendait exercer un protectorat particulier sur les Principautés et avoir le droit d'y faire de fréquentes interventions armées, elle pouvait empêcher la libre navigation du Danube, projetait l'établissement d'un autre Sébastopol dans les îles d'Aland, exerçait un immense ascendant en Allemagne, et visait à une occupation de la Norwège, qui lui aurait assuré la domination complète des mers du Nord. Enfin, un préjugé qui semblait insurmontable, le fantôme *des ennemis naturels,* nous séparait de l'Angleterre notre alliée la plus rationnelle.

Maintenant, les traités entre la Russie et la Turquie sont anéantis : le sultan a accordé des réformes et des immunités à ses sujets chrétiens : Sébastopol et la flotte russe n'existent plus, de même que Bomarsund : les Principautés n'auront plus à souffrir de la protection et de l'intervention russes, car les institutions qu'elles se donneront seront placées sous la garantie de l'Europe entière : le Danube est libre et les mers précédemment closes sont ouvertes au commerce : l'Autriche est plus étroitement liée aux puissances Occidentales par les traités qu'elle a signés, et nous avons prouvés à l'Allemagne entière que la Russie n'était pas invincible : il a été signé un traité garantissant les états de Suède et de Norwège contre les agressions de la Russie : nous avons repoussé l'invasion des barbares en les empêchant de s'établir sur le Bosphore, et par suite dans la Méditerranée : enfin, la France et l'Angleterre se sont unies et cette alliance, basée sur la communauté des intérêts et sur l'estime réciproque, a été fortifiée par la guerre, car les souffrances et les sacrifices supportés en commun ont cimenté les liens d'amitié entre les deux nations.

. . . . Et ce qui vaut mieux que tout cela, la France, le cœur du monde, a repris au conseil des nations, la première place, celle qu'elle eut dû toujours occuper.

Honneur ! mille fois honneur à celui qui a porté si haut le drapeau de la France !...

INSTRUCTIONS

ADRESSÉES

PAR M. LE MARÉCHAL DE FRANCE

COMMANDANT EN CHEF L'ARMÉE D'ORIENT

AUX GÉNÉRAUX DE DIVISION, GÉNÉRAUX DE BRIGADE ET CHEFS DE CORPS

Au moment où l'armée va entrer en opérations, je crois utile de vous rappeler quelques principes généraux de guerre dont l'application assurera la solidité de nos opérations et préparera utilement l'exécution, sur le terrain, des principales manœuvres de combat auxquelles auront à concourir les troupes placées sous vos ordres.

Du moral des troupes.

Dans tous les temps, dans toutes les guerres, c'est surtout de l'état du moral des armées que dépendent leurs succès ou leurs revers. Vous savez que les actions de guerre les plus habilement conduites n'aboutissent heureusement qu'autant que les troupes s'engagent avec confiance, et que leur moral s'emparant pour ainsi dire de celui de l'ennemi le domine pendant toute la campagne.

Vos soins de chaque jour doivent tendre à réaliser ce double effet, que complétera, je l'espère, la vigueur de nos premiers engagements, dont vous ne perdrez pas de vue que l'influence sur l'avenir de nos opérations sera peut-être décisive.

Que tous les officiers s'appliquent, dès à présent, à cette œuvre et ne laissent échapper aucune occasion d'élever le moral de leurs soldats en entrant en communication directe avec eux, en leur rappelant toute la grandeur de leur mission, toute la légitimité de la cause qu'ils viennent défendre; en excitant leur émulation par la présence des troupes alliées qui ont les yeux fixés sur eux; en exposant les souvenirs d'honneur et de gloire qui s'attachent à nos aigles.

Devant l'ennemi que la contenance des officiers soit toujours ferme et brillante; son influence sur l'esprit du soldat est généralement décisive. Si par l'impossibilité toujours regrettable où vous vous seriez trouvés de couvrir les troupes par les plis du terrain elles étaient momentanément arrêtées sous le feu du canon, les officiers passeraient devant elles et les distrairaient en leur tenant un langage énergique et confiant.

Je m'en rapporte entièrement, Messieurs, à votre intelligence des besoins de la situation pour apprécier la haute importance de ceux que je viens de vous signaler et pour y satisfaire. Ma sécurité, comme la vôtre, ne doit pas reposer sur l'idée que nous nous faisons de l'infériorité relative des troupes qui nous sont opposées. Cette idée serait fausse. L'ennemi que nous allons combattre a fait, d'ancienne date, ses preuves de tenacité et de solidité. Mais, nous saurons élever nos efforts à la hauteur de la tâche, et nous y arriverons en fondant entre nous tous, du général en chef au soldat, cette confiance réciproque, cette étroite solidarité d'où naît la véritable supériorité des armées.

Dispositions à prendre pour le combat. Marches devant l'ennemi.

En principe, la colonne est un ordre de marche et de manœuvre; elle ne devient ordre de combat qu'accidentellement et pour un temps limité, par exemple lorsqu'on est en prise à l'action de la cavalerie.

Manœuvrer en colonne sous le canon ou à portée d'une mousqueterie à laquelle on ne peut utilement répondre, c'est manquer à toutes les règles consacrées par la théorie et l'expérience. Tenter le déploiement dans les mêmes conditions, c'est préparer la déroute ; elle arrive avant l'achèvement de la manœuvre. Dans tous les cas, on s'expose, dans l'une et l'autre situation, à des pertes énormes.

Ainsi, en principe général, tant que les troupes s'avançant vers la ligne de bataille ne seront pas rapprochées de l'ennemi, elles marcheront en colonne serrée ou à demi-distance. Le déploiement devra toujours s'effectuer hors de la portée de la mousqueterie.

L'ordre déployé est le véritable ordre de combat, c'est le seul dans lequel l'infanterie puisse faire usage de son feu qui est toute sa force; c'est, en outre, l'ordre de marche le plus sûr quand, la cavalerie n'étant pas à craindre, on est à portée de canon.

Trop souvent les combats se résument en un échange de coups de fusils ou de canons tirés par des lignes parallèles qui se rapprochent ou s'éloignent, mais aucune ne fait de manœuvre décisive pour aborder l'autre ou pour attaquer en flancs par un mouve

un mouvement tournant en lui apportant la déroute par un côté inattendu. Les deux partis s'épuisent ainsi en efforts qui ne sauraient donner d'autres résultats qu'une effroyable consommation de cartouches et une perte d'hommes souvent considérable. Nous dresserons nos troupes et particulièrement notre infanterie, dont la mobilité peut être rendue si grande, à opérer autrement.

Et d'abord, Messieurs, nous proscrirons d'une manière absolue ces feux multipliés et à grande distance auxquels les troupes sont toujours trop disposées à se laisser aller. C'est un sujet sur lequel vous ne saurez trop insister dans vos instructions de chaque jour. Il faut en faire un point d'honneur à vos soldats, leur rappeler que tirer de loin et beaucoup constitue le symptôme auquel on reconnaît de mauvaises troupes : l'ennemi ne s'y trompe pas.

Le feu doit décider les questions : il faut donc qu'au moment où on l'emploie il soit irrésistible. Tant que ce moment n'est pas venu, il importe de réserver ses munitions et de tenir ses troupes hors de portée ou de les dérober derrière tous les plis du terrain qui se présentent. Les chefs de bataillon restent seuls en avant de leur monde, observant les mouvements de la ligne opposée. Puis, quand le signal est donné, marchez à l'ennemi après avoir fait une énergique allocution à vos hommes, sans tirer, avec cette résolution calme qui présage le succès et glace le moral de vos adversaires.

Presque toujours, pendant cette marche hardie en avant, en supposant qu'ils vous aient attendus, ils se sont épuisés en feux mal assurés; vous les en trouverez dégarnis, et alors, à petite distance, vous commencerez le vôtre qui sera foudroyant et déterminera la déroute.

Si, ce qui est infiniment rare, l'ennemi vous attend de très-près sans tirer, observez-le attentivement afin d'être en mesure de vous donner les avantages, toujours décisifs en pareil cas, du premier feu.

Il est un moyen d'empêcher les troupes de tirer en marchant et de commencer le feu de trop loin : c'est de faire cheminer devant la ligne les chefs de bataillon, les adjudants-majors, les adjudants et quelques sous-officiers qui se retirent au moment où la ligne fait halte pour commencer le feu.

C'est ici l'occasion de vous parler du tir à deux balles qui ne saurait être pratiqué d'une manière habituelle, mais qui, accidentellement, pour des feux exécutés de très-près, produit des effets terribles. Chacun de vos soldats devra toujours avoir sous la main cinq à six balles libres pour les appliquer à cet usage dans les circonstances où vous le jugeriez avantageusement praticable.

Si la cavalerie n'est pas chargée de compléter la défaite commencée par vos feux, chargez vous vous-mêmes de ce soin en vous jetant à la baïonnette sur l'ennemi désorganisé, et faites des prisonniers.

Il est d'ailleurs en règle absolue que, dans l'offensive comme dans la défensive, l'action des tirailleurs doive toujours précéder celle des masses. Elle est de la plus haute importance, et du judicieux emploi de ces excellents auxiliaires dépendent toujours la bonne préparation et souvent le succès de vos manœuvres devant l'ennemi.

Tous les hommes de notre infanterie sont en état de remplir habituellement ce rôle, mais il appartiendra plus spécialement aux chasseurs à pied de chaque division, quand il empruntera aux circonstances une importance particulière. Ainsi, quand il s'agira de tenir l'ennemi éloigné pour que l'exécution d'une manœuvre préparatoire ne soit pas gênée par lui, quand il faudra porter le trouble dans ses rangs pour l'empêcher de tirer avec ensemble sur nos lignes, marchant à lui sans faire feu, comme il a été dit, les chasseurs à pied, avec leurs armes de précision et leurs bonnes habitudes de tir, produiront, j'en suis assuré, les plus heureux effets.

Surtout que l'action de vos tirailleurs ne dégénère jamais en un échange stérile de coups de fusils avec la ligne des tirailleurs qui leur seraient opposés. Il faudrait alors tourner ou percer la ligne de ceux-ci par de petits pelotons qui les chargent au pas de course et rentrent promptement après avoir déterminé leur retraite rendue certaine par la crainte qu'ils ont d'être coupés. Dans tous les cas, vos tirailleurs doivent avoir pour recommandation invariable de ne jamais tirer que sur les masses qu'ils ont la mission d'inquiéter par un feu persistant et bien dirigé. Il importe qu'ils prennent l'habitude de s'écouler rapidement par les intervalles et par les ailes, ou même de se jeter à plat ventre, dans certains cas, pour laisser passer la ligne qu'ils précédaient et qui les aurait rejoints.

Je me suis efforcé d'indiquer le meilleur moyen de mettre l'ennemi en déroute par le feu de l'infanterie quand elle est amenée à l'aborder parallèlement. Je n'ai pas parlé des manœuvres tournantes qui portent rapidement sur ses flancs des colonnes serrées, lesquelles, se rabattant par des formations sur la droite ou sur la gauche en bataille, prennent la ligne ennemie d'écharpe ou à revers. Ces manœuvres, en effet, rentrent dans les combinaisons du général en chef sur le terrain.

Néanmoins, il peut arriver qu'un corps opérant isolément ait à en faire usage, et je vous en recommande instamment l'application quand les réserves ennemies ne sont pas à craindre pour les troupes appelées à faire le mouvement tournant et dont les flancs pourraient, à leur tour, être compromis. Chacun des bataillons serrés en masse, après avoir fait sur la droite ou sur la gauche en bataille, se porte rapidement, dès qu'il est formé, sur la nouvelle direction.

Ils se succèdent ainsi en s'échelonnant, c'est-à-dire en se protégeant réciproquement, et il est bien difficile que la ligne ennemie, ainsi attaquée de front et à revers, puisse se soustraire au désordre qui précède la déroute.

J'ai dit qu'il fallait se garder de marcher en colonne sous le feu de l'enemi. Il est des circonstances cependant où il n'est pas possible d'opérer autrement, par exemple quand il s'agit d'enlever un pont, l'entrée d'un défilé occupé, un retranchement, une brèche, etc.

Dans ce cas vous ne perdrez pas de vue ce principe trop souvent méconnu que la profondeur des colonnes n'ajoute rien à la force du bataillon de tête, le seul qui puisse agir efficacement. Il importe donc que les autres bataillons suivent à des distances telles qu'ils puissent soutenir celui qui attaque, sans être entraînés dans ses désastres, s'il en éprouve. Avec une seule masse, le désordre qui survient en tête, et souvent la panique qui en est la conséquence, se propagent de la droite à la gauche avec une rapidité invincible.

Les marches de flanc qu'on est contraint de faire devant l'ennemi doivent toujours se faire en colonne à distance entière. Dans cet ordre, une simple conversion de chacun des éléments de la colonne détermine la ligne de bataille.

Si les colonnes marchant ainsi par le flanc à distance entière étaient menacées par la cavalerie, le peloton ou la division de la tête, dans chaque bataillon, ferait un demi-quart de conversion, les autres serreraient en se conformant à ce mouvement, et les carrés s'établiraient sans désordre. Ainsi donc, dans l'une et l'autre éventualité, on serait toujours prêt à combattre.

L'offensive surexcite toujours le moral des troupes; la défensive, surtout quand elle se prolonge, l'abat.

Une troupe recevant le combat de pied ferme, même quand elle s'appuie à des obstacles naturels, est presque toujours obligée de céder le terrain à l'assaillant; c'est par la même raison qu'un changement de front en avant peut s'exécuter sous le feu, tandis que, dans les mêmes conditions, un changement de front en arrière est presque toujours impossible et dégénère en déroute.

Donnez-vous donc, autant que vous pourrez, dans la défensive, l'attitude offensive. Restez en arrière des points où vous devez combattre et qu'il vous est interdit de dépasser, pour pouvoir vous y porter par une marche en avant. Dans les retraites que les circonstances vous obligent à opérer en disputant le terrain, faites avec opportunité de vigoureux retours offensifs. C'est ainsi qu'on se fait respecter par l'ennemi et qu'on relève le moral de son monde.

J'ai dit avec intention « dans les retraites où le terrain doit être disputé » : il est telles retraites, en effet, où le grand, l'unique intérêt, c'est de s'éloigner rapidement et avant d'avoir vu l'ennemi, pour éviter la destruction. Dans nos précédentes guerres, les exemples abondent où de grands désastres auraient été évités si, par un faux point d'honneur ou des dispositions mal prises, on n'avait trop attendu pour battre en retraite et sortir d'une situation compromise.

Ordre en échelons.

Ses dispositions sont celles qui sont le plus fréquemment et le plus heureusement employées à la guerre. C'est l'ordre oblique, offensif par les échelons qui s'engagent, défensif par les échelons en arrière qui menacent et protégent sans combattre. Il importe, Messieurs, d'y exercer vos troupes.

La disposition en échelons est la meilleure pour couvrir les flancs de la ligne de bataille. Au lieu de placer les troupes sur ces flancs mêmes pour leur donner une protection immédiate, comme on le fait presque toujours, il faut disposer en arrière d'eux des bataillons échelonnés. Cette protection est bien plus efficace que la première; elle s'étend au loin; elle est pleine de menaces pour l'ennemi qui, s'il assaillit vos fllancs, sera pris lui-même en flanc par vos échelons, ou sera obligé de les tourner par des mouvements très-larges qui l'affaibliront et le compromettront.

Vos échelons seront d'ailleurs disposés sur le terrain sans être astreints à des distances régulières pour peu qu'il soit accidenté. Il suffit qu'ils soient établis de manière à pouvoir se prêter appui et à réaliser utilement leur objet, qui est la défensive, offensive à tous les instants.

Passage de défilé en avant ou en retraite devant l'ennemi.

Il faut ici oublier la plupart du temps les dispositions compassées de la théorie.

S'il s'agit d'enlever en marchant en avant un passage étroit, la tête de colonne assaillante, énergiquement et rapidement conduite, doit être, comme je l'ai déjà dit, à distance raisonnable de la masse. Les premières troupes passées gagnent rapidement du terrain pour favoriser le débouché des autres.

S'il s'agit d'un passage de défilé en retraite, on tient l'ennemi le plus longtemps éloigné qu'il est possible par des troupes choisies et vigoureusement commandées. Les autres passent le défilé sous cette protection, et, pour elles, la manière la plus simple et la plus rapide est toujours la meilleure.

S'il s'agit de défendre un pont ou un gué, n'oublions pas que se placer tout auprès, de manière à se faire écraser par le feu de l'ennemi posté sur l'autre bord est une pratique détestable. Il faut s'établir à distance au contraire et prendre une offensive vigoureuse au moment où une partie des troupes ennemies a effectué le passage. On se mêle à elle qui ne saurait attendre un secours efficace de ceux qui sont postés en arrière. L'artillerie de la rive opposée ne peut, d'ailleurs, agir à ce moment sans atteindre les siens, le succès est assuré.

Changement de direction en marchant en bataille.

Ce sont des mouvements très-utiles et très-pratiques, les seuls qu'on puisse souvent effectuer sous le canon, pour donner une direction nouvelle à la ligne de bataille. Il importe d'y exercer les troupes.

Dispositions contre la cavalerie.

Ce sujet, Messieurs, eu égard aux conditions dans lesquelles notre infanterie peut se trouver placée vis-à-vis de la cavalerie russe, mérite de fixer votre attention la plus sérieuse.

Nous admettrons en principe que les grands carrés formés de faces allongées, presque toujours flottantes, dont le feu est souvent maigre et décousu, dont la formation est d'ailleurs laborieuse et lente, sont loin de présenter une disposition aussi énergiquement et aussi efficacement défensive que les petits carrés formés chacun d'un seul bataillon et se flanquant réciproquement.

Dans une charge on n'a jamais à craindre que le choc d'une ligne de cavaliers dont le front est égal en étendue à celui qui lui oppose le carré. Les cavaliers qui le débordent à droite et à gauche, chargent dans le vide, rencontrent les feux latéraux du carré, ceux des carrés qui les flanquent et tous ont fort à faire pour échapper à ces foyers multipliés de destruction. Et puis, les chevaux qui montrent toujours de l'hésitation quand il s'agit de courir sur ces lignes d'où part une fusillade continue, obliquent facilement à droite et à gauche quand les faces des carrés sont peu étendues. Ils ne le peuvent pas quand elles sont très-allongées et la plupart d'entre eux arrivent par la force des choses sur le carré.

Enfin le renversement d'un grand carré par la cavalerie anéantit une force considérable et peut déterminer la déroute de l'ensemble; le renversement d'un carré de bataillon n'est qu'un accident réparable; il désorganise plus ou moins la cavalerie qui l'a produit et la laisse en proie à l'action des autres carrés restés fermes.

Mais il faut que ces carrés soient convenablement disposés pour que leur flanquement réciproque soit toujours efficace et assuré. Vous ne sauriez trop appliquer à l'avance vos bataillons à ces manœuvres, dont la bonne exécution exige de la pratique et de l'habitude.

L'expérience et l'histoire se réunissent pour montrer qu'une infanterie qui a du calme et qui est maîtresse de son feu, ne saurait, dans aucun cas, être entamée par la cavalerie. Mais il faut que l'infanterie soit convaincue de cette vérité. Faites-la donc pénétrer dans vos rangs. Messieurs, préparez le moral de vos soldats à ces épreuves; qu'ils sachent que ces déploiements d'hommes et de chevaux renferment plus d'appareil et de menaces que de périls réels.

C'est dans les carrés contre la cavalerie que le tir à deux balles, exécuté à petite distance, sera un puissant auxiliaire. Ne le négligez jamais dans cette circonstance où ses effets seront décisifs, si vos soldats n'en font usage qu'à propros.

Dans la plupart des cas une seule face du carré est directement aux prises avec la cavalerie. Les deux faces latérales adjacentes ne sont engagées qu'indirectement. La quatrième est en dehors de l'action. Les serre-files de cette dernière et ses meilleurs soldats pourront alors constituer une réserve dont les fusils seraient chargés à deux balles, et qui conserverait son feu pour n'en faire usage qu'au moment et sur les points utiles, dans des conditions d'exécution prévues et préparées par le chef de bataillon.

Je n'ai rien dit, Messieurs, dans cet exposé de l'action de la cavalerie et de l'artillerie. Cette action est toujours subordonnée à des éventualités très-diverses qui multiplient et font varier à l'infini les combinaisons à l'aide desquelles on fait sur le terrain application de ces armes. La discussion de ces éventualités me ferait sortir du cadre très-restreint que je me suis tracé et me conduirait à vous présenter une sorte de cours de tactique des trois armes; ce n'est pas là mon objet.

En ce qui concerne la cavalerie, nous n'adopterons à l'avance qu'un principe bien arrêté, c'est que nous la ménagerons avec une sollicitude de tous les instants, en rapport avec les difficultés que nouséprouverons à la renouveler. Elle n'agira que dans des circonstances que je me réserve de déterminer, et dans tous les cas, nous ne perdrons pas de vue qu'elle ne doit être lancée que sur des masses qui auraient èprouvé un commencement de désorganisation par le feu de l'infanterie ou de l'artillerie. Nous nous garderons de la déployer en lignes entassées l'une derrière l'autre. Outre que ce sont des masses confuses et difficiles à manier, si la première ligne est ramenée, elle entraîne les autres sans qu'elles aient pu tirer le sabre.

Enfin, dans toutes les circonstances qui placent la cavalerie dans la situation d'avoir ses flancs découverts, il importe qu'elle échelonne des escadrons en arrière d'eux pour la sauvegarder contre toute attaque imprévue venant de ce côté.

Quant à l'artillerie, elle constituera sa réserve avec le plus de batteries à cheval qu'il sera possible afin d'être en mesure de concentrer rapidement son action sur un point décisif.

Elle n'oubliera pas que sa principale destination est de désorganiser les masses de l'ennemi et de contre-battre son artillerie. Elle n'appliquera à ce dernier objet qu'un nombre limité de pièces.

Il peut arriver qu'au milieu des péripéties de l'action, l'occasion s'offre à l'artillerie, particulièrement à l'artillerie à cheval, de prendre en flanc ou à revers les lignes ou colonnes ennemies. L'effet moral de quelques coups de canon tirés dans cette condition est incalculable : les plus vigoureux soldats n'y résistent pas.

L'artillerie, dont l'action sera combinée avec celle de l'infanterie formant les carrés contre la cavalerie, s'établira derrière les faces qui ne seraient pas menacées. Dans certains cas graves, tout ou partie des pièces peut être dételé. Les chevaux introduits dans les carrés, les pièces sont manœuvrées à bras, celles qui ne sont pas utilisées attendent sur place que l'orage dont elles n'ont rien à craindre, soit passé.

Vous suivrez avec intérêt les effets du tir de vos chasseurs à pied sur l'artillerie ennemie. La précision de ce tir, la grande portée des armes devront les mettre en mesure de contre-battre avec avantage par un feu de tirailleurs bien dirigé les batteries qui nous sont opposées. C'est là un résultat considérable, qui ne pourra être complet que lorsque l'instruction de vos chasseurs et leurs habitudes spéciales du tir se seront perfectionnées par la pratique sous le feu de l'ennemi.

Mais alors les services qu'ils rendront, soit comme tirailleurs portant l'inquiétude et le désordre dans les lignes opposées, soit comme bataillons produisant dans ces lignes une sorte trouée par des feux d'ensemble, seront de la plus haute importance, et répondront certainement aux espérances qu'a fait naître la création de cette infanterie spéciale.

J'aurais encore à vous parler, Messieurs, du soin minutieux avec lequel vous devez vous garder et organiser le service de vos avant-postes devant un ennemi qui dispose de nombreux irréguliers, lesquels tenteront incessamment de vous surprendre et de vous empêcher de dormir. Je me borne à vous rappeler que se garder de trop près, ainsi qu'on est trop souvent disposé à la faire, c'est se garder très-mal ou même ne pas se garder du tout. Il est très-important qu'indépendamment des postes disposés d'après les règles indiquées par la théorie et par l'expérience, vous gardiez la nuit, par des hommes choisis parmi les plus intelligents et qui sont poussés au loin, les sentiers aboutissants à vos bivouacs; que vos postes eux-mêmes usent des mêmes précautions, tant pour les directions en avant d'eux que pour leurs lignes de retraite sur lesquelles l'ennemi pourra souvent chercher à les prévenir.

Ce service aura une importance considérable et devra motiver, chaque jour, de la part des officiers généraux, un examen très-attentif du terrain sur lequel leurs troupes seront établies.

Je termine ici cette instruction sommaire, où j'ai voulu réunir quelques données générales applicables à l'action des masses sur le terrain. Ce ne sont pas là des spéculations de cabinet, et déjà vous en avez reconnu l'origine. Je les ai empruntées à la pratique d'un maître dont les souvenirs et l'esprit vivent parmi nous, et qui avait fait de ces questions l'objet des méditations de toute une vie illustrée par les plus beaux faits militaires.

Je résume ces doctrines en quelques mots :

Par votre parole, par vos conseils, par votre exemple, élevez le moral de vos soldats à la hauteur de leur tâche. Soyez avec eux en communication continuelle, qu'ils aient de vous, leurs chefs, une haute opinion, base de la sécurité et de la confiance auxquelles sont dus, la plupart du temps, les succès de la guerre.

Devant l'ennemi, appliquez à propos, avec intelligence et une invincible énergie, quelques manœuvres simples, telles que celles qui ont été indiquées, en vous montrant pénétrés des principes que j'ai rappelés à vos souvenirs. En un mot que l'exécution réponde à la préparation, et nous soutiendrons dignement en Orient l'honneur de nos armes.

Les vœux ardents de notre pays, les sympathies du

monde entier nous suivent dans cette guerre lointaine, où nous venons défendre le droit du faible contre les violences du fort, et où nous sommes devant l'Europe les représentants des plus grands et des plus légitimes intérêts.

Je vous invite, Messieurs, à ne laisser échapper aucune occasion de réunir les officiers sous vos ordres, de leur faire lire ces instructions en les accompagnant des commentaires explicatifs que leur objet vous suggérerait. J'attache le plus grand prix à ce qu'ils se pénètrent tous de ces vérités pratiques et surtout de l'esprit et des principes qui les ont inspirées. Cet esprit et ces principes, ils les reporteront aux sous-officiers et soldats qu'ils commandent. L'application vigoureuse et intelligente en deviendra générale dans l'armée et j'ai la confiance que nous aurons puissamment ajouté aux éléments de succès qu'elle renferme.

Le maréchal de France,
Commandant en chef de l'armée d'Orient.

A. DE SAINT-ARNAUD.

CONSIDÉRATIONS

ET RENSEIGNEMENTS SUR L'ORGANISATION

DE L'ARMÉE ANGLAISE

DANS LES INDES ET EN EUROPE

Dans les premiers jours du mois de janvier 1854, notre régiment était, comme cela se fait toujours en hiver, fractionné en plusieurs détachements qui travaillaient aux routes de la province de Constantine, lorsqu'une grande nouvelle vint rompre la monotonie de notre existence : la France et l'Angleterre avaient déclaré la guerre à la Russie, et nous étions désignés pour faire partie du corps expéditionnaire envoyé au secours de la Turquie.

Mes camarades et moi ressentîmes alors une joie bien vive en apprenant que nous allions enfin faire la grande guerre, celle que nos pères avaient faite avec tant d'éclat : nous allions voir un pays nouveau et combattre pour la cause la plus juste, la défense du faible contre le fort : enfin, nous comprenions tous qu'il était temps d'arrêter les progrès des Russes en Orient, qu'il fallait, à tout prix, les empêcher de s'établir à Constantinople et par suite de couvrir la Méditerrané de nombreux vaisseaux qui menaceraient sans cesse la France et l'Algérie : nous voulions protéger cette belle colonie que nous considérons comme notre œuvre, car nous avons arrosé son sol de bien des sueurs et de bien du sang; car on ne s'y est établi qu'à l'ombre de notre drapeau.

Peu versés dans la connaissance des subtilités politiques, nous n'avions coutume de considérer la grande question de l'équilibre européen qu'à un seul point de vue, nous voulions conserver l'intégrité du territoire de notre belle patrie : or, nous savions que, sous ce rapport, la France a tout à redouter de la Russie, puissance essentiellement envahissante et toujours organisée pour la conquête, tandis qu'elle n'a rien à craindre de l'Angleterre, qui pourra ruiner notre commerce, mais ne pourra jamais envahir nos frontières sans l'assistance des armées des autres pays. Donc, l'alliance anglaise, sans exciter parmi nous une très-vive sympathie, était généralement acceptée sans répugnance, parce qu'elle nous semblait toute naturelle, d'autant mieux que, dans cette guerre, la France et l'Angletterre avaient à défendre des intérêts communs.

Quant à moi, toujours dominé par une insatiable curiosité, je me réjouissais à l'idée de visiter la Turquie, ce beau pays dont tant de gens ont parlé et qui pourtant est encore bien peu connu; je me promettais en outre d'étudier l'organisation de l'armée anglaise, de chercher quelles peuvent être les causes de ses succès et de ses revers dans les nombreuses occasions où nous avons eu à lutter contre elle, tout en tenant compte des circonstances dans lesquelles ces faits se sont accomplis. Déjà j'avais puisé de précieux renseignements dans les écrits du général Briggs et du général Napier, de même que dans quelques articles fort intéressants de la *Quarterly review* et de l'*Edimburgh review*, mais j'étais heureux de trouver l'occasion d'en apprécier l'exactitude. Par une observation attentive et assidue, j'ai pu m'assurer que nos alliés ont de belles qualités militaires, beaucoup de tenacité dans le caractère, de l'impassibilité au feu, et de plus, ce qui est une garantie de succès, un très-grand amour propre national. Malheureusement leurs armées, composées d'hommes habitués à une nourriture variée et très-substantielle, sont obligées de traîner à leur suite d'énormes approvisionnements qui diminuent beaucoup leur mobilité : je dois ajouter en outre, car on doit la vérité à ses amis, qu'on peut reprocher aux officiers leur manque d'instruction militaire et leur aversion pour les détails du service : enfin, le gouvernement anglais a le tort de désorganiser son armée dès qu'une guerre est terminée, et cela donne lieu à une foule d'inconvénients fort graves. L'économie qu'il réalise ainsi est plutôt apparente que réelle, car, à l'approche d'une guerre, ce n'est qu'à grands frais et avec infiniment de difficultés qu'il parvient à se procurer des soldats, des employés administratifs et des approvisionnements.

Mais c'est surtout dans cette dernière guerre que nos alliés ont eu à regretter cette absence presque complète d'un personnel administratif, puisque, malgré des dépenses énormes, les services des vivres, des hôpitaux et des transports ont laissé beaucoup à désirer; et que serait-il arrivé si, au lieu de rester constamment à portée de ses vaisseaux, magasins qui la suivaient partout, l'armée anglaise avait dû pénétrer dans l'intérieur du pays ennemi?..... Certes, avec les sommes considérables que l'imprévoyance a fait dépenser en pure perte, les Anglais eussent pu entretenir en temps de paix un corps d'administrateurs dont l'expérience et l'instruction auraient épargné bien de l'argent au gouvernement et bien des souffrances à l'armée (1) : Ils doivent comprendre maintenant que ce n'est pas seulement avec de l'or qu'on organise les services administratifs et qu'il faut avant tout pour réussir dans cette tâche ingrate et difficile beaucoup d'expérience, d'instruction et d'intelligence.

C'est surtout à l'armée des Indes que les inconvénients que j'ai signalés sont poussés au

(1) Note. On assure qu'en février 1855, pendant que l'armée anglaise perdait six hommes devant l'ennemi, elle en perdait, par les maladies, 1407 au camp et 660 dans les hôpitaux.

plus haut point : voici les renseignements les plus intéressants que j'ai pu réunir sur son organisation.

En 1831, l'ordre fut donné au commandant en chef de Madras de s'occuper de l'éducation de l'armée indienne, éducation jusqu'alors fort négligée : et pourtant dans l'Inde, toute la classe moyenne sait lire, écrire et mieux compter que la plupart des Européens qui viennent dans ce pays. A la suite de l'enquête faite à ce sujet on constata les résultats suivants :

Cavalerie et artillerie à cheval, sur 4,966 hommes, 726 savaient lire;

Artillerie à pied et infanterie, sur 39,988 hommes, 7,226 savaient lire;

Sepoys, (cypaies) sur 4,321 hommes, 280 savaient lire.

Le compte rendu de ces recherches nous montre deux points importants qu'il est bon de citer. Dans trois régiments de cavalerie et dans une brigade d'artillerie à cheval, aucun officier ni sous-officier indien ne savait lire; de plus, sur huit autres régiments de cavalerie et deux d'artillerie à cheval, il y avait quatre escadrons où aucun officier ne savait lire. Il est vrai qu'il y avait des écoles primaires dans tous les régiments, mais elles étaient peu suivies par les sepoys : on n'y trouvait qu'environ trente enfants de sept ans, et quarante de douze ans, dont les pères étaient tués et qui attendaient l'âge d'entrer dans l'armée.

On peut avoir toute confiance dans ces renseignements, donnés en 1831 par le général Briggs qui a servi dans l'armée des Indes pendant plus de quarante ans : or, en 1852, la situation n'avait pas changé.

Loin d'exagérer le mal, le général cherche plutôt à l'amoindrir : il en est de même quand il parle de la statistique judiciaire de l'armée. D'après lui, 331 officiers indiens de l'armée de Madras ont été, pendant une période de trente annés, condamnés pour les faits suivants :

Ivresse sous les armes.	137
Insubordination.	29
Révolte, sédition, tentative de meurtre sur des officiers.	45
Vol et usure.	26
Faux témoignage.	5
Absence sans permission.	3
Vol à main armée.	16
Querelles et voies de fait	12

Quoique ces condamnations n'aient frappé qu'environ un pour cent de l'effectif des officiers indiens, le résultat en est important à considérer, car la nature de ces condamnations prouve que ces officiers ne se recrutent plus dans les meilleures classes de la société. C'est ce qui fait dire au général. « En lisant ces détails, nous « voyons que les braves officiers qui se sont dis« tingués sous les ordres de Clive, de Lawrence, « de Coote, de Cornwallis, de Harris et de Wel« lington ne font plus partie de notre armée ! »

On ne peut qu'être de l'avis du général. Les vétérans indiens qui les premiers ont été soumis à la nouvelle organisation, se sont raidis contre les injustices dont ils étaient l'objet : certes, il était bien dur pour de vieux soldats, couverts d'honorables blessures, de se voir malmener par des jeunes gens venus d'Angleterre et qui n'étaient pas encore nés quand eux se battaient déjà; aussi cherchèrent-ils à empêcher leurs fils et leurs neveux d'entrer au service. Depuis lors, le corps des officiers dégénéra rapidement et ne fut guère plus instruit que les sous-officiers et les soldats : outre cela, les neuf dixièmes d'entre eux n'avaient aucune fortune et ne pouvaient soutenir dignement leur rang.

La paie d'un sepoy est, nous le croyons, de onze sous par jour, et sur cette somme il doit acheter son linge ainsi que tout ce qui est nécessaire pour entretenir son équipement et ses armes. Il lui faut de cinq à sept ans pour arriver au grade de naeg ou caporal : dix ans après il peut devenir halvidar ou sergent : enfin, après vingt ou trente ans de service il peut obtenir ses premières épaulettes avec une paie de trente deux sous par jour. A l'ancienneté, il devient subadar ou capitaine, avec trois francs par jour, et enfin, s'il est encore valide, il peut arriver au grade de capitaine-major rétribué doublement. Cet avancement si lent fait que dans l'armée des Indes, l'âge moyen des sous-officiers est de quarante cinq ans, celui des capitaines, de cinquante cinq ans, et celui des capitains-majors, de soixante-dix ans.

Puisque le gouvernement a cru bon de faire entrer des officiers européens dans le corps des sepoys, il aurait dû ne pas s'arrêter en chemin et ne plus laisser dans ces régiments aucun officier indigène : cela eût mieux valu que d'employer des chefs dont la valeur dans la hiérarchie militaire est si amoindrie. En effet, les officiers indigènes sont aujourd'hui plus nuisibles qu'utiles : le plus élevé en grade parmi eux, le major, ne peut prendre le commandement du bataillon quand il s'y trouve un officier anglais, quel que soit le grade de celui-ci : en outre, son influence dans les casernes est aussi nulle que celle d'un caporal, et il lui est impossible de réprimer les actes d'insubordination qui sont, depuis 1796, si fréquents dans le corps des sepoys. Certes on n'accuse pas les officiers indiens de prendre part aux mutineries et de se conduire lâchement sur le champ de bataille, car, ce qu'on ne peut pas dire des Mahométans, les Hindous sont très-disciplinés : mais quoique fort courageux, ils sont complètement incapables d'arrêter une sédition. Ils ne peuvent pas non plus se rendre utiles en fournissant de bonnes indications sur la nature du mal : leur grade leur a fait perdre les confidences intimes de leurs camarades de la veille, sans les faire entrer dans la classe de ces supérieurs à qui le soldat vient demander un conseil, qu'il est habitué à considérer avec respect, et sur lesquels il compte pour le tirer d'une position difficile.

Pour les officiers indiens le grade n'est qu'une dérision, puisqu'il ne leur donne ni pouvoir, ni position pécuniaire : ceux d'entre eux qui occupent une certaine position sociale n'en veulent plus et comme les autres n'y arrivent qu'à un âge avancé, ils sont obligés de prendre leur retraite : par cette raison, leur nombre devient de plus en plus restreint, et il serait temps de prendre les mesures nécessaires pour l'augmenter. Si un bataillon de huit cents Anglais ne peut rendre de véritables services avec moins de trente-trois officiers, qui tous parlent la même langue, comment veut-on qu'un bataillon de huit cents sepoys, composé d'Hindous et de Mahométans, parlant plusieurs langues et ayant des usages différents, puisse bien marcher avec vingt-deux officiers seulement? Ajoutons qu'il n'y en a jamais vingt qui soient présents au corps : il est vrai que les Européens désirent beaucoup entrer dans l'armée des Indes, mais le climat les éprouve tellement, que presque toujours la moitié des officiers est hors d'état de faire son service : et encore prend-on parmi eux les adjudants, les quartiers-maîtres et les officiers payeurs qui ne peuvent faire le service de compagnie. D'après ce que disait la *Revue de Calcutta*, en 1844, et rien n'a été changé depuis dans l'organisation de l'armée des Indes, cette armée compte 212,500 hommes et 4,481 officiers : sur ce nombre, 2,229 officiers sont attachés à l'état-major général ou commandent des corps irréguliers : il n'en reste donc que 2,253, c'est-à-dire la moitié, pour conduire au combat 212,500 hommes, ce qui donne un officier pour quatre-vingt-treize hommes. Cette proportion est réellement absurde et on doit, comme le faisait le maréchal Soult, s'étonner qu'il y ait encore quelque discipline dans l'armée des Indes.

Il paraît que pendant les dernières guerres, le mal a encore augmenté. Dans l'Afghanistan et le Pundjab, des régiments sont allés au feu sans avoir seulement un officier européen par compagnie : on prétend même que dans plusieurs affaires, il n'y en avait que trois ou quatre dans tout le corps d'armée engagé; or, d'après ce que nous venons de dire des officiers indiens, comment veut-on que des régiments ainsi dirigés, puissent bien faire leur devoir? Tout le monde sait que même dans le meilleur régiment européen il faut au moins un officier pour conduire une compagnie, et cependant il y a des gens qui s'étonnent de l'indiscipline qui règne dans un bataillon de sepoys.

Depuis vingt ou trente ans, on croit au Bengale que les hommes des castes supérieures font de meilleurs soldats que ceux des castes inférieures, et que ceux qui, dans la vie privée, ne peuvent causer entre eux, ne peuvent pas non plus faire ensemble un bon service militaire. Ce préjugé, qui s'est répandu partout, est à ce qu'il paraît, complètement faux; les castes élevées ont une foule de scrupules que n'ont pas les autres : il y a certaines choses qu'elles ne peuvent ni boire ni manger, la religion leur défend de traverser la mer et elles refusent de travailler dans les tranchées, comme cela est arrivé au siége de Mooltan, parce qu'elles considèrent cela comme un déshonneur. Les parias n'ont pas toutes ces faiblesses : ils vont partout où l'on veut qu'ils aillent, et au feu, ils ont autant de fermeté et de courage que le plus fier rajput : à l'époque où l'armée a remporté ses plus brillants succès, elle était presque entièrement composée d'hommes de cette caste.

« Les sepoys, dit le général Briggs, qui com-
« battirent sous les ordres de Clive et de Coote,
« qui contribuèrent aux défaites et à la chute de
« Tippoo Saïb en 1792 et 1799, ceux qui se
« couvrirent de gloire sous Wellington dans les
« campagnes de 1803 et 1804, étaient pris, selon
« l'usage à Bombay, dans les castes moyennes.

« L'infanterie était composée de parias, de petits « cultivateurs de la Carnatie et de quelques Ma-« hométans : la cavalerie était recrutée parmi les « Musulmans. Mais en 1806, le gouvernement « défendit d'enrôler dans l'armée de Madras les « hommes des castes inférieures, et l'on profita « de cette occasion pour renvoyer tous ceux qui « en faisaient déjà partie. Un vieux subadar dont « je commandais la compagnie depuis plusieurs « années, et pour qui j'avais une grande estime, « trouva cette mesure impolitique, car, disait-il, « ces hommes avaient toujours été braves, fidèles « et soumis, et un jour viendrait où on verrait « combien ils valaient mieux que les Musulmans « devenus si à la mode. »

La prédiction du subadar dont parle le général, s'est accomplie, car la cavalerie régulière, qui ne se compose que de Musulmans, inspire fort peu de confiance. Par contre, on assure que les meilleurs régiments, ceux qui, bien conduits, seront toujours très-utiles, se recrutent dans les castes inférieures : ce sont les pionniers de Madras, l'infanterie de Bombay et les Gourzas.

Aux premiers bruits d'une guerre, on met immédiatement toute l'armée sur pied, mais dès que ces bruits semblent peu sérieux, on la réduit : on conviendra que c'est là un fort mauvais système. Presque tous les sepoys sont mariés et chacun d'eux a une nombreuse famille qui suit l'armée et se trouve intéressée à son bien-être : aussi le gouvernement se sert-il de tout ce monde pour espionner l'ennemi et il est toujours bien informé. On comprendra dès lors que c'est faire une mauvaise économie que de réformer, sans leur donner une pension suffisante, les soldats indiens qui rentrent mécontents dans leurs foyers et sont toujours prêts à se révolter : non-seulement on perd leurs services et ceux de leur famille, mais encore on en fait des conspirateurs. Le terrible exemple fourni par la guerre de l'Afghanistan prouve qu'il faut se faire aimer de la population : toute une nation conspirait contre les Anglais et le gouvernement ne l'a su qu'au moment où la révolte a éclaté.

Le général Napier, dans l'intéressant ouvrage dont nous allons bientôt parler, signale beaucoup d'autres défauts dans l'organisation de l'armée des Indes. Le commissariat, qui remplit chez les Anglais les fonctions attribuées dans notre armée à l'intendance militaire, laisse beaucoup à désirer : l'armemement et l'équipement des troupes indiennes sont défectueux, les armes sont lourdes et peu maniables, la cavalerie est mal montée, et enfin les selles anglaises et les uniformes serrés sont nuisibles dans ces climats où la température est presque toujours très-élevée.

Le gouvernement anglais n'a que deux moyens de rendre l'armée indienne capable de rendre des services sérieux en temps de paix et en temps de guerre : il faut revenir complètement à l'organisation qui existait avant les changements de 1796, ou établir, dans les régiments de sepoys, le même cadre d'officiers européens que dans les régiments de la métropole.

Dans le premier cas, l'économie serait plus grande, car la solde des officiers augmente beaucoup les dépenses de l'armée. Si le gouvernement veut avoir pour officiers des gens de haute classe, il devra augmenter leurs appointements, et ce surcroit de dépense sera largement compensé par la réduction du nombre des Européens. Mais peut être se demandera-t-on si l'on trouvera encore assez de gens haut placés, pour leur confier ces importantes fonctions et, en outre, si l'on doit avoir confiance en eux : On peut répondre à cette objection en faisant remarquer que dans les corps irréguliers qui rendent de si grands services, il ne se trouve généralement qu'un ou deux officiers européens; en outre, on aurait tort de douter du courage des Indiens que les Anglais n'ont pu vaincre que grâce à leur discipline. Les renseignements suivants prouveront que les combats qu'on leur a livrés ont été fort meurtriers : c'est la comparaison des pertes des Anglais avec celle des Indiens dans les principales batailles où les deux peuples ont eu à lutter entre eux.

Bataille d'Assaye (1803), la perte des Hindous fut 3 fois plus grande que celle des Anglais.

Bataille de Dieg (1804),	idem	4	idem
Bataille de Mehedpoor (1817)	idem	6	idem
Bataille de Sitabaldy (1817)	idem	4	idem
Bataille de Korygaum (1818)	idem	3	idem
Bataille de Maharajpoor (1845)	idem	6	idem
Bataille du Sutly (1846)	idem	5	idem
Bataille de Chilianwallah (1848)	idem	7	idem

Le chiffre des pertes des Hindous prouve qu'ils ont lutté avec énergie; quant à leurs chefs, qui ont fait la guerre avec tant d'habileté et de courage, on doit supposer qu'ils pourraient rendre de bons services dans l'armée anglaise; c'était bien l'avis du général Napier qui les employait souvent et qui, pour se les attacher, faisait droit à toutes leurs réclamations. En outre, les considérant comme des sujets anglais, il s'occupait de leur ouvrir la voie des places et des honneurs sans avoir égard à leur origine et à leur religion. Il nomma magistrat Mohamed Tora, un des plus fameux chefs que combattirent à Meanée, et écrivit à ce sujet. « Nous devons ouvrir toutes « les portes à l'ambition des Scindes : il faut « qu'ils fassent valoir leurs droits aux places « qu'ils demandent : donnons-leur d'abord ces « places et réformons-les ensuite s'ils font preuve « d'incapacité : en les essayant ainsi nous trou- « verons les hommes de mérite. Si un Belochee « devient magistrat, tous chercheront à se rendre « dignes de le devenir : ouvrons ainsi un vaste « champ à toutes les intelligences, à tous les « mérites et à toutes les ambitions. Peut-être ce « Belochee voudra-t-il abuser de son influence, « mais nous saurons bien arrêter son abus de « pouvoirs. Quant à moi, je tâcherai toujours de « corriger ce qu'il y a de mauvais dans le système « actuel qui sert de prétexte à bien des dépréda- « tions et qui arrête les progrès de l'humanité : « je veux marcher le plus possible dans cette « voie. »

Ne peut-on pas faire remarquer qu'il n'y a pas

plus de raison pour qu'un Hindou commandant des sepoys trahisse les Anglais plutôt qu'un Hindou commandant des irréguliers ? Cette confiance dans l'emploi des chefs Hindous est partagée par les généraux Cautfield et Briggs. Ce dernier voudrait qu'on admit dans l'armée comme volontaires les jeunes gens des hautes classes, avec promesse d'avancement s'ils s'en rendent dignes : aucun d'eux ne pourrait obtenir le grade d'officier sans avoir été deux ans simple soldat, un an naeg ou caporal, et un an havildar-major ou sergent-major dans sa compagnie ; ce plan paraît fort judicieux.

Nous avons dit que le deuxième moyen à employer pour réformer l'armée indienne était d'établir, dans les régiments de sepoys, le même cadre d'officiers européens que dans les régiments de la métropole. Cela donnerait lieu à une augmentation considérable mais indispensable pour obtenir le maintien de la discipline. Les officiers de mérite, séjournent peu dans les régiments, car ils visent aux emplois de l'état-major général, et il ne reste, pour commander les compagnies, qu'un nombre fort restreint d'officiers : cet état de choses est fort à regretter, surtout depuis que l'augmentation du territoire a fait disséminer les forces militaires.

Outre la dépense causée par l'augmentation de l'effectif des officiers européens, il faut considérer les dangers que présentera la suppression complète des officiers indiens : c'est une mesure qu'on devra mettre à exécution avec la plus grande prudence. Nous ferons remarquer que les Indiens envient peu les grades supérieurs et qu'ils ne leur trouvent d'autre avantage que la pension de retraite qui leur est attribuée, car un subadar qui quitte le service, reprend dans son village le rang qu'il occupait avant d'entrer dans l'armée et redevient simple paysan. Aussi l'havildar en position d'espérer de l'avancement, s'estimerait très-heureux si on lui donnait la pension de retraite d'un jemadar : en adoptant cette mesure et en ne remplaçant les officiers indiens par des Européens qu'en proportion des places vacantes, on éviterait tout mécontentement : peu à peu le recrutement s'opérerait dans les castes inférieures qui ne songent pas à l'avancement, ne se préoccupent que de la solde, et sont plus utiles que les autres dans l'état actuel de l'organisation de l'armée. Le surcroit de dépense qui résulterait de tout ceci serait compensé par la tranquillité qui serait acquise.

En outre, il serait utile d'abandonner aux Indiens de haute naissance les fonctions civiles et les emplois spéciaux confiés aux officiers, et aussi d'empêcher ces derniers de changer de corps par permutation, car il faut qu'ils considèrent leur régiment comme leur propre famille, qu'ils apprennent à connaître leurs hommes, leur caractère, leurs besoins et la manière de les conduire. Pourquoi ne pas créer un corps spécial d'état-major comme nous l'avons en France? cette mesure présenterait, entre plusieurs avantages, celui de laisser au complet le cadre des officiers dans les régiments.

Nous compléterons les observations et les renseignements qui précèdent en citant une lettre écrite par le général Charles Napier qui a commandé l'armée des Indes et qui donne sur cette armée les détails les plus intéressants.

En 1842, au moment où je reçus de lord Ellenborouhg, alors gouverneur-général des Indes, l'ordre de me rendre dans le Scinde, on était généralement persuadé que nous allions avoir la guerre avec les Emirs, on avait des appréhensions pour la sécurité des troupes qui se trouvaient dans le pays, on craignait surtout pour la colonne que le général England ramenait de Candahar à travers les défilés de Bolan et de Kujuk.

En voyant arriver à Sakkar les troupes du général England, je pus apprécier pour la première fois, par moi-même, l'état de désordre dans lequel marchent toujours les bagages d'une armée indo-anglaise, et les périls qui peuvent en résulter pour elle. J'en avais bien appris quelque chose par l'histoire de nos guerres de l'Inde, mais je n'avais jamais vu le fait de mes propres yeux. J'étais allé à cheval au-devant de la colonne; après l'avoir vu défiler, je dis à mon aide-de-camp : « Si un corps de cavalerie entreprenante était sur les talons du genéral England, tous ses bagages seraient perdus. »

Et cependant la confusion n'était pas plus grande dans les bagages de cette division que dans ceux d'aucune autre; elle résultait du système indien; mais elle me prouva aussi qu'aucune armée, dans l'Inde, ne pourrait être réellement active et agissante aussi longtemps que ses mouvements seraient gênés par une multitude si désordonnée.

Je songeai donc aussitôt au remède à employer contre le mal, et j'arrivai tout d'abord à établir les propositions suivantes, qui me parurent aussi vraies que des axiomes :

1° Une armée, dans l'Inde, traîne à sa suite plus de bagages qu'aucune autre armée du monde;

2° Les Européens, dans une armée indienne, ont besoin de plus de bagages qu'aucune autre fraction de cette même armée;

3° Les officiers emportent aujourd'hui avec eux beaucoup plus de bagages qu'il n'est nécessaire, et les simples soldats, les cipayes, en ont encore comparativement plus que les officiers;

4° Comme le climat exige une grande quantité de bagages, ont doit prendre garde, en voulant diminuer cet inconvénient, d'en créer un autre par des réductions excessives qui se traduiraient en maladies et en souffrances pour les soldats.

Il faut beaucoup de sagacité pour tracer la ligne qui sépare le superflu du nécessaire; car, dans l'Inde, ils se confondent presque, surtout en ce qui regarde les Européens ;

5° La quantité des bagages autorisés en temps de guerre, doit être beaucoup moindre qu'en temps de paix ;

6° Tous les transports de bagages doivent s'exécuter aux frais de l'Etat; l'officier, à qui l'on donne de l'argent pour se fournir lui-même de moyens de transport, peut perdre ses chameaux sans qu'il y ait ni de sa faute, ni de celle de ses domestiques. Ensuite, si les règlements ne lui permettent d'emmener qu'un certain nombre d'animaux, et ce nombre doit être juste suffisant pour porter tout ce qui est nécessaire à sa santé et au besoin du service, il est exposé, en perdant une seule bête, à perdre ce qui lui est nécessaire, et, comme conséquence, il peut devenir incapable de servir, ou tout au moins a-t-il à subir de sérieuses souffrances. Je dis donc que les moyens de transports appliqués aux bagages individuels comme aux équipages généraux des armées, doivent être payés par l'Etat, et qu'en campagne il ne doit être permis à personne d'avoir des moyens de transports particuliers.

Par suite de cet arrangement, l'officier, dans la presque totalité des cas, n'est plus exposé à perdre ses bagages; car toute armée en campagne a toujours des chameaux de réserve et des ressources qu'aucun individu ne possède aussi bien qu'elle.

Les considérations qui précèdent réduisent donc la discussion à ces deux points : d'abord, aucune armée ne doit traîner à sa suite que ce qui lui est indispensable, et rien de plus; ensuite, tous ses équipages doivent, sans distinction, être menés aux frais du trésor lorsqu'elle entre en campagne.

Voyons maintenant quel est le meilleur moyen de transporter les bagages d'une armée *régulière*, dont les opérations doivent se prolonger et ne ressemblent en rien à ces *irréguliers* qui ne font que des incursions de pillage, ne traînent aucun matériel avec eux, ravagent le pays, et se retirent surchargés de butin, mais à peu près sûrs de n'être pas poursuivis, car il est rare qu'ils laissent derrière eux un seul être vivant.

DES BAGAGES D'UNE ARMÉE INDIENNE DANS LE SYSTÈME ACTUEL.

Les bagages d'une armée régulière, dans l'Inde, se règlent beaucoup sur le pays dans lequel la guerre se fait.

Si le pays est fertile et abondant en ressources, la quantité des bagages est diminuée d'autant.

Si le pays est désert, il faut emporter tout avec soi, et, dans ce cas, les bagages deviennent immenses. J'ai, pour mon compte, été obligé de porter jusqu'à de l'eau.

Il faut donc calculer pour le cas où les bagages sont considérables, c'est-à-dire lorsqu'une grande armée fait la guerre dans un pays stérile, plein d'ennemis entreprenants, et doué d'un climat peu favorable à la santé; car alors le nombre des hommes présents à l'hôpital peut croître dans des proportions effrayantes, tandis qu'en même temps les moyens de secourir les malades diminuent en raison inverse des besoins.

Il s'agit d'organiser des moyens de transport pour parer à ces éventualités.

D'abord, je vais essayer de donner au lecteur une idée de ce que sont les bagages d'une armée indienne.

Soit le nombre des chameaux nécessaires au transpor, t20,000. Ces animaux, conduits, comme c'est l'usage dans toute l'Asie, au moyen d'une corde qui leur traverse le nez et s'attache à la queue de celui qui marche immédiatement devant eux, occuperaient une file de cinquante milles de distance, en comptant quinze pieds du nez de l'un au nez de l'autre qui le suit, de sorte que la moitié des chameaux n'aurait pas encore quitté le campement de la veille lorsque les chameaux de tête seraient déjà arrivés au campement du jour!

Ce simple fait doit montrer ce que c'est que le bagage d'une armée indienne : c'est une énorme affaire; car, s'il est vrai que les animaux ne marchent pas sur une file aussi régulière que celle que je viens d'indiquer, ils n'en formeront pas moins, disposés comme vous pourrez l'imaginer, une masse immense (1); bon gré, malgré,

(1) Je vois dans les journaux, que l'équipage d'artillerie de siége de lord Gough occupe *à lui seul* une ligne de *seize milles* de

il faut bien que les animaux et leurs charges trouvent place quelque part. Ici, ils se poussent; là, ils se précipitent en masse; dans un autre lieu, on dirait qu'ils vont se disperser; tantôt les plus forts et les mieux portants ont une grande avance, et les plus faibles sont d'autant en arrière, les uns succombent, les autres cherchent à se débarrasser de leur charge et s'enfuient; leurs conducteurs perdent le temps à les rattraper; souvent, trop souvent, ils sont tués par l'ennemi, ou périssent misérablement après avoir perdu la colonne; des milliers de chameaux, mourant non-seulement de fatigue, mais aussi par les mauvais traitements, par la négligence des soldats et de leurs conducteurs, tel est l'aspect que présentent les bagages d'une armée indienne. Il n'y a qu'au marché à bestiaux de Smithfield où l'on voie quelque chose d'aussi hideux.

Cette perte de chameaux constitue l'un des gros articles de la dépense que coûte une campagne dans l'Inde; elle cause une grande élévation

longueur (plus de cinq lieues)! Je ne sais si le fait est exact, mais je crois sans peine qu'il peut en être ainsi.

dans le prix de location des animaux quand la guerre éclate, et aussi longtemps que dure la guerre ce mouvement de hausse ne s'arrête pas. Les maîtres de chameaux, en voyant tant de pertes et de dangers, augmentent naturellement leurs prétentions.

Mais c'est quand il faut passer un défilé, que la confusion est à son comble, les retards ne finissent pas. Je me rappelle que, pendant la campagne que j'ai faite dans les montagnes du Beloutchistan, il me fallut de six à huit heures pour faire filer tous mes bagages par la passe de Tussou. Si j'avais eu à ma disposition un corps du train des équipages, j'aurais gagné quatre ou cinq heures dans cet opération, avantage qui, dans certaines circonstances, peut être d'une importance majeure; de plus, il faut tenir compte des souffrances des malades, car l'hôpital est le plus ordinairement avec les bagages.

Telle est la confusion, tels sont quelques-uns des inconvénients qui résultent de la non-existence d'un corps spécialement chargé du service des bagages, et ces inconvénients ne finissent pas avec la marche des troupes. Quand les troupes arrivent au lieu fixé pour l'établissement du camp, chaque régiment se rend à l'emplacement qui a été désigné d'avance, les soldats font halte et forment les faisceaux, mais c'est pour rester immobiles pendant deux, trois ou quatre heures et quelquefois plus encore, sous les rayons d'un soleil brûlant, harassés, exténués de fatigue, attendant l'arrivée des chameaux, non mois fatigués que les hommes, et qui alors au milieu de la confusion générale sont souvent retenus pendant quelques heures avant qu'on les mène paître. Quand les malheureux animaux, après une journée de marche, sont enfin envoyés aux champs, il arrive souvent, et nombre de fois je l'ai vu moi-même, que les conducteurs attachent les animaux par le nez à des broussailles, à des buissons que les pauvres bêtes dévorent en un instant, et ils s'en vont eux-mêmes dormir. Puis quand vient la nuit, la garde renvoie tout le monde, hommes et bêtes, au camp. L'intendant, persuadé que les animaux ont eu quelques heures pour manger, et ayant d'ailleurs bien d'autres devoirs à remplir, ne peut ni prévenir de pareils abus, ni les découvrir.

Tout cela abat les qualités physiques et morales du soldat; il se prend à détester la guerre et ne s'expose que de mauvaise humeur à ses dures épreuves. Il est vrai qu'au jour de la bataille il se relève avec une merveilleuse élasticité; mais avant que ce jour arrive, combien de braves ont succombé aux privations, combien d'entre eux sont restés derrière leurs régiments, malades et découragés!

LE GÉNÉRAL.

Nous avons vu combien ce système pèse sur les soldats et sur les malheureux animaux, voyons maintenant quels embarras il crée au général.

D'abord, toute cette masse de bêtes de somme —qui se heurtent, se battent, se dispersent sur un étendue de plusieurs milles, couvrent l'espace en long et en large aussi loin que la vue peut porter, tentent ici d'éviter un marais ou un défilé, et là une montagne ou un bois,—précipite sa marche flottante tantôt d'un côté et tantôt de l'autre; cette masse confuse de bêtes de somme ne peut pas avancer à raison de plus d'un mille par heure, disons un mille et demi, si vous le voulez, et nous aurons tout ce qu'on peut espérer d'elle comme rapidité de mouvement. Or, comme le général ne peut s'exposer à perdre ses bagages sans mettre son armée en danger s'il a une longue campagne à faire et surtout si son armée est considérable, il en résulte pour lui la nécéssité de régler ses marches, non pas sur l'activité de ses troupes ou sur les mouvements et la position de l'ennemi ou sur l'espérance de prendre l'initiative, mais bien sur la faculté de locomotion de ses bagages, qui ne peuvent pas avancer à raison de plus d'un mille et demi par heure! Et l'on sait cependant qu'il n'est pas de colonne d'infanterie qui ne puisse faire au moins deux milles sur quelque terrain que ce soit. En prenant pour base la moindre vitesse de l'infanterie et la plus grande vitesse des bagages organisés dans le système actuel, il s'ensuit que le général perd, grâce à ses bagages, un demi-mille par heure ; perte considérable, car alors chaque journée de marche prend un tiers de plus de temps qu'il ne faudrait. C'est là une circonstance importante à la guerre et qui, en présence d'un ennemi actif, peut compromettre le succès de toute une campagne. Aussi le général passe-t-il son temps à maudire les bagages, ces *impedimenta belli* qui interdisent la rapidité des mouvements d'où résulte souvent la victoire.

Voyons en effet, comment se passe une journée de marche.

On réveille les troupes à quatre ou même à trois heures du matin. On abat les tentes, tout le monde fait ses paquets et ses préparatifs de départ. La matinée est sombre, peut-être même pleut-il. Les soldats et les *camp-followers* (1) s'occupent à empiler toute espèce de bagages sur le dos des animaux, et cela sans égards ni au poids ni à la bonne disposition des chargements, sans s'occuper aucunement de tous les ordres qui ont pu être donnés pour régulariser le service. Le chameau ne leur appartient pas! Qui s'en occupe? Personne. L'air retentit des cris de colère et des grondements de ces pauvres bêtes, qui réclament contre la surcharge qu'on leur impose (2). Le bruit

(1) Note du rédacteur. Littéralement : les *suivants du camp*. Autrefois, nous avions un mot en français pour traduire cette expression. Dans les armées féodales, auxquelles, pour le dire en passant, les armées anglaises de l'Inde pourraient se comparer sous une foule de rapports, les domestiques, les valets attachés au service des hommes d'armes s'appelaient des goujats. Aujourd'hui, ce mot a pris une signification très-différente, et ce qu'il désignait n'existe plus dans l'organisation des armées modernes. Nous avons donc dû conserver le mot anglais.

(2) Je ne puis m'empêcher de citer à ce propos un des éléphants du Scinde, pris en 1843, et qui s'appelle Kubadar-Moll. Il appartient au train des équipages que j'ai formé, et récemment il était attaché à un régiment dirigé sur Moultan. Les lettres qui m'ont été adressées, m'apprenent que Kubadar-Moll se laisse d'abord

que produisent les bipèdes et les quadrupèdes est vraiment effrayant: les uns grognent les autres jurent, d'autres encore appellent à grands cris leurs brigades ou leurs divisions. C'est en vain que les officiers de l'état-major essaient de mettre les bagages et les animaux sur la voie, la route n'est pas facile à reconnaître dans l'obscurité, au milieu de la pluie ou dans un désert; et d'ailleurs les guides sont toujours peu nombreux.

L'armée s'ébranle enfin; mais elle est bientôt obligée de faire halte pour laisser le temps de rejoindre aux bagages. Après bien des peines et des ennuis, le général finit cependant par voir tout réuni autour de lui; pour cette fois il se croit sûr de son affaire, et, quoique la masse n'avance qu'à pas de tortue, il espère que, définitivement lancée dans la bonne voie, elle arrivera sans trop d'encombre à la halte prochaine. Il n'y

charger autant qu'on veut; mais qu'ensuite, qu'en il s'agit de se mettre en route, il se débarrasse avec sa trompe et le plus résolument du monde de tout ce qui lui semble être une surcharge. Aujourd'hui, comme on le connaît, on n'ose plus replacer sur son dos rien de ce dont il s'est ainsi débarrassé. Pour employer utilement cet animal, très-doux et très intelligent d'ailleurs, on devrait lui faire porter le grand fanal du camp et non pas la batterie de cuisine et les provisions d'une table d'officiers; c'est cependant son lot aujourd'hui.

a pas grand ordre dans la colonne, mais on marche !

Hélas ! le malheureux général n'est cependant pas au bout de ses peines.

Voici l'intendant-général qui arrive au galop pour lui apprendre que 500 conducteurs de chameaux, ont déserté avec leurs bêtes pendant la nuit ! C'est ce qui m'est arrivé à moi qui vous parle, et même il m'est arrivé mieux encore : dix jours à peu près avant la bataille de Miâni, je perdis ainsi tout d'un coup un millier de chameaux ; de même pendant les deux nuits qui ont précédé la bataille d'Hyderabad, 200 conducteurs de chameaux désertèrent. L'approche d'une bataille effraie naturellement des hommes qui ne sont pas soldats et qu'il faut payer tous les jours ; ils courent, en effet, de véritables dangers, et, en cas de défaite, les misérables *camp-followers* ont grand'peine à sauver leur peau de la bagarre. En 1844, dans le mois de décembre j'ai perdu à Hyderabad seulement 456 chameaux et 1341 à Sakkar. A Hyderabad, en cinq mois, j'ai perdu 408 conducteurs de chameaux sur 729. Je ne parle donc pas de dangers, et de difficultés imaginaires ou même peu probables. « Eh bien ! dit le général à l'intendant, qu'allez vous faire des bagages dont ces déserteurs auraient dû avoir soin. — Ah ! général, c'est bien difficile; mais enfin nous avons réparti la charge sur les animaux qui nous restent. » Hélas ! il ne dit que trop vrai ! Et le reste, qui était déjà surchargé, l'est bien plus encore. Ici, là, à chaque pas, tombe quelque pauvre bête écrasée sous le faix, la route en est semée. Leurs conducteurs leur coupent aussitôt les oreilles et la queue, pour montrer qu'ils sont morts ou hors de service; précaution cruelle, mais qu'il est indispensable de prendre, dit-on, si l'on ne veut pas se faire par trop voler par les entrepreneurs ! Les chameaux ne sont pas toujours morts; mais là où elle tombe après une vie de mauvais traitements, la patiente bête est abandonnée dans son sang, jusqu'à ce que la mort vienne terminer ses souffrances; si, par hazard, il se trouve de l'eau, des arbres, un peu de fourrage près de l'endroit où elle est tombée, elle vivra peut-être malgré la mutilation et l'épuisement, mais ce sera pour être volée par les gens du pays. Cependant il est rare que les chameaux surmenés se refassent; même avec du repos, on les voit s'affaiblir tous les jours jusqu'à ce qu'ils meurent, et quant un chameau meurt, tant pis pour les autres qui ont, outre leur charges celle du mort à porter ; or, plus ils sont chargés et plus lentement il marchent, plus lentement ils marchent et plus ils sont battus, plus ils sont battus et plus rapidement ils succombent. Bâtons, pierres, crosses de fusils, pointes de baïonnettes, tout s'emploie pour faire hâter le pas au chameau surchargé.

LE BIVOUAC.

La scène change. Quelques heures après les troupes, les chameaux arrivent au campement, où le général et ses hommes les attendent, pourvu toutefois que l'ennemi ne les ait pas forcés à se tenir toujours près des bagages, et ce délai, en tenant longtemps les soldats sous les armes, les fatigue et fait que les petites marches deviennent presque aussi pénibles que les longues.

Les soldats ne trouvant pas leurs tentes à la halte, se couchent à terre et s'endorment sous le soleil ou la pluie ; l'hôpital se remplit avec une rapidité proportionnelle à la lenteur des chameaux; le bon et brave soldat devient ainsi la victime d'un mauvais système. Il est arrivé au lieu du campement vers huit heures du matin, quant aux tentes, elles arrivent depuis neuf heures jusqu'à quatre de l'après-midi : les hommes passent ces mortelles heures d'attente à la chaleur ou à la pluie, couchés paresseusement par terre. Mais déjà il faut décharger les bagages, dresser les tentes, nettoyer les armes et les effets! Admettons cependant qu'ils n'ont pas attendu plus de deux heures, et que les troupes étant arrivées à huit heures les tentes aient rejoint à dix. Il n'en est presque jamais ainsi, souvenez-vous bien, lecteur, que je parle du simple soldat. Il faut maintenant planter sa tente après plusieurs heures de marche, avec le sac et le fusil sur le dos et une giberne remplie de munitions. Prenez, bon lecteur, prenez une fois une giberne de soldat garnie de soixante cartouches à balle et pesez-la ; ensuite, si vous avez un peu de ce véritable esprit militaire qui fait le soldat (je n'écris pas pour des Sybarites), endossez un sac, mettez-vous sur l'épaule un fusil avec sa baïonnette et promenez-vous pendant trente milles, ou seulement dix, et ensuite écrivez sur votre journal ce que vous pensez d'un pareil exercice..... ou plutôt ne l'écrivez pas, car il n'y a pas de chance que vous l'oubliez jamais, dussiez-vous vivre cent ans! Voici cependant ce que vous écririez : « Me rappeler toujours les sentiments

» que j'éprouve aujourd'hui, lorsqu'à l'avenir, me
» trouvant sur le dos d'un bon cheval, il me
» viendra à l'esprit de faire serrer la colonne,
» de commander des corvées, de faire poser des
» sentinelles, en un mot, d'ordonner quoique
» ce soit qui pourra être une fatigue pour le soldat
» et qui ne sera pas cependant une *chose néces-*
» *saire*: si je me rends jamais coupable de cette
» faute, puissé-je me rappeler quel poids le
» soldat porte sur ses épaules, et combien ce
» poids est terrible, surtout pour ceux que la
» nature n'a pas faits robustes. » Après la fatigue de la marche, après avoir porté son sac, sa giberne, ses munitions, ses armes et ses vivres, le soldat arrivé à la halte n'a pas trouvé sa tente il est fatigué et mouillé, ou, ce qui est pire encore il cuit sous les rayons du soleil indien; il s'est couché, il s'est endormi, c'est la fièvre qui arrive alors quatre-vingt-dix-neuf fois sur cent. Maintenant, il faut planter la tente, tandis qu'un certain nombre est commandé pour les *grassing guards* (les corvées de pâture) c'est à dire pour suivre et protéger les chameaux qu'on mène aux champs après les avoir déchargés; la pâture est peut-être éloignée de deux ou trois milles, ce qui fait que les Européens sont souvent com-

me les indigènes, exposés pendant toute la journée aux rayons du soleil. Cependant les feux finissent par s'allumer et deux heures après, c'est-à-dire vers midi et souvent plus tard, quelque fois à la nuit, le soldat reçoit enfin des vivres chauds. Alors c'est à lui de s'arrranger pour dormir aussi bien qu'il pourra. Seize hommes encombrent une tente où l'air ne se renouvelle pas, où les moustiques mordent avec un implacable ardeur. La chaleur et la fatigue produisent un état fébrile et empêchent le sommeil ou même simplement le repos Il y a quelques hommes assez forts pour supporter une pareille existence, mais le faible est bientôt abattu; s'il résiste pour un temps, ce n'est pas long.

DANGER DE MANQUER DE MOYENS DE TRANSPORT.

Voici une bien autre difficulté pour le général; l'hôpital se remplit: il a déjà été forcé d'abandonner une partie de ses bagages pour porter ses malades, ses munitions et ses vivres; mais ce sacrifice ne suffit plus, il faut absolument se procurer de nouveaux moyens de transport. S'il réussit à les tirer du lieu même où le malheur lui est arrivé il peut continuer ses opérations contre l'ennemi, sinon il faut faire halte jusqu'à ce que les chameaux arrivent à son secours de si loin que ce soit. S'il est obligé de s'arreter ainsi dans la *première partie* de la saison froide, il perd le temps que l'ennemi gagne et l'heure de la victoire s'envole sans résultat.

Mais si le général est forcé à cette suspension vers *la fin* de la saison froide, il sera probablement obligé de se retirer, et sa retraite sera difficile, sinon désastreuse, selon la longueur de l'espace à parcourir, selon la saison, selon l'activité de l'ennemi (1). Alors il peut être forcé à livrer bataille pour sauver son hôpital, ses canons et ce qui lui reste de bagages; il se bat avec des troupes découragées, à moins qu'il n'ait d'aventure cet esprit, cette énergie morale qui inspirent de la confiance au soldat même dans la défaite, sinon les troupes se démoralisent comme il arriva lors de la retraite de Caboul; sa chance alors c'est d'être battu et la

(1) Dans la partie de l'Inde que je connais, il n'y a que cinq mois de l'année pendant lesquels les troupes européennes puissent faire la guerre : décembre, janvier, février, mars et avril. La faire pendant la saison chaude n'est excusable que quand il n'y a pas moyen de faire autrement. C'est ce qui m'est arrivé à moi-même dans le Scinde en 1843, lorsque je fus obligé d'entrer en campagne au mois de juin, sous peine de risquer le salut de toute l'armée que je commandais.

défaite est, dans l'Inde, pire que dans tout autre pays; car la victoire étant notre seul titre à la possession du pays, la défaite est le signal pour tous nos ennemis de se jeter sur les troupes battues.

J'ai mis les choses au pire; sans arriver cependant à cette terrible extrémité, elles peuvent être encore déplorables.

LES COMBATTANTS ET LES CAMP-FOLLOWERS.

Le général marche avec ses bagages en avant de l'armée, ou derrière elle, ou sur son flanc, suivant la position de l'ennemi. Voyons maintenant comment se compose une armée indienne, pour ce qui est des combattants et des *camp-followers*. Suivant la proportion ordinaire, on compte pour un soldat dans l'armée du Bengale, recrutée en majorité parmi les hautes castes, cinq domestiques ou *camp-followers,* non combattants.

Dans l'armée de Bombay, composée d'hommes appartenant à des castes comparativement inférieures, on compte trois *camp-followers* pour chaque combattant. Je ne garantis pas l'exactitude absolue de cette proportion, mais c'est celle qui est généralement adoptée (1).

Soit une armée en marche composée de 10,000 combattants, c'est-à-dire de 40,000 ou de 60,000 hommes, sur lesquels on doit compter de 30,000 à 50,000 *camp-followers* non organisés et par cela même impossibles à conduire; supposez ensuite qu'elle soit attaquée à l'improviste et que cette attaque rejette la multitude

(1) NOTE DU RÉDACTEUR. A l'appui de cette assertion, nous pouvons citer une pièce officielle rapportée par le capitaine Havelock, dans son Histoire de la campagne du Caboul, et donnant le chiffre des soldats et des *camp-followers* présents à Candahar avec l'armée de lord Keane, le 4 juin 1839; les officiers ne sont pas compris.

Sergents et havildars.......	520.
Tambours et trompettes.....	180.
Soldats de toutes armes.....	8,102.
Total...........	8,802.
Camp-followers de la division du Bengale............	24,326.
d° de Bombay............	5,720.
Total...........	30,046.

Or, à cette époque, l'armée était en campagne depuis le 1er novembre de l'année précédente; elle avait fait plus de cinq cents lieues, elle avait franchi des déserts et des défilés épouvantables, où elle avait perdu par la famine, par les maladies et par les désertions, un très-grand nombre de ses domestiques, et cependant, pour 8,802 combattants, il restait encore 30,046 *camp-followers*.

Mais ce n'est pas tout, ce chiffre de 30,046 hommes ne représente que les gens engagés par le gouvernement pour le service de

indisciplinée des *camp-followers* sur la colonne des combattants où ils porteront le désordre, comme il arrive et comme il arrivera toujours jusqu'à ce qu'ils soient régulièrement organisés! Imaginez, si vous le pouvez, le tableau qui résulte de pareilles circonstances, le bruit, la confusion, le danger, le massacre, et demandez-vous comment les 10,000 combattants pourront s'y prendre pour faire leur métier? écrasés par la multitude, étourdis par le bruit, comment fe-

l'armée. Indépendamment de ces fonctionnaires publics, toute armée indienne est encore suivie d'une foule de cantiniers, petits commerçants, spéculateurs, domestiques payés par les états-majors, les officiers ou les régiments, qui sont aussi nombreux, plus nombreux encore que les *camp-followers* payés par le gouvernement et qui, dans de certaines occasions, reçoivent des rations de l'intendance. Tel a été le cas dans la première campagne du Caboul, en 1839. Le Dr Kennedy, attaché à la division de Bombay et qui a écrit, lui aussi, une histoire de cette campagne, nous raconte que le nombre des hommes qui recevaient des rations à Candahar, s'élevait à environ 80,000, sur lesquels on comptait seulement 8,802 combattants. Quant à lui, le pauvre docteur, il n'avait que seize domestiques à lui appartenant, sans compter ceux qui lui étaient fournis par le gouvernement, et tout le monde le trouvait à plaindre! Il en était de même du brigadier Arnold, qui n'avait, lui, en tout, que soixante-six domestiques! Le général en chef, lord Keane, qui s'était réduit autant que possible, avait, au dire du docteur, plus de 300 chameaux pour porter ses bagages, sans compter les éléphants, les chevaux de main, les mules, etc.

Et si vous lisez les divers récits qui ont été publiés de cette campagne, vous verrez que les Anglais avaient fait tout ce qui leur était possible pour diminuer leurs bagages!

ront-ils pour prendre leur poste de bataille? Si, par hasard et grâce au sang-froid de leurs officiers, ils parviennent à se former, de quel côté feront-ils feu sans tirer sur les leurs et sur les animaux qui portent toutes leurs ressources? On ne saurait dire ce qui peut alors arriver, mais la raison la plus vulgaire comprendra qu'en pareil cas l'armée a la plus belle chance pour être battue. On dit que c'est ce qui arriva et ce qui a causé le massacre du Caboul. Je le crois sans peine.

QUANTITÉ DE BAGAGES.

Je vais parler d'un autre vice contre lequel le général doit lutter en matière de bagages. Presque chaque officier, sinon tous, s'ingénie pour emmener en campagne autant d'animaux de bagages qu'il lui est possible. Un des généraux les plus distingués de l'armée indienne, m'a raconté que pour une certaine expédition où l'on avait ordonné à chacun de se réduire autant qu'il le pourrait, un officier envoya au quartier-général une liste de *soixante domestiques, comme étant le dernier chiffre auquel il pût descendre*, et cela en campagne! Le lecteur européen qui n'a pas voyagé dans l'Inde, ne saurait imaginer ce que sont, sous ce rapport, les mœurs militaires de l'Asie.

DIFFICULTÉ DE NOURRIR LES CAMP-FOLLOWERS.

Le général doit nourrir cette multitude de non-combattants et leurs animaux. Je ne veux pas dire qu'il doit leur fournir lui-même des vivres, mais bien qu'en se procurant des vivres cette foule affame le pays, que ses animaux dévorent les récoltes sur pied et que les troupes souffrent en proportion. De plus, les habitants craignent tout et se sauvent de ces *camp-followers* qui, dans le système actuel, ne sont soumis à aucune discipline et, par conséquent, indisposent l'esprit public contre les troupes. Aussi, quoique souvent ils se nourrissent eux-mêmes, ils augmentent la consommation par le pillage et la dévastation, et, comme je l'ai dit, rendent d'autant plus difficile l'approvisionnement des troupes régulières. Le mal va quelquefois assez loin pour mettre, comme on dit, le général au bout de son rouleau.

AUTRE EMBARRAS POUR LE GÉNÉRAL.

Les bagages sont répandus à travers la plaine,

l'officier qui remplit les fonctions de *baggage-master,* suivi de ses cavaliers, fait de son mieux pour tenir cette multitude réunie; mais en même temps, comme chaque *camp-follower* est responsable de son animal, force est bien de lui laisser prendre la route qu'il juge la meilleure pour se rendre au lieu de campement désigné. J'admets que le détachement préposé aux bagages est rempli de zèle, mais aussi qu'il est fatigué par une longue marche sous un soleil brûlant, par les peines qu'il a prises pour maintenir une espèce d'ordre dans ce désordre ambulant, que l'arrière-garde n'est pas moins fatiguée et qu'elle a été fort retardée par le nombre des chameaux qui ont imaginé de se débarrasser de leur charge, ou qui sont morts d'épuisement, ou qui ont fait courir après eux. Or, supposez qu'à ce moment un corps de cavalerie irrégulière, ou peut-être, comme cela est arrivé plus d'une fois dans l'Inde, que l'ennemi avec toutes ses forces attaque les bagages et que le général se les voie enlever sous le nez, qu'on égorge ses malades sous ses yeux; ou bien encore supposez qu'au moment de l'attaque les bagages étaient réunis en masse et qu'alors ils soient rejetés aussi sur l'armée, et demandez-vous ce que fera le général? C'est, je puis vous l'assurer, un moment terrible pour lui; car que faire? Cette masse confuse ne peut se mouvoir qu'en ligne droite! Pour tout le reste elle est sans discipline, sans obéissance, incapable de se ployer à aucune direction, la défaite arrive.

Au lieu de cela, si les bagages étaient formés en corps organisés, ils se seraient repliés en combattant, ou se seraient formés en carrés et défendus jusqu'à ce qu'il eût été possible de venir à leur aide.

Supposons encore que le général veuille faire une marche forcée sur l'un des deux corps que l'ennemi tient en campagne. Les bagages ne sauraient accompagner les troupes; il faut ou leur laisser une garde, ou les abandonner à leur sort, faisant de leur mieux pour suivre l'armée, mais exposés à être attaqués par les corps détachés de l'ennemi et même pillés par les gens du pays. De plus, il ne manque pas parmi les *camp-followers* de misérables toujours prêts à s'approprier les valeurs confiées à leurs soins; après avoir tout enlevé, ces gens-là ne craignent pas de reparaître à l'armée s'ils ont espérance d'y revendre le produit de leurs vols, ou s'ils peuvent le cacher sur leurs personnes; mais si leur butin se compose d'objets trop volumineux pour être dissimulés, ou trop difficiles à réaliser immédiatement, ils passent à l'ennemi, dans les rangs duquel ils ont souvent des camarades qui les protégent sous bénéfice de partage. N'oublions jamais que dans l'Inde les gens que nous employons et nos ennemis sont de même race, et que nous, nous sommes des envahisseurs.

Je n'en finirais pas si je voulais établir toutes les occasions que le système actuel, que l'absence de toute organisation fournit au vol, qu'il soit commis par l'ennemi ou par les gens que nous payons.

S'il entreprend de poursuivre une armée vaincue ou en retraite, le général a bientôt pris l'avance sur ses bagages et n'a plus ni vivres, ni tentes, ni eau peut-être; car, dans les déserts de l'Inde, les puits sont rares et quelquefois empoisonnés. En résumé, les bagages d'une armée indienne entravent le général dans tous ses mouvements; au lieu de n'être pour lui qu'un objet d'importance secondaire, ils deviennent l'objet principal; au lieu de songer avant tout à battre l'ennemi, son premier souci est de protéger ses bagages.

Il y a bien d'autres inconvénients qui résultent encore du système actuel; mais ceux que je viens de signaler doivent suffire pour le faire condamner. Ces inconvénients ne se présentent pas *toujours tous*, mais ils peuvent *toujours* se présenter *tous*, et de fait ils se présentent *souvent;* il en est un dont on souffre chaque jour : il arrive constamment que les bagages sont en arrière des troupes, et ce retard est fatal à la santé du soldat, dangereux sous tous les rapports.

Je demanderai maintenant au lecteur de peser dans son esprit tous ces inconvénients que je n'ai certes pas exagérés, et d'estimer le remède que je propose de leur appliquer. Le lecteur prononcera. Ce remède c'est de former

Un corps des équipages.

Ce corps devrait se composer d'officiers, de sous-officiers et de soldats. Les uns seraient chargés de conduire et de garder les chameaux; les autres veilleraient à ce que ces pauvres animaux fussent bien traités, convenablement chargés, et surtout à ce que leur charge n'excédât pas le poids fixé ; c'est peut-être le point qui devrait plus que tous les autres attirer leur attention. Le chameau trop chargé périt inévitablement.

Dans le Scinde, j'avais formé un corps des équipages ainsi composé :

EUROPÉENS.	SOLDE MENSUELLE.			TOTAL.
1 Commandant.........	850 roupies.	—	—	850 roupies (1).
1 Quartier-maître.......	200	—	—	200
2 d°	130	—	—	260
3 Sergents.............	50	—	—	150
INDIGÈNES.				
9 Subadars (capitaines)..	40	—	—	360
36 Djemadars (lieutenants).	30	—	—	1,080
36 Havildars (sergents)...	20	—	—	720
108 Naïgues (caporaux)....	15	—	—	1,620
1800 Soldats..............	8	—	—	14,400
3 Nagarchis (porteurs de fanaux)............	10	—	—	30
				19,670

SERVICE MÉDICAL DU CORPS.

EUROPÉENS.	SOLDE MENSUELLE.			TOTAL.
1 Chirurgien, aide......	450	—	—	450
EUROPÉENS.				
1 Premier infirmier.....	30	—	—	30
2 Seconds infirmiers.. .	20	—	—	40
2 Novices.............	10	—	—	20
3 Vétérinaires pour les chevaux	20	—	—	60
2 Porteurs.............	6	—	—	12
				612

(1) La roupie vaut 2 fr. 50 cent.

SERVICE DE L'ÉTAT MAJOR DU CORPS.

INDIGÈNES.	SOLDE MENSUELE.			TOTAL.
1 Adjudant...........	35	—	—	35
1 Havildar-major......	25	—	—	25
9 Ordonnances........	5	—	—	45
1 Havildar quartier-maître..............	25	—	—	25
1 Mounchi (écrivain comptable)...........	30	—	—	30
Matériel............	80	—	—	80
Papeterie...........	60	—	—	60
Tentes.............	30	—	—	30
3 Armuriers..........	15	—	—	45
3 Charpentiers........	20	—	—	60
3 Mouchis (ouvriers en cuirs)............	15	—	—	45
18 Peckâlias (porteurs d'eau)...........	12	—	—	216
3 Souffleurs à la forge..	5	—	—	15
Charbon............	21	—	—	21
				732

SERVICE DES ÉLÉPHANS.

1 Djemadar...........	12	—	—	12
4 Mahâts (cornacs).....	10	—	—	40
4 Coulis (hommes de peine)............	8	—	—	32
				84

Total général : 21,098 roupies, ou 52,745 fr.

Le corps se partageait en trois divisions. Chaque division se composait de :

EUROPÉENS.

1 Quartier-maître... 1 Sergent.

INDIGÈNES.

3 Subadars........	1 Armurier.
12 Djemadars.......	1 Charpentier.
12 Havildars........	1 Mouchi.
36 Naïgues.........	6 Peckâlias.
600 Soldats..........	1 Souffleur à la forge.
1 Nagarchi........	1 Mahât.
	1 Couli.

Chaque division se composait de trois compagnies, et chaque compagnie de :

1 Subadar ou capitaine.	4 Havildars ou sergents.
1 Djemadar ou lieutenant.	12 Naïgues ou caporaux.
200 Soldats.	

Telle était l'organisation du corps lorsque je le créai en 1848.

J'ai parlé de ce qu'il coûtait, parce que ce que la guerre exige, la guerre doit l'avoir. La défaite à la guerre coûte toujours beaucoup de sang et d'argent, et elle est la source certaine de nouvelles guerres et de nouvelles dépenses. Que le nécessaire soit donc d'abord fait, ensuite qu'il soit fait au meilleur marché possible. A le refuser d'abord on gagne d'être ensuite obligé de le fournir à des prix ruineux. Telle est, à la guerre, la différence qu'il faut faire entre la parcimonie et l'économie. La première refuse de faire complètement ce qui est nécessaire; c'est à la guerre la pire extravagance, parce que le mal qui en résulte ne saurait s'estimer et qu'il peut devenir fatal.

L'économie, c'est ne rien permettre de ce qui n'est pas nécessaire. Faire tout ce qui est nécessaire peut coûter des millions et être encore une économie; payer pour ce qui n'est pas nécessaire peut n'entraîner qu'une dépense de quelques sous et être de l'extravagance. Le *principe,* non le *total,* doit servir de guide.

UTILITÉ D'UN CORPS DES ÉQUIPAGES POUR UNE ARMÉE.

J'arrive maintenant aux avantages qu'on peut tirer de l'existence d'un corps des équipages bien organisé.

1° Par suite d'une surveillance efficace, les animaux sont bien nourris, convenablement chargés, et par conséquent en bon état et capables de marcher beaucoup plus rapidement que les chameaux de louage.

2° Ils s'*alignent*, pour me servir d'une expression militaire, ils peuvent se former en lignes, en colonnes, en files, selon les lieux et les circonstances; c'est-à-dire qu'ils manœuvrent ou peuvent manœuvrer; qu'ils obéissent à un ordre, et, par conséquent, franchissent tous les obstacles qu'ils peuvent rencontrer avec beaucoup plus de facilité, parce qu'ils le font avec plus de régularité. S'il arrive un accident, l'aide n'est pas loin, car tous, hommes, animaux et choses, sont sous la main et à une place régulière.

3° Pour assurer l'ordre pendant la nuit, un éléphant est attaché au corps des équipages : il porte un grand fanal établi sur le howdah ou château qu'on lui met ordinairement sur le dos. Sur ce fanal, le corps des équipages peut se former rapidement au milieu de la nuit la plus noire. Chaque division a pour guide un fanal plus petit, porté sur un chameau, et de *couleur*. Cette couleur est celle de la division à laquelle le fanal appartient, et chaque homme de la division porte des habits de la même couleur que celle de son fanal de division.

L'ordre de marche pour les troupes une fois réglé, l'éléphant au fanal prend position au lieu fixé pour la réunion des équipages; chaque fanal de division prend à son tour position à distance voulue de l'éléphant, et chaque chamelier vient se former sur le fanal de sa couleur.

Pendant le jour on remplace les fanaux par des guidons.

4° Le costume des hommes appartenant à chaque division étant de couleur différente, chaque chamelier trouve facilement sa place.

Les troupes reconnaissent aussi, par la couleur, la division à laquelle appartiennent leurs bagages, et, au cas où une colonne est détachée, on peut trouver et séparer ses bagages sans peine.

5° Tout homme étant armé, et sous le commandement d'officiers et de sous-officiers, est capable de se défendre lui et son animal, et est aussi empêché de piller les habitants.

6° Etant soldat, et non plus chamelier loué pour la campagne, il ne déserte ni ne maraude; il est, comme tout autre soldat, sensible à l'esprit de corps, et il songe à la pension qui l'attend après ses années de service. Je regarde ce dernier point comme essentiel, car le soldat des équipages n'est pas seulement un combattant dans mon système, mais un homme à qui l'on a confié des valeurs considérables pour lesquelles il est responsable; il a, s'il est possible, des devoirs plus élevés que ceux de tout autre soldat, et ces devoirs sont d'une nature qui exige plus d'expérience et de jugement que ceux du fantassin ordinaire. Ils comprennent les soins à donner à un animal, et la défense de cet animal et des valeurs qu'il porte.

7° S'ils sont attaqués, les chameaux des équipages devront se former en carré, la tête tournée vers le centre. On formera ainsi une citadelle vivante, les hommes faisant le coup de fusil entre les têtes des animaux qui seront agenouillés, les jambes liées, et attachés les uns aux autres par le nez, de sorte qu'ils ne puissent plus fuir et se disperser. Dans cette position, il n'y a pas de cavalier qui puisse atteindre, avec son sabre, le combattant placé dans l'intérieur du carré. Il sera protégé contre le feu de la mousqueterie par les bagages que portent les animaux.

8° Pour donner aux hommes de toutes les armes et de tous les grades le moyen de veiller à ce que les chameaux ne soient pas surchargés, je proposerai de partager, comme je l'avais fait dans le Scinde, les chameaux en deux classes, les *forts* et les *faibles*. La charge des forts était fixée à 300 livres, celle des faibles à 200, et, pour rendre la surveillance efficace, j'avais fait suspendre, au col de chaque chameau, une plaque de cuivre portant pour les forts, par exemple, l'inscription suivante :

FORT

Charge de 300 livres, sans plus.

A

N° 1.

ROUGE

A la lecture de cette plaque, tout homme de l'armée qui rencontrait un chameau surchargé, savait ce qu'il avait à faire; car la plaque lui indiquait le *poids* déterminé par le règlement, la *lettre* et le *numéro* de la compagnie, et la *couleur de la division* à laquelle le chameau appartenait. Toute contravention devenait facile à découvrir et était punie sans retard. Bref, dans la formation du corps, je ne négligeai rien de ce que je pus imaginer pour ménager les chameaux, et l'expérience produisit des résultats supérieurs à tout ce qu'on pouvait espérer.

NOMBRE DES CHAMEAUX.

Le nombre des chameaux devra se déterminer sur les circonstances ; on peut cependant admettre comme régle générale qu'il devra être à peu près égal à la moitié du nombre des combattants ; ainsi, par exemple, on devra compter pour un régiment d'infanterie de l'armée royale, composé comme suit, le nombre de chameaux que je vais indiquer :

	NOMBRE DE CHAMEAUX POUR CHACUN.		TOTAL.
1 Lieutenant-colonel..........	5	—	5
2 Majors.....................	5	—	10
7 Capitaines..................	4	—	28
20 Subalternes (lieutenants et enseignes)..................	3	—	60
1 Trésorier..................	4	—	4
1 Quartier-maître.............	3	—	3
1 Chirurgien..................	4	—	4
2 Aides-majors................	3	—	6
1,000 Sous-officiers et soldats.......	1 pour 8 hommes.		125
63 Tentes européennes..........	2 pour 3 tentes		42
6 Tentes d'ambulance.........	5 pour 2 tentes		15
6 Routis (petites tentes) pour gardes et magasins........................			4
		A reporter..........	306

	Report..............	306
	Matériel d'ambulance et d'administration..................................	4
	Bureau du quartier-maître et de l'adjudant..................................	3
	Marmites de campagne..........................	2
200,000	Cartouches..................................	50
	Vivres des officiers (1 chameau par deux officiers..........................	18
	Plus, chameaux de réserve, un dixième..................................	38
	Total général.................	421

Pour un régiment de cipayes, dont la force est comme suit : il faudra compter :

EUROPÉENS.

1 Major.....................	5	—	5
3 Capitaines.............. ...	4	—	12
8 Subalternes...............	3	—	24
1 Aide-major................	3	—	3
1 Sergent-major.............	2	—	2

INDIGÈNES.

20	Officiers....................	1 pour 4 —	5
800	Sous-officiers et soldats......	20 livres —	30
160,000	Cartouches..................................		40
	Peckâls (outres pour l'eau)....................		16
	Kadjavahs (bâts pour les malades).............		16
32	Routis (tentes pour les cipayes)................		22
6	Routis pour les officiers indigènes...............		4
	A reporter...........		119

Report	119
Vivres des officiers européens	6
Routis d'ambulance	4
Matériel d'ambulance et d'administration	3
Bureau du quartier-maître et de l'adjudant	3
	195
Chameaux de réserve. Un dixième	19
Total général	214

Je regarde les nombres ci-dessus comme répondant à tous les besoins, je pense même que les nombres alloués aux officiers supérieurs sont trop considérables. Aucun officier en campagne ne devrait jamais avoir plus de trois chameaux. Je parle par expérience. J'ai, pour mon compte, fait campagne avec cinq chameaux, et je n'étais pas seulement alors général en chef, j'étais aussi gouverneur du Scinde; encore, l'un de mes cinq chameaux était-il exclusivement chargé de documents officiels, de papeterie, de cartes, de livres, de correspondances, etc., etc. Si j'ai pu me réduire ainsi (et, en 1843, lorsque je marchais sur Imâm Ghor, mon aide-de-camp et moi nous n'avions que trois chameaux à nous deux), il n'y a pas d'officier de troupe qui ne puisse parer à tout avec trois chameaux. Que lui faut-il? une tente, un lit, une cantine, un pantalon de rechange, une paire de bottes, une demi-douzaine de chemises, un gilet de flanelle pour changer, une couple de serviettes et un morceau de savon ; tout le reste est superflu et ne doit pas être mené en campagne. L'officier porte son uniforme sur le dos. Une campagne dans l'Inde ne dure pas plus de cinq mois au maximum. On ne fait pas la guerre pour y trouver ses aises ; on la fait pour la gloire, et le sybarite n'a jamais acquis de loire à la guerre.

Pour augmenter le corps en temps de guerre, le gouvernement aurait :

1° A engager les chameliers ;

2° A acheter des chameaux ;

3° A attacher au corps un plus grand nombre d'officiers, mais seulement pour le temps de la campagne.

Hommes et bêtes viendraient s'incorporer naturellement dans les cadres de l'organisation régulière. On pourrait quadrupler ainsi facilement le personnel des équipages, car il n'est pas d'homme du corps régulier qui ne pût au besoin prendre la direction de trois hommes loués avec leurs animaux pour une campagne.

Je pourrais écrire un volume encore si je voulais montrer toute l'utilité qu'on peut tirer du système que je propose; mais les faits parlent plus haut que les théories, et c'est en citant un exemple de ce que j'ai pu faire moi-même, grâce au secours d'un corps des équipages, que je terminerai cette lettre. C'est le corps des équipages créé par moi dans le Scinde, qui m'a permis de rassembler en 1846, à Rôri, une armée de 15,000 hommes avec une rapidité qui, dans le temps, a surpris tout le monde. Le 24 décembre 1845, je reçus à Hyderabad une lettre du gouverneur-général qui m'apprenait que l'armée sikhe venait de passer le Sutledje, et m'ordonnait de réunir aussi vite qu'il me serait possible un corps d'armée de 15,000 hommes à Rôri. C'était, je le répète, le 24 *décembre*; eh bien! le 6 *février* suivant, j'étais à Rôri, campé à la tête de 15,000 hommes, de 86 pièces de canon, de 300 mètres de pont, le tout prêt à marcher et, sous le rapport moral, plein d'un élan comme je n'en ai jamais vu.

C'est parce que j'avais un corps des équipages sous la main, que je réussis alors; c'est grâce à lui que je pus me porter avec mon armée à Bahawalpour avec une rapidité à laquelle personne ne voulait croire, et c'est en généralisant le système, qu'on arrivera à décupler la force effective de l'armée indienne.

Sir CHARLES NAPIER (1).

Je ne puis résister au désir de citer en outre un article fort intéressant de la *Quaterly review* : cet article, quoique publié il y a plus de quinze ans, contient de curieux renseignements ainsi que des observations très-justes et encore applicables au moment actuel. Cependant je dois dire que je ne pense pas que nos alliés méritent complétement les reproches si violents que leur adresse, leur trop zélé compatriote. (La traduction que nous donnons de cet article a paru dans la *Revue Britannique*, signée des initiales O. N.)

Un des traits les plus saillants de la physionomie nationale, un de ceux que les étrangers remarquent tout d'abord, en débarquant pour la première fois dans notre île, c'est l'extrême rareté

(1) Cet article a été publié en anglais sous la forme de lettre, et forme une brochure qui avait déjà paru lorsque le général a été appelé à remplacer lord Gough dans l'Inde.

des uniformes, le petit nombre de soldats que l'on rencontre par les rues ou sur les places publiques de la capitale. Quelques sentinelles à la porte des demeures royales et de quelques autres habitations où leur présence s'explique moins bien; un couple de conscrits devant la caserne des *Horse-Guards*; çà et là un groupe de fantassins flânant sur l'esplanade, ou passant de leurs quartiers, Portman street, soit à Knightsbridge, soit aux *Wellington Barracks*; à ceci se réduit, pour le voyageur qui vient à Londres, ce que Shakspeare appelle emphatiquement :

> Pride, promp
> And circumstance of glorious war.

La garde montante, nous en conviendrons volontiers, offre un spectacle imposant, et mieux encore une revue dans Hyde-Park; car nos troupes, infanterie ou cavalerie, sont sur un pied magnifique; leur musique est admirable, leur état-major tout à fait splendide; et si, poussant à quelques milles de nos faubourgs, vous arrivez à Woolwich, vous y trouverez le dépôt central d'une artillerie mieux pourvue, mieux montée, mieux organisée, et mieux préparée à toute espèce de service qu'aucun autre corps de même nature. Mais comme, après tout, la garde montante est une affaire de service et non de simple parade, comme on passe très-rarement des revues, comme notre artillerie ne s'exerce jamais pour le plaisir du souverain ou du peuple, l'étranger peut vivre chez nous pendant des semaines et des mois entiers sans apercevoir la moindre trace de notre établissement militaire, un des plus puissants qui soient au monde.

Cet état de choses n'a rien qui nous choque très-vivement. Nous ne sommes pas — dans le sens vulgairement donné à ce mot — une nation guerrière, et n'avons aucune ambition qui nous pousse à le devenir. Si juste que soit la cause pour laquelle on prenne les armes, la guerre est toujours un grand mal, et nous aurions quelque peine à maintenir une paix durable si l'on excitait par d'inutiles parades les dispositions belliqueuses de notre jeunesse. D'ailleurs, nous n'avons jamais admiré beaucoup ces combinaisons si vantées en d'autres pays, qui assurent aux gens d'épée une prééminence marquée sur tous leurs concitoyens.

En Russie, le grade militaire est l'unique mesure de l'importance sociale. Sur les épaules d'un sergent, voire d'un simple soldat autrichien, l'habit blanc impose une sorte de déférence d'autant plus grande, que l'on se trouve dans des pays plus récemment acquis à l'empire, et plus éloignés de la capitale. Quant à la Prusse, nation toute militaire, elle est si complètement envahie par les idées et les préjugés dont la vie des camps subit la désastreuse influence que le roi luimême a dû, tout récemment, blâmer cette disposition périlleuse. La France est mieux partagée: belliqueux entre tous les peuples, nos voisins ont assez profité des progrès civilisateurs, pour réduire peu à peu la condition du soldat, sans l'avilir cependant, à sa véritable importance. Leurs troupes, qu'on pourrait croire tout d'abord inférieures à celles de l'Autriche et de la Prusse — car les soldats sont plus petits, et leur équipement n'est pas aussi strictement régulier — seraient encore au besoin, sur un champ de bataille, ce qu'elles étaient il y a vingt ans : les premiers combattants du continent européen. Consdérée comme une institution nationale, rien ne manque à l'armée française. La paye est modérée; mais avec les allocations en nature qui sont faites aux militaires de tout grade, elle suffit pour les besoins de l'existence, dans un pays où les prix n'ont rien d'excessif. L'uniforme, d'ailleurs, est bien vu des citoyens, et garantit à celui qui le porte tous les bénéfices d'un préjugé favorable ; pour que ce préjugé fasse place à des sentiments hostiles, il faut, ou que l'émeute éclate, ou que le soldat se laisse aller à des actes dont sa mission n'atténue pas l'insolence.

Les officiers — surtout ceux des troupes de ligne — sont devenus de tout autres hommes qu'ils ne l'étaient sous l'empire. Les fanfaronades, la brutalité, l'esprit de domination que les *pékins* reprochaient alors aux *vieilles moustaches*, ont fait place à des manières simples et doucement sérieuses qu'entretiennent le goût de l'étude, et, pour un grand nombre, les habitudes régulières de la vie conjugale. Les connaissances théoriques, même d'un ordre supérieur, sont familières à beaucoup d'entre eux, et il est rare qu'ils ne possèdent pas à fond la science pratique nécessaire à l'accomplissement de leurs devoirs quotidiens. Aussi conseillerions-nous volontiers à ceux de nos jeunes capitaines qui professent tout haut un dédain très-mal fondé pour les manœuvres *à la française*, de bien croire que si la guerre éclatait entre les deux nations, ils trouveraient de rudes et redoutables ennemis parmi ces petits fantassins dont l'habit à longs pans les fait sourire; et nous doutons fort qu'un état-major anglais puisse fournir autant de tacticiens éclairés qu'un nombre égal d'officiers français. La hardiesse qui caractérise nos manœuvres et le courage tenace de John Bull ont bien pu décider le sort des combats à Meannee ou Hyderabad; mais ces précieuses qualités ne suffiraient pas pour assurer l'issue d'une campagne en France, en Allemagne ou dans les Pays-Bas.

La constitution de l'armée anglaise diffère essentiellement de celle que les nations continentales ont adoptée pour les leurs. Aussi est-il absolument impossible de comparer l'une aux autres, sans risquer, à beaucoup d'égards, un parallèle injuste, une appréciation erronée. Les hommes qui n'ont pas fait la guerre sont enclins à juger toute une armée d'après l'apparence d'un des corps qui la composent. Un bataillon sert d'échantillon à toute l'infanterie; un escadron, une demi-batterie d'artillerie légère, donnent l'idée de ce que les cavaliers et les canonniers peuvent être. Cette méthode est mauvaise. L'équipement, l'uniforme peuvent être mieux entendus dans certains pays que dans d'autres, sans qu'il faille en induire une supériorité quelconque. Le pas d'un bataillon anglais pourrait être plus régulier, ses feux de peloton mieux soutenus que ceux des troupes françaises — le contraire serait démontré en faveur de celles-ci — qu'on n'en devrait rien conclure pour la supériorité ou l'infériorité de l'une ou l'autre infanterie. De même pour les cavaliers, de même pour l'exercice du canon; car il faut bien distinguer entre les qualités qui appartiennent exclusivement à une armée de manœuvre, et celles qui peuvent assurer à l'armée de campagne une grande supériorité. La valeur de cette dernière est plutôt morale que matérielle; et les qualités morales d'une armée comme sa faiblesse morale, dépendent de tant de circonstances différentes et sans cesse variables, de tant de conditions compliquées et nécessairement imprévues, qu'elles se refusent à l'analyse; en ceci, les précédents ne peuvent compter, car les progrès rapides de la civilisation et leur action sur les mœurs ne permettent pas d'invoquer l'expérience, même la plus récente, et les axiomes de nos pères ne peuvent plus être les nôtres en cette difficile matière.

Un seul fait demeure certain : c'est que l'état moral de toute armée dépend nécessairement de la direction individuelle que chaque soldat reçoit.

Il est donc très-important pour tous les gouvernements de veiller, et de très-près, à ce qui constitue l'éducation morale du soldat, aussi bien qu'à son instruction militaire. Deux disciplines sont nécessaires, celle de l'esprit et celle du corps; trop souvent on néglige absolument la première pour ne songer qu'à l'autre, et c'est sur ce vice de notre organisation militaire, que nous voudrions appeler aujourd'hui l'attention des esprits sérieux.

L'armée anglaise se recrute — seule entre toutes les armées européennes — par l'enrôlement volontaire. Les grades y sont conférés par le souverain, directement, lorsqu'ils ne deviennent pas l'objet d'un trafic, autorisé par l'usage. Tandis que les autres peuples ont adopté, en le modifiant selon leur institution politique, le principe de la conscription civique, nous en sommes restés au même point que lorsque Charles II créa le premier germe de notre armée régulière (1). Ce germe grandit et se développa, sans que les principes en fussent altérés, grâce à l'esprit conservateur qui domine chez nous; et bien

(1) Trois régiments d'infanterie et deux de cavalerie. Jusque-là les rois d'Angleterre n'avaient eu que des gardes du corps.

qu'à un moment donné — dans les premières années de l'Empire français — la population tout entière de la Grande-Bretagne ait pu, à divers titres, se trouver sous les armes, l'ancienne méthode a prévalu contre les innovations qui ont régénéré les troupes du continent. En Russie — sauf la jeunesse destinée au clergé — tout homme est à la disposition de l'empereur, qui l'incorpore comme il lui plaît, et dont la volonté sans contrôle règle ensuite l'état et le grade de chacun. D'un jour à l'autre, en vertu d'un caprice sans appel, le général peut rentrer dans les rangs inférieurs, un simple soldat peut devenir général. En Autriche et dans les royaumes qui dépendent d'elle, les nobles sont, par droit de naissance, exempts du service militaire — et néanmoins il arrive que dans la cavalerie, dans l'artillerie, — voire dans l'infanterie, pour les grades supérieurs, — on ne trouve guère que des officiers patriciens. Il est également remarquable que presque tous ont gagné leur nœud d'épée par un service plus ou moins long, qu'ils ont accompli en qualité de cadets. En Prusse, comme nous l'avons déjà dit, tout citoyen est soldat, quel que soit son rang, quelle que soit sa fortune, à partir de dix-huit ans, et — du moins —

nominalement pour la plus grande partie de sa vie. Il n'y a d'exception que pour les infirmes et les ecclésiastiques. Le clergé, l'enseignement, les fonctions publiques dispensent un Français d'être appelé sous les drapeaux. A ces exceptions près, la règle est la même pour tous les citoyens. Seulement les plus riches la voient fléchir en leur faveur, et peuvent se racheter du service, au moyen d'un remplaçant qui, de son plein gré, se charge d'acquitter l'impôt de sang. Une somme assez minime est le prix de cette substitution, que semble réprouver la morale, et qui détruit l'apparente égalité des droits civiques ; on ne la paye guère que huit cents à mille francs.

La Grande-Bretagne n'a point de lois qui contraigne les citoyens à servir dans l'armée régulière. L'homme qui veut y prendre rang se présente : il est reçu, pourvu que nulle incapacité physique n'y mette obstacle ; et il faut bien convenir que sur cent volontaires qui « acceptent ainsi la bonté royale (1) » quatre vingt dix-neuf ont auparavant donné lieu de croire que la société, dont ils se séparent, avait à compter fort peu sur leurs bons offices.

(1) *The queen's or king's bounty*, c'est la locution consacrée.

Le temps pour lequel on se voue au service militaire est encore un fait qui varie suivant les coutumes de chaque pays. L'Autriche gardait ses conscrits quatorze aus : elle a réduit à huit ans la durée moyenne du service. En Prusse, on demeure peu dans les rangs de l'armée régulière. Jamais le service effectif ne dure au-delà de trois années ; souvent il finit au bout de la première. A la vérité, la libération n'est pas complète ; le jeune soldat passe immédiatement dans les cadres de la *landwehr*, et après un certain nombre d'années, il fait partie de l'*arrière-ban*. La France demande à ses soldats sept années de service.

En Angleterre, on s'enrôle *pour la vie*. Après tout, cependant, il ne faut point s'exagérer la portée de cette effrayante formule, dont on a singulièrement abusé dans quelques débats parlementaires. Sir Howard Douglas s'est chargé de démontrer, à la chambre des communes, que toutes facilités existent pour le rachat des hommes enrôlés, et qu'après quinze ans de service, ils peuvent réclamer, comme un droit acquis, leur libération. S'ils ne profitent pas, à cet égard, du bénéfice que l'usage a consacré, la coutume s'est établie de ne pas prolonger au-delà de la vingt et unième année la durée de leur activité. Il est vrai que le soldat, tenu jusqu'alors sous les drapeaux, est d'ordinaire un homme épuisé. Mais alors, du moins, au lieu d'être abandonné à ses propres ressources, ainsi qu'il le serait dans tous les autres pays européens, il a droit à une pension de retraite; cette certitude est la juste compensation du sacrifice absolu dont il a consenti la promesse, peut-être sans en bien calculer la portée. Malheureusement, de récentes dispositions législatives ont diminué de beaucoup l'importance des secours accordés à la vieillesse de nos soldats. Espérons que ces dispositions pourront être modifiées à leur tour; elles le seront aussitôt que les événements exigeront un accroissement de forces. Nos législateurs sentiront alors que, pour obtenir des enrôlements nombreux, une des premières mesures à prendre est de rétablir sur l'ancien pied les pensions de vétérance.

Indépendamment de cette première différence, il en est une seconde qui pèse encore sur le soldat anglais : aucun autre peuple ne demande autant que nous aux militaires dont il dispose. Moins nombreuse que la moindre armée des quatre grandes puissances européennes, la nôtre a plus de territoire à couvrir que les troupes réunies de l'Autriche, de la Prusse et de la France. Nous avons des établissements ou des colonies dans les cinq parties du monde; jamais la paix complète n'existe pour nous. Si nous n'avons pas à combattre de nations plus voisines, c'est dans la Chine ou l'Inde, dans les îles de l'Océan Pacifique, sur les bords de la mer Rouge, dans les forêts de l'Amérique du Nord qu'il faut porter nos armes, et bien rarement nos mille journaux paraissent sans rapporter les détails d'une escarmouche, les progrès d'un siége, les incidents d'une marche en pays ennemi. Le combat, proprement dit, est du reste pour un soldat anglais la moindre épreuve. Ce sont les voyages, les fatigues, les brusques changements de climats, qui l'epuisent et le minent.

Voyez plutôt ce qui constitue sa carrière en temps de paix. A dix-huit ou vingt ans, le défaut de travail, des chagrins de famille, peut-être un coup de tête, un accès d'ivresse le livrent aux suggestions du recruteur. On l'achemine aussitôt vers son bataillon où commence pour lui le rude apprentissage des armes. Cet apprentissage à peine terminé, ou même tandis qu'il dure encore, le soldat novice circule, suivant le bon plaisir de ses supérieurs, dans les différents districts du Royaume-Uni. Au besoin, il remplace l'officier de police. Si quelque part une émeute éclate, si l'on a cru remarquer dans quelque centre manufacturier le plus léger symptôme d'agitation, c'est là qu'on le dirige en toute hâte, pour y subir, avec une patience héroïque, les sifflets, les injures, les mauvais traitements de la multitude. Ceci n'est point une circonstance exceptionnelle, mais se reproduit aussi souvent que le cri du rappel, les mouvements tumultueux du chartisme, les agitations rurales, demandent une prompte répression; et Dieu sait si pareilles nécessités sont fréquentes. Or, il est bon de remarquer combien peu le chiffre de l'armée sédentaire est en rapport avec les besoins de la paix publique. Pour défendre l'Angleterre, l'Écosse et l'Irlande de toute invasion extérieure; pour protéger tous nos arsenaux, tous nos entrepôts, nos forteresses, nos munitions de guerre, pour contenir 26,000,000 de sujets, nous employons un peu moins de 50,000 hommes. La France, qui n'a guère plus de 33,000,000 d'habitants, entretient sur pied, durant la paix, 360,000 hommes, dont 299,000 résident dans le pays. L'Autriche, avec 36,000,000 de sujets, sans une seule colonie à défendre, tient en armes 320,000 hommes. La Prusse a une armée régulière de 180,000 hommes et une *landwehr* d'égale force, pour une population de 14 à 15,000,000 d'âmes. Quant à la Russie, ses légions sont innombrables. Partout, en un mot, en Europe, le service militaire est réparti entre plus de mains, et par conséquent moins pénible que chez nous. Mais revenons à notre conscrit.

Après une année ou deux passées comme nous l'avons dit, il apprend que son régiment a reçu l'ordre de départ qui l'envoie servir à l'étranger. Du reste, il se félicite, la mission à laquelle il est appelé n'a rien de très-effrayant. Elle est une des plus douces que le militaire anglais puisse recevoir. C'est à Gibraltar, à Malte qu'on l'envoie, et peut-être aux îles Ioniennes. Il part donc gaiement, et dans l'une ou l'autre de ces stations enviées, trois années se passent. Or, trois annèes dans la Méditerranée ne laissent pas de compter. Le ciel est brûlant, les rochers blancs de La Valette réverbèrent des clartés qui aveuglent; le vin est à bon marché, le désœuvrement et l'ennui sont extrêmes. A tout prendre, cependant, le temps passe, et relativement assez bien. Survient un ordre nouveau, qui dirige notre homme vers les Indes Occidentales. Là, soit au moral, soit au physique, sa condition n'est pas améliorée. La fièvre se déclare; les amis, les camarades meurent par douzaines. Le climat est de ceux qui dissolvent l'âme et le corps. L'oisiveté, plus complète qu'à Malte ou Corfou, pèse sur l'un et sur l'autre; car les autorités, guidées en ceci par des préjugés bienveillants, mais impolitiques s'arrangent pour laisser à nos soldats autant de liberté que possible. La paresse et l'ennui engendrent l'ivrognerie. Notre héros s'adonne au vin et gâte sa constitution. Néanmoins, les trois ans passent encore sans qu'il puisse trop se rendre compte de leur emploi ; et, quelque beau matin, il apprend avec une véritable satisfaction que les vaisseaux de transport sont attendus très-prochainement. Ils arrivent en effet, et l'on fait voile pour le Canada. Pourvu que la santé du soldat n'ait pas subi de trop fortes altérations, ce changement a de réels avantages; le climat du Canada, bien que sujet, par moment, à des chaleurs et à des froids excessifs, s'accorde mieux que tout autre, en définitive, avec le tempérament de nos soldats. Ceci ne les empêche pas, bien entendu, de soupirer après le moment où ils reverront la vieille Angleterre, dont les sépare encore un nouveau laps de trois ans. D'ailleurs, — est-il besoin de le dire ?— les alternatives de souffrance et de bien-être ne sont pas ménagées, dans la pratique, aussi exactement que dans notre récit.

Le soldat que nous nous plaisons à suivre compte maintenant onze ans de service, dont dix se sont passés à l'étranger. Il s'estime heureux, l'orsqu'il lit dans l'ordre du jour que le régiment doit se tenir prêt à partir le lendemain pour Quebec, d'où il s'embarquera sur le transport *le Leviathan*, et sera ramené en Angleterre. Le voyage s'accomplit, la traversée est heureuse; après une navigation que rien ne prolonge, notre héros et ses camarades abordent sur les quais de Portsmouth. Voilà, ce semble, le moment de la délivrance et du repos. Pas le moins du monde : Birmingham est agité; les mineurs du Staffordshire donnent de l'inquiétude. Ordre arrive au corps nouvellement débarqué de s'entasser dans un convoi de seconde classe, et tout aussitôt la vapeur les entraîne, eux et leurs cartouches, sur le point menacé. Neuf fois sur dix, il se trouve que l'alarme a été donnée sans motif; mais ceci ne console guère notre soldat, maintenant aguerri, d'avoir vu contrarier tous ses projets.

Il avait demandé, il avait obtenu un congé, pour retourner au pays natal, et s'assurer que dix ans d'absence ne l'on pas séparé de tous les siens. Permissions et congés de toute espèce se sont trouvés annulés par la force des choses, et notre soldat commence à voir qu'on peut être en Angleterre sans se trouver chez soi.

Du reste, l'émeute n'est pas en permanence. L'hiver arrive, l'ardeur du patriotisme ne tient pas contre la gelée. Pourvu que le régiment n'ait pas quitté l'Angleterre, notre soldat obtient enfin son congé et durant tout un mois, on le laisse tranquille auprès de sa mère. Pauvre femme! ce moment de bonheur lui fait oublier toutes les inquiétudes, toutes les larmes que l'enfant exilé lui a coûtées, et si on voulait bien le lui laisser maintenant, elle se tiendrait pour la plus heureuse des créatures. Hélas! ceci ne saurait être — le mois s'achève — il faut de nouveau dire adieu au village; il faut partir gaiement, pour ne pas augmenter la tristesse de cette bonne vieille, et la rassurer en lui promettant que désormais on ne se quittera presque plus. Sera-t-il donc si malaisé, maintenant, de s'envoyer des nouvelles? Et l'année prochaine, le commandant — un brave homme — pourra bien donner un nouveau permis. A ces mots, la pauvre mère sourit au milieu de ses pleurs, elle bénit son enfant, qui s'éloigne et fait hâte, afin d'arriver à l'heure dite, devant les casernes de Weedon, et que ses supérieurs, charmés de le voir si exact, le regardent comme digne de nouvelles faveurs. Vaine espérance! il trouve le corps commandé pour l'Irlande, et peu de jours après on traverse le détroit de Saint-Georges. Adieu le congé de l'hiver prochain! Les régiments restent au complet tant qu'ils demeurent en face de Daniel O'Connell et de ses *meetings* monstres. De garnison en garnison, notre homme voit s'écouler le temps du service sédentaire.

Il est de règle qu'après avor servi dix ans au dehors, les régiments reviennent, pour cinq ans, habiter la mère-patrie. Mais cette règle, comme bien d'autres, est subordonnée à des besoins de plus en plus impérieux. Aussi, arrive-t-il très-souvent que le service sédentaire est limité à quatre, et quelquefois même à trois ans. Ceci sera aisément compris, si l'on veut bien ne pas oublier que le chiffre total de notre armée, y compris l'infanterie, la cavalerie, l'artillerie, le génie et les corps coloniaux, n'excède pas 130,000 soldats, éparpillés sur un empire immense et dont les provinces sont réparties, à d'énormes distances, sur toute la surface du globe.

Et pendant que notre soldat rêvait un retour à Liverpool, combinant à part lui les moyens de faire encore un séjour de quelques semaines au sein de sa famille bien-aimée, on l'achemine un beau jour du côté de Cork. Les vaisseaux y sont déjà rendus, qui doivent recevoir le régiment à leur bord, de telle sorte qu'après avoir passé un peu moins de cinq ans en Angleterre, depuis treize ans qu'il est au service de la reine, notre homme est envoyé dans l'Inde. Il est très-improbable — pour ne rien dire de plus — qu'il en revienne jamais, car les régiments une fois débarqués à Bombay ou à Calcutta restent dans les Trois Présidences pendant un quart de siècle, et souvent davantage. Si donc notre héros échappe aux balles des Beloutchies, à la fièvre des *jungles*, au choléra-morbus, etc., il devra lutter pendant quinze ans contre une chaleur de fournaise, au bout desquels, en supposant qu'il lui reste assez d'énergie pour la traversée de retour, il pourra venir réclamer son congé définitif et un lit à Chelsea pour y finir ses jours ; un épuisement complet ne lui laisse pas d'autres chances.

Nous n'avons rien exagéré; peut-être même

avons-nous adouci les couleurs de ce tableau. Il convaincra nos lecteurs que si la paye du soldat anglais est assez libérale, si l'on suffit abondamment à ses besoins, si l'on assure quelque repos à sa vieillesse, il gagne amplement ce surcroît de bien-être. Il les convaincra également que des soldats si sévèrement éprouvés, en butte à d'aussi longues fatigues, exposés à tant de périls, et qui se montrent toujours, en définitive, aussi courageux, aussi dévoués que le pays peut l'exiger, mériteraient bien quelque respect, quelque reconnaissance. Maintenant, l'obtiennent-ils? L'armée est-elle, aux yeux du pays, une institution populaire? Malheureusement non. Le préjugé contraire se fait jour dans les discussions du parlement, où les allocations militaires sont débattues, chaque session, avec plus d'acharnement : il se fait jour encore dans l'espèce de réprobation qui s'attache aux enrôlements, partout regardés comme un aveu d'infériorité morale, une dégradation volontairement encourue.

Prenez le paysan le plus pauvre; celui qui, dépourvu de travail, n'a guère d'autre ressource que d'aller se confiner lui et sa famille dans quelque *work-housse;* dites-lui que son fils a suivi les raccoleurs, et vous le verrez accueillir cette nouvelle comme la plus terrible des calamités qui pussent tomber sur lui. Dites au jardinier de faubourg, que son enfant épuisé de travail s'est engagé dans les gardes à pied, ou qu'il porte le brillant uniforme des lanciers, vous verrez cet homme courir au marché, vendre sa charrette et ses chevaux, et se réduire à la misère pour racheter son fils perdu. Que si nous passons à des classes plus élevées, aux fils de fermiers ou de petits marchands, ou de détaillants en boutique, il faudra les supposer réduits aux derniers expédients, à bout de crédit, entourés d'embarras, bref dans une situation tout à fait exceptionelle, s'ils se décident à cacher leur honte sous un uniforme, cet uniforme fût-il celui des gardes du corps. Pourquoi cette aversion? L'Anglais est naturellement brave; il est jaloux du succès des armes nationales; ce succès obtenu l'enivre d'orgueil. Les difficultés matérielles, les souffrances, les privations ne l'effrayent point lorsqu'il comprend la nécessité de s'y soumettre. D'ailleurs — une conviction pénible nous oblige à cet aveu — le pays renferme des classes entières d'individus soumis à des travaux plus rudes, plus dangereux, plus rebutants que ceux de soldat; et cependant, ces classes elles-mêmes professent l'horreur du service militaire, envisageant un enrôlement du même œil que l'est ailleurs une condamnation pénale. D'où provient une si singulière anomalie?

Nous avons entendu alléguer — par des gens, il est vrai, dont l'opinion nous inspire assez peu de confiance — que cette antipathie pour l'état militaire naîtrait chez les Anglais d'un jaloux instinct d'indépendance personnelle qu'ils semblent sucer avec le lait, et dont aucun bien-être physique ne saurait racheter les souffrances quand on a méconnu son irréfragable autorité. Jadis on pouvait, avec quelque apparence de raison, soutenir cette glorieuse thèse. De nos jours, il est ridicule de prétendre que cet instinct dirige un peuple, où des milliers d'hommes, pour satisfaire les plus ordinaires besoins de la vie, condamnent leurs enfants, débiles encore, à l'existence laborieuse, à l'esclavage absolu des manufactures. C'est se jouer de la crédulité la plus niaise, que d'attribuer un ardent amour de la liberté à ces misérables paysans qui vont partout demandant un maître, ne le trouvant pas toujours, et, quand ce maître leur manque, s'astreignent aux dures prescriptions de la Maison de Travail.

Depuis longtemps les classes inférieures ont cessé de représenter en Angleterre cette race heureuse et libre à laquelle s'appliquaient les brillantes descriptions des poëtes, « alors que chaque perche de terre nourrissait un homme. » En ce temps là, nous en conviendrons, l'enfant du laboureur ne devait point songer sans terreur à quitter le *cottage* paternel, aux murs blanchis et revêtus de chèvrefeuille, son existence paisible à l'ombre des bois, ses rustiques et constantes amours. La caserne tumultueuse, le navire où l'on s'entasse, le bivouac à la belle étoile sur une terre ennemie n'avaient pas de quoi le tenter, aussi longtemps du moins qu'il n'avait pas laissé sa cervelle au fond d'un broc. Mais où trouver maintenant ces poétiques chaumières? Ce n'est point à Birmingham, ce n'est pas à Manchester, ce n'est pas à Leeds, ce n'est pas à Bolton, très-certainement. Ce n'est pas dans le comté de Cambridge, ni dans le comté de Dorset, ni dans celui de Kent, ni dans celui de Sussex. De plus l'esprit d'indépendance est si peu contraire à l'entraînement guerrier, que dans un village, si quelqu'un cède aux séductions du recruteur, vous pouvez gager sans vous compromettre, que c'est le plus paresseux, le plus libertin, le plus rebelle à toute espèce de joug. Le drôle a horreur du travail ; il veut voir du pays, il veut se divertir. Il préfère au moulin le cabaret, et courtise Sukey (1) plus volontiers qu'il ne cure un fossé. C'est pourquoi voyant le caporal Trim adonné à tous ces passe-temps charmants, il rêve une existence tout à fait libre, une oisiveté respectée... et il s'enrôle. Croyez-vous maintenant que si son père et sa mère se désolent, c'est parce que leur fils a vendu sa liberté moyennant un shelling? Non vraiment; leur angoisse a de plus profondes racines : elles tient à des sentiments plus sérieux, à des scrupules plus méritoires. Ils regardent les soldats de tous corps et de tous grades, comme une espèce athée et dissolue. De là vient qu'ils pleurent, songeant que leur pauvre Will est en si mauvaise compagnie. Si le caractère national, à beaucoup d'égards, n'est plus le même, nos contrées agricoles — surtout les plus pauvres — ont gardé un profond respect pour les idées religieuses. Ce sentiment ne se montre ni très-fréquemment, ni toujours à propos, mais il existe et se

(1) *Sukey*, diminutif de Suzanne.

réveille plus vif que jamais dans toutes les occasions où quelque malheur inattendu vient fondre sur la famille du laboureur. Il se réveille encore, dès que ces pauvres gens croient en quelque péril la conscience et l'âme de leurs enfants, confiées, ils le croient, à leur garde, et dont ils ont la responsabilité devant le Seigneur. Cette manière de voir, répandue dans tout le pays, contribue plus que toute autre, à discréditer sinon l'armée au moins le service militaire, et bien que nous la jugions exagérée à certains égards, nous devons avouer qu'à certains autres elle s'explique et se justifie.

Sous le rapport purement pénal, l'armée anglaise peut être comparée sans déshonneur avec toutes celles du continent et du monde entier. Le meurtre, le vol, le rapt, voire la sédition, y sont rarement signalés. La répression est sommaire et rigoureuse. Voici ce qu'en dit un écrivain étranger, auquel nous en référons volontiers :

« L'administration de la justice militaire est confiée à un corps de magistrats civils. Leur chef, qui réside à Londres avec le titre de Juge-Avocat-général, a des subordonnés détachés dans toutes les armes. Ils remplissent les fonctions du ministère public. Les cours martiales des régiments jugent des délits du même genre avec moins de solennité, mais autant d'indépendance. Pendant la guerre, un grand-prévôt parcourt les environs des camps, se montre çà et là sur les flancs et les derrières de la colonne ; il a le pouvoir de faire pendre sous ses yeux, sans autres forme de procès, les voleurs, déserteurs, etc., droit affreux sans doute, s'il était fréquemment exercé, mais qui n'est en définitive qu'un utile épouvantail.

» En revanche, la peine du fouet, bannie depuis longtemps de la législation civile de l'Angleterre, déshonore encore son code militaire. En dépit des temps écoulés, de l'adoucissement de la législation générale, elle est écrite dans ce code en caractères aussi sanglants qu'au premier jour de sa promulgation. On l'a vue plus d'une fois mise à exécution avec une telle rigueur, qu'elle entraînait la mort du coupable (1). »

Outre cette sévérité de la loi militaire, l'extrême susceptibilité de la magistrature locale, et le sentiment à demi hostile qui place les soldats en

(1) Barchou de Penhoen ; *L'Inde sous la Domination anglaise.*

état de suspicion perpétuelle, sont autant d'obstacles en présence desquels beaucoup d'abus ne peuvent se produire. Le soldat est dénoncé par son uniforme même, dont la couleur voyante est en quelque sorte une mesure préventive. S'il commet un crime, il ne peut guère espérer que ce crime reste caché. Bien loin de lui offrir un asile, la caserne est gouvernée par des hommes qui seront les premiers à ordonner les plus minutieuses recherches, et les premiers à prêter main forte au constable lorsqu'il viendra requérir contre un militaire l'exécution d'un *peace warrant.*

L'ivrognerie seule, quand elle dégénère en habitude, suffit pour conduire un homme devant une cour martiale, et bien que le fouet — n'en déplaise à l'écrivain tout à l'heure cité — soit maintenant un châtiment à peu près aboli, les prévots de prison, les salles de police que l'on a multipliées depuis peu, ne promettent rien moins qu'un lit de roses au soldat condamné. En somme, la statistique criminelle — par ces raisons et par d'autres — vient à l'encontre du jugement porté contre l'armée anglaise. Sans réclamer pour elle un brevet d'innocence absolue, et sans prétendre qu'il n'y ait pas un certain nombre de mauvais sujets parmi les cent trente mille hommes qu'elle réunit sous le même drapeau, nous sommes portés à penser que les grandes lois sociales, concernant le meurtre, le vol, etc. sont aussi bien observées par nos soldats qu'elles le seraient par un nombre égal de citoyens pris dans les mêmes rangs et au même âge.

Ce n'est donc pas un assassin, ce n'est donc pas un voleur que le paysan s'attend à retrouver dans son fils après quelques années de service, mais simplement un être sans principes moraux et religieux, un athée ou tout au moins un indifférent, un débauché, un buveur, un fainéant. Qu'il y ait dans cette crainte quelque chose de trop absolu, nous sommes très-disposé à l'admettre; mais il est certain que, sans propos délibéré d'aucune sorte, par le seul effet de cette corruption qui envahit spontanément une grande réunion d'hommes jeunes et ardents, nos soldats sont portés à l'oubli des préceptes divins; il est non moins certain que les autorités de tout ordre, les chefs de corps, les membres de l'administration centrale, s'occupent on ne peut moins de ce que peuvent faire ou penser les soldats, en dehors de ce qui constitue leur devoir de soldat.

Nous irons plus loin; car nous demanderons compte aux officiers de l'exemple pernicieux qu'ils donnent à leurs subalternes. Tout le monde sait qu'ils forment une classe à part, dont la loi militaire n'exclut pas, il est vrai, les sous-officiers et soldats, mais qui, par le fait, est tout à fait interdite à ces derniers. Les mœurs, les idées nationales ont établi cette ligne de démarcation, que quelques élus du sort ont vainement franchie. On a comparé l'infériorité des soldats, par rapport aux chefs qui les commandent, avec celle des hommes de sang mêlé par rapport aux blancs, telle qu'on la voit se perpétuer en Amérique, nonobstant les lois qui ont proclamé l'égalité des deux races. C'est assez dire qu'elle est fortement enracinée.

La vénalité des offices militaires remonte à des temps éloignés. Elle aurait dû, ce semble, disparaître avec les idées dont elle émanait alors, et qui ne sont plus celles de notre temps. L'Angleterre autrefois n'avait rien à redouter d'un ennemi extérieur; « Jalouse de sa liberté, dit un écrivain, défiante du pouvoir, elle craignait de voir des armes en d'autres mains que celles intéressées au maintien de l'ordre et de la liberté; elle redoutait, dans une armée permanente, un instrument possible de despotisme et d'oppression C'est pourquoi on exigeait que les officiers de l'armée de ligne fussent tous propriétaire d'un bien-fonds. De là vint encore cette vénalité des emplois, aujourd'hui bannie de toutes les armées de l'Europe pour subsister dans la seule armée britannique. Le premier grade, c'est-à-dire celui d'enseigne dans l'infanterie ou de cornette dans la cavalerie, s'achète sans qu'aucune condition préalable ait été remplie par celui qui en devient titulaire. Au delà, tout candidat au grade supérieur ne peut en acheter la concession sans avoir passé un certain nombre d'années dans celui qui le précède. L'argent n'en demeure pas moins un mobile très-actif d'avancement. L'officier riche, celui qui appartient à une famille puissante, ne demeure dans chacun de ces grades que le temps rigoureusement nécessaire pour acquérir le droit de monter plus haut. Au-dessus du grade de lieutenant-colonel l'ancienneté devient en revanche le seul mobile de l'avancement; l'officier n'avance plus qu'à son tour, et rien qu'à son tour. Au point de vue purement militaire, c'est sans doute le système contraire qu'il faudrait adopter... Mais on reconnaît là le même esprit aristocratique qui a consacré la vénalité des emplois subalternes.. Par son argent, secondé de son crédit, l'aristocratie pousse rapidement à travers les premiers grades, ceux de ses membres ou de ses alliés qui ont embrassé le parti des armes. Arrivé au grade de lieutenant-colonel, on n'est plus qu'entre soi, et le principe de l'égalité reprend son empire. L'égalité, après tout, n'est pas moins chère aux aristocraties qu'aux démocraties; seulement les secondes la réclament pour tous, les premières ne la veulent qu'à leur profit.

« Partout ailleurs qu'en Angleterre, le colonel d'un régiment est l'homme qui l'exerce, le commande, le mène à l'ennemi. Là c'est un officier qui en est toujours absent, qui peut-être n'y a jamais paru, qui n'entretient avec son régiment que des rapports administratifs fort simples, surtout fort peu militaires. Il reçoit du gouvernement une certaine somme destinée à l'habillement de ce corps; il passe pour cet objet des marchés avec des fournisseurs, faisant son profit de la différence entre ce qu'il leur donne et ce qu'il reçoit. On ne saurait imaginer un plus détestable système, bien que la pratique en ait sans doute corrigé certains abus, il fait de la malaisance des soldats, de la qualité inférieure du vêtement, la source de l'opulence de leur chef; il prive l'armée anglaise du grade effectif de colonel, reconnu si essentiel dans toutes les armées européennes; mais les généraux sont membres de l'aristocratie ou en deviennent les alliés; aussi toute considération militaire est-elle sacrifiée à celle de s'assurer de plus riches traitements, de plus magnifiques sinécures. »

Telles sont les critiques sévères, et, à certains points justifiées, auxquelles donne lieu l'organisation de nos états-majors. Maintenant quel rôle jouent nos officiers, une fois en possession du privilége qui leur donne sur tel ou tel corps de l'armée ce pouvoir dont l'origine est si contestable? on nous répond aussitôt que cette jeunesse d'élite est belle, courageuse, stricte sur le point d'honneur, remarquablement loyale... et nous accordons volontiers que ces éloges sont mérités. Généreux, francs, libéraux dans leurs principes, disposés aux plus héroïques dévouements, nos officiers ont droit à beaucoup d'estime, si on les juge d'après le code mondain des philosophes irréligieux. Mais examinés de plus près, et par des moralistes plus exigeants, sont-ils réellement irréprochables? Leurs propos n'offenseront-ils pas une oreille un peu délicate? Leur conduite offre-t-elle des modèles à suivre? Semblent-ils connaître, et le prix du temps, et les terribles conséquences du temps mal employé? Les voit-on généralement disposés à cultiver les hautes facultés qui distinguent l'homme et le placent au premier rang des êtres animés? Ont-ils cette ferme volonté qui subordonne les instincts matériels aux nobles aspirations de l'âme? Quelques-uns, peut-être. Mais le plus grand nombre est loin de satisfaire à ces légitimes exigences, et il est bien rare de trouver, dans les corps les plus renommés, des officiers qui soient ce qu'on pourrait attendre d'eux, de leur naissance, de leur éducation, de leur éminence sociale.

Ceci étant rai pour les régiments d'élite, on peut et l'on doit en conclure que dans d'autres, moins favorisés, le niveau moral s'abaisse encore. A la vérité, c'est plutôt négligence, abandon, légèreté d'esprit, que nous reprocherons à ces jeunes capitaine. Mais, en définitive, les résultats sont aussi déplorables que si une perversité réfléchie était le mobile de leur conduite; et il serait à désirer que l'on s'appliquât à mâter l'étourderie funeste qui met le vice à la mode et rend fashionables les plus criantes dissipations. Nous avons dit ce qu'est la vie du soldat, on va voir comment s'organise un état-major à la tête de ce qu'on appelle un bon régiment, commandé par un officier qui sait vivre. Ce régiment, hâtons-nous de le dire, est irréprochable sous le rapport des manœuvres; il jette beaucoup d'éclat dans une parade, et il fait honneur de tout point à ceux qui l'ont mis en état de se mouvoir avec tant de célérité, de précision et d'aisance.

Les officiers présents au corps forment une réunion de vingt-cinq ou trente *gentlemen,* dont le plus âgé peut avoir cinquante ans, le plus jeune, dix-sept à dix-huit. Le plus grand nombre néanmoins se compose de brillants célibataires, qui ont de dix-neuf à trente-cinq ans. Les officiers de l'état-major sont ou ne sont pas mariés. Il est fâcheux pour un régiment qu'ils aient tous profité de la permission qui leur est donnée à cet égard, parce que les hommes mariés ne dînent point à la table commune (*mess*), et que la présence d'un officier influent, sa gravité, sa prépomdérance sont très-utiles pour y maintenir le bon ordre. Du reste, la plupart des capitaines sont célibataires, et il n'est pas rare qu'un ou deux d'entre eux ait obtenu, par ancienneté, le rang de major à brevet.

Il semblerait assez naturel, d'après une constitution pareille, que le lieutenant colonel, donnant le ton à ses majors, et ceux-ci aux officiers immédiatement placés sous leurs ordres, les capitaines à leur tour dussent s'appliquer, tant par leur exemple que par leurs conseils, à diriger dans la bonne voie leurs jeunes et fougueux subalternes. Ceux-ci, en effet, dépendent bien moins du bataillon que de la compagnie à laquelle ils sont attachés. Cependant, en est-il ainsi? jamais, ou presque jamais. A moins qu'il n'existe entre eux quelques relations particulières, le capitaine ne prête aucune attention à la conduite privée des officiers inférieurs, et ceux-ci agissent de même à l'égard des soldats, dont ils s'appliquent à ignorer les déportements aussi longtemps que la régularité du service n'en souffre pas. Il faut qu'on leur dénonce un délit ou un crime pour qu'ils sortent, à cet égard, de leur apathie très-délibérée; et cette insouciance a pour effet de laisser tous les membres du régiment, depuis le plus vieux jusqu'au plus jeune, suivre à l'aveugle leurs penchants plus ou moins vertueux.

Ajoutez à ceci que l'extravagance et le luxe, maintenant à l'ordre du jour dans nos écoles publiques, dans nos universités, dans nos familles mêmes, et dans toutes les institutions qui ont pour but la vie commune, se sont infiltrées dans nos mœurs militaires. Les diverses classes de la société, sans exception, souffrent de cette fausse émulation qui nous pousse à rivaliser de bien être et de luxe avec les plus hautes positions, avec les plus énormes fortunes. Elle engendre une extrême profusion, des dehors brillants, compensés par beaucoup de désordre, beaucoup de pauvreté, beaucoup de souffrances jadis inconnues. Mais nulle part les choses ne sont poussées aussi loin que parmi les officiers de l'armée anglaise, et les prodigalités systématiques de nos états-majors réclameraient, à elles seules, un code somptuaire.

Ni le duc de Norfolk, ni le baron de Rothschild ne pourraient afficher à leur table un luxe d'argenterie et de cristaux plus grand que celui d'une *mess room* ordinaire. Le dîner quotidien de nos officiers est d'une extrême recherche, et dans toutes les occasions où un convive étranger y est admis, les meilleurs vins, achetés à grand prix, y circulent abondamment. De pareilles habitudes excluent naturellement cette sobriété dont la guerre fait si souvent une nécessité absolue. Le déjeuner, les repas intermédiaires (*luncheons*) sont servis avec la même profusion. Mais ce n'est pas tout, et chaque officier est contraint d'adopter, pour tous les détails de sa vie, le luxe qui prévaut chez ses camarades. Le ton donné par les plus riches, il faut le suivre ou quitter la partie. Chevaux, chiens, fusils, habits bourgeois — car l'uniforme est mauvais ton, ailleurs qu'à la parade — il faut tout avoir en quantité, non pour s'en servir, mais pour les afficher. Vient ensuite le chapitre des voitures qu'il faut avoir ou louer—cabriolets, phaétons, tilburys — donnant bon air aux excursions dans le voisinage. Presque tous les soirs, des soupers organisés dans l'auberge ou l'hôtel le plus élégant. Puis des bals, des soirées dramatiques, que l'on défraye par souscription. Souvent une seule fête de ce genre absorbe la paye mensuelle du lieutenant, et fait large brèche dans celle du capitaine. On ne mène pas impunément une aussi folle existence; et, à force de raffiner sur les autres, le corps en question peut arriver à mériter l'épithète de *slang-regiment* (1). En ce cas, il aura ses combats de chiens, ses paris énormes; il patronnera des courses, il en fera des spéculations aventureuses. Il nourrira des blaireaux pour se don-

(1) Mot d'argot : le mot *slang* s'applique en anglais à tout ce qui tient au *turf*, qui est parfaitement expliqué dans le texte.

ner le plaisir de les lancer; et, du matin au soir, les officiers ne parleront que l'argot des jockeys. Si l'adultère, la débauche, se mêlent parfois à ses nobles préoccupations, ils ne rencontreront pas de censeurs très-sévères, et c'est tout au plus si l'esprit de corps n'ira pas jusqu'à tirer vanité de telle ou telle conquête, accomplie à grand bruit par quelque Lovelace d'état-major.

Pour mener si grand train, pour suffire à tant d'exigences, la paye des officiers n'est qu'un misérable appoint. La pension qu'ils reçoivent, pour la plupart, de leur famille — pension d'ordinaire assez forte — ne laisse pas d'être insuffisante. Il faut cependant soutenir l'honneur du corps, et l'honneur du corps ne permet pas de devoir à ses fournisseurs au delà de certaines sommes. Le voulût-on d'ailleurs, la prudence des marchands limiterait le crédit de ces insaisissables débiteurs. Aussi, lorsque le compte du tailleur monte à deux ou trois cents guinées, et que pareille somme est due au demeurant des créanciers ordinaires, savoir, le joaillier, l'armurier le sellier, le bottier, etc., nos imprudents jeunes gens, à court de guinées, s'adressent quelquefois aux Juifs, plus fréquemment aux banquiers de province, qui veulent bien accepter ce qu'on appelle un *accomodation bill*, soit un billet de complaisance. La chose s'arrange ainsi : le lieutenant Black, ayant le plus pressant besoin de cent livres sterling, obtient de l'enseigne White qu'il lui signe une lettre de change. Moyennant un honnête escompte, M. Yellow, banquier bienveillant, encaisse cette valeur plus ou moins solide, et tout est dit pour le moment. Au bout de trois mois, c'est-à-dire à l'échéance, l'enseigne White apporte son billet, bien et dûment endossé par le lieutenant Black, et, sur cette garantie respectable, il obtient deux cent guinées. On rembourse le premier billet, et la différence de l'ancien au nouvel emprunt se partage amiablement entre les co-signataires. Que valent de tels procédés, et où doivent-ils conduire? Non-seulement à la ruine des individus, mais à la démoralisation de l'armée tout entière. Car les habitudes de dissipation finissent par rendre odieux tout emploi du temps, qui n'a pas le plaisir pour objet direct. La contrainte du service, les exigences de la discipline deviennent intolérables. L'officier n'est plus qu'un oisif parasite, dont l'inutilité n'est pas sans périls pour le pays.

En attendant, cette conduite doit agir, elle

agit en effet sur l'esprit du soldat, toujours disposé à prendre avantage des faiblesses de ses supérieurs, et autorisé à régler sur les leurs ses opinions en matière de religion ou de morale. Ce serait s'abuser à plaisir que de le croire aveugle ou inattentif. Il observe, au contraire, non-seulement ce qui se passe dans l'intérieur des casernes, mais aussi les actions et la conduite de ses chefs, redevenus, au sortir de là, des types d'élégance futile, des modèles d'aimable rouerie. Il les observe et les imite de son mieux. A la vérité, la discipline extérieure se maintient, grâce aux rigueurs de la loi martiale; à la vérité, certains excès demeurent interdits au soldat, et ne seraient pas impunis, quel que fût son rang. Mais est-ce là tout ce qui importe? Assurément non. La crainte du châtiment force un homme à se présenter sobre et propre à la parade : elle le contraint à s'abstenir de graves désordres; elle le rend docile et respectueux en présence de ses chefs; mais elle ne lui donne pas ce sentiment élevé sans lequel il n'est qu'une force plus ou moins brutale; à savoir, le respect de soi-même, qu'il faudrait avant tout lui inspirer.

Nous ferions tort aux administrateurs militaires de la Grande-Bretagne si nous les accusions d'avoir totalement méconnu les vérités que nous rappelons ici. Depuis quelques années surtout, ils ont laissé voir que l'état moral de l'armée leur inspirait une louable inquiétude, et les mesures adoptées pour l'améliorer méritent en général notre approbation. Les punitions barbares qui déshonoraient le Code militaire sont peu à peu tombées en désuétude (1). Le soldat coupable et condamné n'est pas mis, comme il l'était naguère, en dehors du droit humain. On a salué, comme une innovation judicieuse, l'institution de ces pénitenciers militaires, où les transgresseurs de la loi militaire subissent, à part, la peine qu'ils ont encourue. Les délits du soldat ont souvent un caractère particulier : une pure imprudence, un simple oubli, suffisent pour provoquer les rigueurs d'une cour martiale, et il était cruel de voir un jeune homme, victime d'un égarement passager, placé sur les mobiles degrés du *tread mill,* à côté des filous et des effractionnaires nocturnes.

(1) La peine du fouet est pourtant encore en usage dans l'armée anglaise. D'après le dernier relevé présenté au parlement, le nombre des individus qui ont subi cette peine en 1854 est de 42 et le nombre de coups de fouet qu'ils ont reçu est de 1,125 : en 1855, 44 individus ont reçu 876 coups de fouet.

Il est encore très-bien vu d'avoir donné carrière à l'humeur joueuse des soldats, en favorisant l'établissement de cours gymnastiques, où ils exercent leur force et occupent innocemment leurs loisir.

Lord Howick (maintenant comte Grey) a bien mérité du pays et de l'armée, lorsqu'il a, durant son ministère, provoqué la création de bibliothèques de garnison, tant en Angleterre que dans les colonies anglaises. Un jour ou l'autre on verra ces institutions, encore incomplètes, produire les meilleurs résultats.

Enfin, nos écoles de régiment, ou pour mieux dire l'organisation théorique de ces écoles a droit à nos éloges, bien qu'elle n'égale point, à notre avis, celle des régiments français, et que la pratique laisse beaucoup à désirer. Ces écoles existent cependant, et c'est quelque chose; le progrès ayant ainsi carrière ouverte.

Mais sur d'autres points, bien plus essentiels peut-être, l'indifférence du gouvernement a lieu de nous surprendre. Négligée complètement, jusqu'ici, l'éducation morale et religieuse de nos soldats paraît devoir l'être longtemps encore. On arrache des jeunes gens à leur famille, où de bons exemples, des conseils salutaires ne leur manquaient jamais — on les sépare du guide spirituel qui, dès leur enfance, veillait assidûment sur eux — et cela pour les jeter brusquement au sein d'une communauté purement militaire, où la loi de Dieu est transgressée à chaque instant, où les actes de chacun attestent les habitudes les plus licencieuses; où l'immoralité avouée, l'ivrognerie, la débauche, si elles ne sont pas applaudies comme naguère, ne rencontrent du moins aucune désapprobation très-rigoureuse, et passent aisément pour les indices d'un naturel belliqueux. Puis on s'étonne de voir que l'armée fournisse autant de chiffres à la statistique criminelle; que les *provost-prisons* — les cachots militaires — soient constamment encombrés; que les *barracks cells* — les salles de police — ne désemplissent jamais.

Il y a mieux : l'ivresse est, au vu et au su de chacun, la principale cause des nombreux délits que l'on châtie ainsi; et loin de combattre ce vice odieux, il semble que l'on s'étudie à lui ménager toutes ses aises : c'est du moins le résultat du système des cantines, tel que nous le voyons appliquer aux casernes de Londres, et sans doute à celles de la province ou des colonies. Voyez plutôt le nouvel établissement militaire de Saint-

James-Park. La cantine occupe une si grande partie du bâtiment, qu'elle empiète sur le logement des quartiers-maîtres, et pour lui faire cette place énorme, on a relégué l'école du régiment dans une espèce de caveau mal aéré. Croirait-on, de plus, que le preneur à bail de cette cantine paye un loyer proportionnel, calculé chaque trimestre sur le nombre de soldats qui ont occupé la caserne; en telle sorte que chacun d'eux semble devoir une portion de sa paye à ce spéculateur si ingénieusement protégé par les chefs du corps. On allègue, il est vrai, l'avantage d'une cantine intérieure, mieux surveillée que ne pourraient l'être les cabarets du dehors; mais le soin que l'on prend pour retenir les ivrognes dans la caserne serait, nous le croyons, bien mieux employé à combattre par tous les moyens possibles le déplorable penchant qui les dégrade et les tue. Dans une forteresse qui peut, d'un jour à l'autre, se trouver absolument fermée, nous comprenons que l'on ménage aux soldats le moyen de tromper, par quelques amicales *tournées*, les ennuis d'un long siége. Mais nous ne pouvons trouver raisonnable que l'on prélève sur le revenu public de quoi former, dans toutes les casernes du Royaume-Uni, des tavernes, des *gin-palaces*, où nos militaires s'enivrent avec la permission spéciale des autorités. On croirait vraiment que c'est là une mesure fiscale destinée à faire rentrer sous forme d'impôt indirect, dans les caisses de l'Échiquier, une partie du budget de la guerre. Et s'il arrive que ces établissements si bien entendus réalisent leurs plus grands bénéfices une fois par semaine, le dimanche, aux heures où toutes les autres tavernes sont rigoureusement closes, nous concevrons encore moins la tolérance dont ils sont l'objet.

D'autres abus seraient à signaler dans une dissertation *ex professo* sur le sujet qui nous occupe. Nous aurions à nous élever sur la négligence des règlements en ce qui concerne les femmes admises dans les casernes. Leur présence, par elle-même, est assez dangereuse pour qu'on veille de près à ce que la décence soit respectée autant que possible, et qu'elles ne perdent pas, de nécessité, après quelque séjour au régiment, cette pudeur vulgaire, trop souvent leur unique protection.

Mais comment en serait-il ainsi, lorsque l'on tolère que le mari et la femme aient une chambre commune avec une douzaine de camarades encore célibataires, et cela, sans que le moindre rideau sépare ces derniers du lit conjugal?

Du reste, ce qui nous frappe le plus, c'est, nous l'avons déjà dit, l'absence à peu près complète de soins religieux, dans celle de toutes les armées européennes qui demanderait peut-être, sous ce rapport, la plus scrupuleuse attention.

Les troupes françaises, prussiennes, autrichiennes, sortent rarement de leur pays, si ce n'est pour faire la guerre. Elles ont pour adversaires, en pareil cas, des populations chrétiennes ou musulmanes qui, plus ou moins civilisées, tiennent à leurs opinions religieuses, et offrent peu de prise au prosélytisme. Nos soldats, au contraire, sont chargés, le plus souvent, d'une mission toute pacifique au milieu de populations immenses qui croupissent dans la plus aveugle idolâtrie. En pareil cas, il n'est pas un militaire qui, pénétré d'un zèle pieux, ne pût s'attribuer, non pas le rôle auguste du missionnaire, mais celui du pionnier apostolique. Un Dieu juste n'a pas donné l'Inde à la Grande-Bretagne pour l'enrichissement de quelques hommes privilégiés, et pour qu'un certain nombre d'employés y trouvent à gagner leur vie. Il a dû vouloir que le vainqueur imposât à la terre conquise ses lois meilleures, sa morale plus pure, sa croyance plus éclairée; compensation naturelle de l'existence nationale, du gouvernement de choix qu'il enlève à tout un peuple. Est-ce donc se conformer à cette sentence providentielle, que de placer nos colonies païennes sous la domination de soldats incrédules, brutaux, adonnés à toute sorte de vices? N'est-ce donc pas dans cette inconséquence fatale qu'il faut voir l'obstacle le plus réel aux progrès de nos idées religieuses? Et c'est précisément la lenteur de ces progrès que l'on nous oppose. Depuis un siècle, nous dit-on, le protestantisme n'a fait qu'un bien petit nombre de conversions, et toutes dans les rangs inférieurs de la population hindoue. En eût-il été de même si nos soldats n'avaient eux-mêmes donné l'exemple de l'irrévérence envers nos missionnaires? En eût-il été de même si la licence des mœurs militaires n'avait ôté aux prédications de ces derniers toute la puissance d'un dogme fécond en vertus pratique?

Autre considération. Notre armée est protestante, puisque sur cent trente mille hommes dont elle se compose, il n'en est guère plus de trente mille (un quart environ) qui appartiennent à la religion catholique. Elle est anglicane, puisque les sectes dissidentes ne fournissent pas plus d'un homme sur six, aux cent mille qui restent. Nos guerres européennes la mettent fréquemment en présence de populations catholiques, ou professant la religion grecque. Il serait donc à propos que partout où ce contact s'établit, la religion nationale fut honorée par nos soldats et qu'ils eussent les moyens de professer publiquement le culte de leurs ancêtres. Presque partout, cependant, ces moyens leur sont ou complétement refusés, ou départis avec la parcimonie la plus répréhensible (1).

Jadis, un chapelain était attaché à chacun de nos régiments. Nous ne dirons pas si cette disposition était bonne ou mauvaise en elle-même; ce qui est certain, c'est qu'elle avait d'assez mauvais résultats. Le grade de chapelain, comme celui de lieutenant ou d'enseigne, se donnait sans le moindre égard à la capacité de celui qui l'avait sollicité. Les colonels avaient peu à peu accaparé ce genre de nominations, et quelques-uns en faisaient l'objet d'un commerce tout à fait scandaleux. Obtenues par de tels moyens, ces

(1) Note du rédacteur. L'auteur anglais cite à l'appui de cette assertion les garnisons de Gibraltar, Malte, Corfou, etc. Nous supprimons les détails qu'il a cru devoir donner sur la manière dont elles sont pourvues d'enseignements religieux, d'édifices appropriés au culte, de Bibles, de *Prayerbooks*, etc.

fonctions n'étaient pas même remplies. Le chapelain avait son délégué; quelquefois même ce délégué manquait, et les appointements n'en allaient pas moins au titulaire de l'emploi. Si par hasard le chapelain s'attachait réellement au corps, et le suivait dans ses lointaines pérégrinations, la religion ne profitait guère de cette assiduité, d'ailleurs si rare. Le plus souvent, en effet, ce n'était point un grand zèle pour le bien des âmes, mais un goût très-prononcé pour le régime de la table commune, qui retenait à l'état-major le révérend ecclésiastique. Il y avait d'ailleurs une incompatibilité trop marquée entre les habitudes du véritable prêtre et celles des officiers auxquels il était associé, pour que cette association produisît le moindre bien. De fait, on s'aperçut que les abus de l'institution passaient de beaucoup les services qu'on en pouvait attendre. A mesure que les vacances se firent, on s'abstint de remplacer les chapelains militaires, et le système entier tomba, comme il le méritait, en complète désuétude.

Débarrassé de ce cadre inutile, le gouvernement imagina de créer un certain nombre de chapelains d'armée (*chaplains of the forces*) non plus attachés à tels ou tels corps, mais dépendant de l'état-major général, et employés selon les besoins du service, tantôt en Angleterre, tantôt au dehors. Leur commission leur garantissait le rang et les priviléges des majors, une paye quotidienne de 16 shellings (20 fr. environ), la nourriture d'un cheval, et quelques autres gratifications. Une retraite leur était assurée après huit ans de service, et variait de 5 à 10 shellings par jour, suivant la durée et la nature de leur activité. Cette combinaison, à ne la juger que sous le rapport financier, était tout à fait irréprochable; car d'un côté la paye était convenable, de l'autre elle ne grevait pas trop lourdement le budget. On n'obtint cependant que des résultats assez misérables. Les choix furent faits sans discernement; l'esprit de patronage, les influences aristocratiques jouèrent ici leur rôle accoutumé. Telle quelle, cependant, et nonobstant les vices qu'on pouvait y remarquer, cette organisation se maintint jusqu'en 1830, confiée pour les détails à un chapelain général, sous la haute main du général en chef et du secrétaire d'état au département de la guerre.

A cette époque, on modifia les règlements relatifs à la paye. Elle devait être, *pour les chapelains commissionnés,* de 16 shellings par jour;

elle s'élevait à 20 shellings après quinze années de service, elle augmentait encore après vingt-deux ans d'activité. La demi-solde était réglée sur les mêmes bases. Mais ces conditions favorables n'étaient accordées qu'aux chapelains déjà pourvus de leur commission, et l'on se réservait de ne plus délivrer de pareils titres; depuis lors, en effet, la nomination des chapelains est une transaction privée, qui ne leur assure aucun grade, et les envoie avec tel ou tel appointement fixe (150 à 300 l.) partout où l'on a besoin d'eux. Viennent-ils à être malades, veulent-ils prendre leur retraite, on les congédie sans le moindre émolument. Ils ne sont plus officiers, mais simplement employés, et l'Etat ne leur doit rien au-delà du salaire qu'ils ont gagné jour par jour. On les traite moins bien que le commissaire aux vivres, moins bien que le chirurgien militaire. Ceux-ci ont une paye progressive, une retraite assurée, et après quelques années de séjour sous un ciel contraire, ils sont certains d'être appelés ailleurs. Le prêtre, lui, ne gagne rien à servir plus ou moins d'années. Sa vieillesse infirme ne pourra compter sur aucun secours, et la résidence qui lui est assignée restera la même, aussi longtemps qu'il voudra ou qu'il pourra garder son modique emploi. Triste condition, il faut le reconnaître, pour ceux qu'on relègue aux Indes occidentales, aux Bahamas, à l'île Maurice, et sur ce rocher pestilentiel que nous avons acquis du Céleste Empire.

On peut deviner aisément ce qui résulte de ces nouvelles dispositions, et combien elles sont faites pour atténuer encore l'influence du clergé militaire.

En Angleterre, ce clergé spécial a peu d'emploi. Partout où une chapelle existe à portée d'une caserne, les soldats prennent part, comme les autres citoyens, et sans que l'Etat ajoute rien au salaire du ministre, aux cérémonies du culte. Leur assiduité n'a rien de méritoire, car elle est forcée. Leur attitude n'a rien de très-édifiant, et ils engendrent certainement plus de scandale qu'ils ne puisent de bons enseignements durant ces corvées qu'ils méprisent (1).

Lorsque la chapelle est trop éloignée, le service religieux a lieu dans la caserne même, soit

(1) Note du rédacteur. Ici nous supprimons encore une revue générale des établissements religieux annexés aux résidences militaires des Trois-Royaumes; l'auteur anglais déplore leur insuffisance et donne les détails les plus affligeants sur l'incurie des officiers, l'inconvenance des cérémonies où les soldats sont admis, etc., etc.

à la salle d'armes, soit au manége, et, en pareil cas, les paroles du prêtre sont rétribuées à raison d'une guinée par sermon. Ceci nous a tristement remis en mémoire un ancien vaudeville intitulé : *Pas de chansons, pas de souper*. Pas de prêche, pas d'argent, semble dire la loi nouvelle.

Le service religieux des malades est organisé dans un esprit aussi libéral, et avec une délicatesse aussi bien entendue. De temps en temps, les soldats de l'hôpital peuvent recevoir la visite d'un ecclésiastique, et prier ou s'entretenir avec lui. Ces bons offices sont attestés par un certificant dont voici la teneur :

« Je *soussigné*... déclare que le rev. M... a, du... au..., visité les soldats malades à l'hôpital de... une fois la semaine et plus souvent, lorsqu'il en a été requis; et qu'il a lu également les prières une fois par semaine, aux convalescents.

» Je déclare, en outre, que l'hôpital est à... milles de la maison habitée par cet ecclésiastique.

» *Signé* X...

» *officier commandant.* »

Ainsi, on ne s'enquiert ni de savoir si les mourants ont été convenablement assistés, ni si les sacrements ont été administrés, ni du plus ou du moins de zèle apporté à tous ces pieux devoirs. L'ecclésiastique est rétribué à la semaine et à la course. S'il réside à moins d'un mille de l'hôpital, il reçoit 5 shellings par semaine. S'il y a plus d'un mille, et moins de trois, le salaire est de 7 shellings et six pence. Il doit être un peu plus considérable, si la course est plus longue, et s'il y a plus d'un hôpital à visiter. Cependant nous ne sommes pas certains de ce dernier point, et, dans tous les cas, il nous paraît impossible que les soins donnés à un hôpital militaire puissent rapporter, par année, plus de 18 l. (450 fr.).

Tout cela est misérable, et la forme est encore plus blessante que le fond. Elle place le prêtre vis-à-vis de ses ouailles dans cette triste condition d'un serviteur inutile, dont le salaire paraît toujours au-dessus de ce qu'il mérite. Il n'ose aller au-devant de ce qui ne lui est pas formellement demandé, car il a l'air de mendier ce surcroît de paye; aussi les soldats et leurs familles, les officiers, l'école du régiment — malgré une ordonnance royale, qui prescrit pour ces écoles une visite ecclésiastique — demeurent sans le moindre secours spirituel.

A ces plaintes, que réplique-t-on? Le gouvernement, disent ses défenseurs, quand il enrôle des soldats au service de la reine, ne s'engage pas à les rendre meilleurs qu'il ne les reçoit, sous le rapport des vertus privées. Le but qu'il se propose, et le seul auquel tendent ses efforts, c'est d'obtenir de bonnes troupes, courageuses, disciplinées, obéissantes; or, on ne saurait contester raisonnablement ces qualités au soldat anglais. Quant au demeurant, il est également vrai qu'un régiment de l'armée anglaise, considéré comme aggrégation de chrétiens et d'êtres moraux, ne le cède point à un pareil nombre d'individus pris au hasard parmi les travailleurs que Manchester et Glasgow emploient à leur manufactures, ni même parmi un nombre égal de paysans appartenant à un district agricole.

Nous ne discuterons point la question ainsi posée, car sa solution contraire ou favorable importe médiocrement à la justesse de nos remarques. Selon nous, en effet, la position d'un jeune homme est complétement changée, même au point de vue moral, lorsqu'il revêt l'uniforme des troupes royales. Aussi longtemps qu'il a conservé la libre direction de son âme et de son intelligence, le blâme que pouvait encourir son incrédulité, la responsabilité de son éducation morale pesaient entièrement sur lui. Il n'avait même pas le droit de demander compte à ceux qui gouvernent si les occasions de prier ou de s'instruire n'étaient pas proportionnées à ses besoins. On ne peut exiger en effet, que le pouvoir bâtisse des temples et entretienne des ministres dans les districts manufacturiers, en proportion des masses de peuple qui s'y accumulent si rapidement. C'est à ceux qui s'enrichissent par le travail des ouvriers ainsi réunis qu'appartient, à notre sens, le devoir de subvenir aux besoin du culte. Mais du moment où le gouvernement du pays arrache un citoyen à la sphère où il était appelé à vivre, du moment où il en fait, dans la plus riche acception du terme, son serviteur nuit et jour accaparé, il est responsable de la bonne ou mauvaise direction donnée à ses facultés intelligentes, tout autant que de son bien-être purement matériel.

Un mot encore sur l'éducation des enfants de troupe. Tous ceux qui connaissent le système du docteur Bell, sauront à quoi s'en tenir lorsque nous dirons que ce système incomplet et suranné domine encore dans les écoles de régiment ; qu'on ne prend aucun souci pour former des maîtres spéciaux ; et qu'une fois installé dans ses fonctions, le professeur régimentaire n'est plus soumis qu'à des inspections irrégulières et inefficaces. Les résultats néanmoins ne sont pas tout à fait aussi défectueux qu'un tel état de choses pourrait, au premier coup d'œil, le faire supposer. On rencontre çà et là plus d'une école de ce genre habilement et utilement dirigée, tantôt par quelqu'un de ces soldats nés avec des dispositions particulières pour l'enseignement, tantôt par les soins de quelque officier supérieur, qui se pique de veiller au progrès moral de ses soldats. En pareil cas, il envoie les jeunes soldats qui font preuve d'aptitude suivre les cours de quelque enseignement normal ; il leur donne ensuite tous les moyens d'occuper dignement les fonctions qu'il leur confie ; il les encourage et les anime par de fréquentes inspections. C'est, vous le voyez, se charger de soins qui, dans un Etat bien réglé, appartiendraient au gouvernement. En France, les choses sont beaucoup mieux établies (1), et cependant le subside annuel accordé

(1) Note du rédacteur. L'aveu fait ici par l'auteur anglais est

par nos chambres législatives, pour les besoins de l'instruction militaire, permettraient de mettre nos écoles de régiment sur un aussi bon pied que celles de nos voisins. C'est ce dont on s'assurera dès qu'on voudra bien examiner de près l'emploi des fonds votés pour ce chapitre des dépenses publiques.

O. N. (*Quarterly Review.*)

tout à fait motivé. Depuis 1830, les écoles régimentaires ont fait en France des progrès admirés par tout le monde. Mais, depuis 1830, les aumôniers militaires ont été supprimés. Les soldats ne sont astreints à aucun devoir religieux, et ils ne figurent que comme comparses ou agents de sûreté dans les grandes cérémonies du culte. Nous mentionnons cet état de choses, sans l'approuver ou le blamer, laissant à chacun, suivant ses convictions personnelles, le soin d'apprécier les considerations présentées par les écrivains de la *Revue tory*.

COUP D'ŒIL

SUR

L'ORGANISATION DE L'ARMÉE RUSSE

ET INDICATION DES PRINCIPALES MANŒUVRES D'INFANTERIE EN USAGE DANS CETTE ARMÉE.

Rien n'accuse la politique envahissante de la Russie comme le nombre de ses armées qui sont tout à fait en disproportion avec les besoins intérieurs du pays et constamment prêtes à entrer en campagne. Pourtant on doit se rassurer quand on considère que cette mise en scène, plus effrayante à première vue que réellement redoutable, cache bien des défauts d'organisation.

Tout le monde sait combien l'administration de cette armée est vicieuse, combien l'esprit de dilapidation y domine, malgré les efforts tentés à différentes reprises par le Czar pour détruire cet abus. Nous avons vu un ukase de l'empereur Nicolas, ukase daté, je crois, du 21 février 1852, et condamnant à la dégradation le général d'infanterie Uschakoff Ier, l'inspecteur des bataillons de la garde et des grenadiers de la réserve Arbusow Ier, ainsi que le lieutenant-général Grabbe. L'ukase ajoutait que le président et tous les membres du comité du 18 août 1814, l'amiral Kolsakoff, les généraux d'infanterie, Ushakoff Ier, Arbusow Ier, Mandenstern Ier les généraux lieutenants Grabbe Ier et Soss, seraient traduits devant un conseil de guerre présidé par le feld-maréchal Paskewitch, pour avoir montré de la négligence dans le service et avoir causé à l'Etat des pertes considérables. Il ressort de ce qui précède une double preuve de l'étendue du mal; il faut que celui-ci soit bien grand pour qu'on ait recours à une répression aussi éclatante : il faut aussi qu'il soit en quelque sorte irremédiable pour que de semblables exemples si fréquemment renouvelés, restent sans effet utile. N'a-t-on pas vu, dans cette dernière guerre, l'affaire des hôpitaux de Crimée causer un déplorable scandale?

On trouve dans l'excellent ouvrage de monsieur Léouzon-Leduc un exemple vraiment effrayant des désordres administratifs, des malversations inouïes qui déshonorent parfois les armées russes ; ces faits se sont passés en 1829, dans la campagne de Turquie.

Quand Diebitsch, dit M. Léouzon-Leduc, prit le commandement des mains du général Wittgenstein, il se trouva à la tête de l'une des plus belles armées dont ait jamais disposé la Russie. Elle se composait de six corps et par conséquent de 300,000 hommes : du moins, si tel ne fut pas son chiffre réel dès le début de la guerre, ne tarda-t-elle pas à y arriver, car, par suite des renforts qui lui furent envoyés, il n'est aucun de ses régiments qui n'ait pu compter au moins 2,400 hommes. Or, cette immense armée, qui le croirait, il a suffi d'une campagne de deux années pour l'anéantir presque totalement. L'officier, dont je ne suis ici que le traducteur affirme que lorsqu'elle rentra en Russie, après la paix d'Andrinople, la plupart de ses régiments n'y ramenèrent que 400 hommes, plusieurs même 75, ou 100 hommes seulement : c'était donc, pour toute la durée de la guerre, une perte nette d'au moins 2,000 hommes par régiment. Au moment de la suspension des hostilités, il ne restait guère à Diebitsch que 20,000 hommes disponibles; nul doute, ajoute ici notre auteur, que si le gouvernement turc eût eu connaissance de cet état de chose, aucun soldat russe n'eût repassé les Balkans.

A quoi attribuer un aussi effroyable désastre? sans doute, les fatigues, le changement de climat et de nourriture, et les privations y entrèrent pour quelque chose. Il faut tenir compte aussi de la peste, de la fièvre putride, et de tant d'autres maladies, compagnes inséparables d'une armée russe en campagne, qui, en moins d'un mois, entassèrent dans les hôpitaux d'Andrinople plus de 20,000 hommes et dans ceux de Varna près de 40,000 hommes. Mais la principale, la cause inexorable de ce désastre, ce furent les abus monstrueux, les malversations de tout genre par lesquelles les chefs militaires signalèrent leur administration. Ces abus, ces malversations que l'honnêteté du prince Wittgenstein eut modérés peut être, trouvèrent, dans la mollesse ou plutôt dans la complicité de Diebitsch, un encouragement scandaleux. Quelle influence moralisatrice pouvait-on attendre d'un homme aussi adonné à la boisson et aussi avide de gain que l'était ce général? Voici du reste des faits significatifs :

Le 15 octobre 1829, la cinquième et la sixième division d'infanterie, formant ensemble environ 15,000 hommes, partirent d'Andrinople pour se rendre à Donau : la paix étant signée, nulle attaque, nulle surprise de l'ennemi n'était à craindre. Or, le 21 décembre suivant, c'est-à-dire après sept semaines de marche, ces deux divisions étant arrivées à la frontière russe, il ne s'y trouvait plus sous les armes que 3,000 hommes : le reste avait péri en route de froid et de faim, ou occupait les ambulances qui, de leur côté, ne rendirent guère que des cadavres.

D'Andrinople était également partie, vers la même époque, une batterie d'artillerie composée de 150 hommes et de 105 chevaux avec ses canons, ses charriots de transport, ses fourgons, etc., cette batterie laissa en route 50 hommes et 49 chevaux : on ne sauva de son matériel que le bronze des canons. Elle fut, du reste, la seule des trois batteries appartenant à la cinquième division qui regagna la frontière de l'empire ; les deux autres, épuisées d'hommes et de chevaux, durent rester en totalité sur le territoire turc.

Il paraît que c'est de propos délibéré que les deux divisions de Pahlen furent vouées à une perte certaine : on raconte, en effet, que l'intendant général, animé contre le comte d'une haine implacable, lui avait fait déclarer que ses soldats ne reverraient jamais la Russe. Cette menace ne fut que trop bien exécutée, et nous ajoutons qu'il était impossible de prendre de meilleures dispositions pour atteindre ce but homicide. Entre autres calculs de ce genre, il faut mentionner la supposition que Pahlen mettrait seulement quatre jours à repasser les Balkans, malgré l'insuffisance évidente de ce temps : grâce à cette erreur qu'il est impossible de ne pas considérer comme volontaire, l'armée n'arriva qu'au bout de six jours à la halte désignée; elle trouva démolis ou dévastés les magasins qui auraient dû l'attendre, et n'eût ni vivres pour les hommes ni fourrages pour les chevaux. Il en fut à peu près de même sur toute la route et on peut dès lors se figurer le nombre des soldats qui ont dû succomber à la privation de vêtements et d'aliments ainsi qu'à un froid très-vif.

Tout en faisant la part de l'exagération qui a

pu grossir le mal, on ne peut s'empêcher de frémir en lisant ces tristes désastres.

Les régiments russes n'ont pas de conseils d'administration et toute celle-ci est concentrée dans les mains des chefs de corps qui sont en rapport direct avec les fournisseurs et les commissaires : ils passent des marchés et bénéficient presque toujours sur les abonnements qui leur sont alloués pour l'entretien de l'habillement, du harnachement, de l'armement et du campement. Aussi les abus se perpétuent, malgré le contrôle que doivent exercer les généraux sur les opérations financières des colonels et des capitaines.

Cette organisation vicieuse a inspiré à M. Tanski de sévères paroles. « Le système général et « public de dilapidation et de fourberie ne s'ar- « rête qu'au dernier rang de la hiérarchie mi- « litaire. Que l'on monte d'un échelon plus haut, « on le retrouve déjà chez le sous-officier, chez « le chirurgien, chez l'officier, et plus on mon- « tera, plus on remarquera que ce système a « pris de l'extension. »

Un ukase du 30 août 1834 a fixé à vingt années la durée du service militaire pour toutes les armes. Chaque soldat doit rester pendant quinze ans dans l'armée active : on l'envoie ensuite dans les bataillons ou escadrons de réserve où il reste immatriculé pendant cinq ans ; enfin, il reçoit un congé illimité tout en faisant partie, pendant cinq nouvelles années, de la réserve générale de l'armée. Libre de s'établir partout où il trouve moyen de gagner sa vie, il doit se faire inscrire chez le commandant militaire du district, et se trouver aux réunions annuelles où on l'exerce pendant quelques semaines : ce n'est donc, en définitive, qu'après vingt-cinq années qu'un serf russe est entièrement libéré du service militaire et maître de ses actions : Son unique récompense consiste dans l'exemption de la glèbe à laquelle on ne peut plus l'attacher.

Les colonels de régiments de cavalerie, non colonisés, sont chargés des remontes et de la fourniture des fourrages nécessaires à leur régiment, mais il n'en est pas de même des régiments colonisés dont la remonte n'occasionne plus aucune dépense à l'Etat. Chacun d'eux à son haras composé de juments russes et d'étalons de race anglaise, et les produits de ces établissements, parfaitement entendus et dirigés, suffisent aux besoins des corps. Les chevaux qui en proviennent, ont, dit le duc de Raguse, de la taille, une bonne conformation, de la race et de la souplesse : Il ajoute que le plus grand nombre servirait aussi bien à monter un officier général qu'un simple cavalier.

L'institution de ces colonies militaires procure ainsi à la Russie une fort belle cavalerie; voici comment on procéda à leur établissement :

Le terrain destiné à chaque régiment fut divisé en autant de parties que le régiment comptait d'escadrons : puis on bâtit sur chacune d'elles un village ayant son église, son école, son hôpital, des écuries pour les chevaux de l'escadron, des magasins pour renfermer les fourrages et les récoltes appartenant à l'État, des maisons pour les officiers et sous-officiers de l'escadron, et des maisons de cultivateurs avec dépendances, en nombre égal à celui des cavaliers de l'escadron, c'est-à-dire cent quatre-vingts. En même temps on partagea les terres du village en deux parties, l'une réservée pour les cultures de la couronne, l'autre subdivisée en autant de parcelles d'environ 48 hectares, qu'il y avait de maisons de cultivateurs : puis on peupla le village en donnant une maison avec la parcelle de terrain qui en dépendait, à la famille ou aux familles qui possédaient ensemble la quantité d'animaux domestiques nécessaires à la culture de la terre. On imposa pour toute condition aux habitants de loger et nourrir un soldat par maison et de contribuer à la culture des terres de la couronne, mais aucun d'eux ne fut personnellement astreint au service militaire : leurs enfants seulement durent concourir au recrutement de l'armée proportionnellement à leur nombre, et suivant la loi générale de l'empire.

Au centre du territoire affecté au régiment, on construisit des logements pour son état major, une caserne et des écuries pour un escadron de service, une grande école militaire pouvant contenir trois cents jeunes gens, un manége couvert, un haras, des magasins. Les logements du général-major et de son état-major, furent bâtis à proximité des deux régiments composant sa brigade et le quartier-général du général commandant la division fut placé au centre de l'emplacement occupé par les troupes de cette division.

Les escadrons sont établis dans les villages

comme s'ils y étaient cantonnés, et les officiers, n'ayant aucune autorité à exercer sur les habitants, n'ont à s'occuper que de la troupe : ils reçoivent moitié en sus des appoitements de leur grade. Les escadrons, qui viennent successivement habiter la caserne construite près de l'état-major, sont exercés sous les yeux de celui-ci, et par ce moyen, le régiment quoique fractionné, conserve son homogénéité.

Quant à l'administration du pays, elle est confiée à un cadre particulier d'officiers qui sont sans action sur la troupe, mais qui ont dans leurs attributions la surveillance des écoles. Si un conflit s'élève entre un colonel de la troupe et un colonel commandant le territoire, le général qui commande la brigade et réunit les deux pouvoirs, juge la question et décide.

Les garçons âgés de 16 à 18 ans montent à cheval et sont exercés au maniement des armes, de manière à pouvoir, au premier appel, servir activement : mais le nombre de ceux qui sont pris pour le service est assez limité, puisqu'on n'en enrôle que huit par mille âmes tous les deux ans. En outre, on engage les soldats à se marier : leurs enfants mâles sont placés dans la grande école militaire du régiment et à l'âge de vingt ans, ils entrent dans les escadrons actifs où ils servent comme dans le reste de l'armée. Il en résulte que les régiments de cavalerie ne reçoivent jamais d'hommes dont l'instruction soit toute entière à faire.

Des mesures de prévoyance sont prises pour assurer l'existence des femmes et des enfants des soldats quand un régiment colonisé reçoit l'ordre d'entrer en campagne.

Vingt régiments de cavalerie sont actuellement colonisés dans la Russie méridionale et pour chacun d'eux, le gouvernement n'a à supporter d'autres dépenses que celles qui concernent la solde, l'habillement et l'armement : tout le reste se tire des colonies elles-mêmes. En outre, le gouvernement tire un profit considérable des récoltes faites sur les terres de la couronne et compense ainsi à peu près complétement les dépenses que nous venons d'indiquer.

Outre ces colonies on en a établi d'autres composées de régiments d'infanterie; ces dernieres sont placées sur les lignes intérieures de communication des provinces du Caucase ainsi que sous le canon des forts situés sur les rives de la mer Noire et de la mer Caspienne; le gouvernement russe veut ainsi se créer une population dévouée sur les points les plus importants de ces contrées dont les habitants indigènes lui sont si hostiles.

L'académie militaire est une institution semblable à l'école de la guerre établie en Prusse : Les officiers de toutes armes, jusqu'au grade de capitaine en premier, ainsi que les élèves sortis les premiers des écoles militaires, y sont admis après un examen qui porte sur les matières suivantes : langues russe, allemande et française, mathématiques élémentaires, histoire, géographie, artillerie, fortification passagère et permanente, tactique, manœuvres, et évolutions de toutes les armes.

Les cours de l'académie durent deux ans : on y enseigne les mathématiques transcendantes, ainsi que tout ce qui a rapport aux sciences militaires, à l'administration et aux mouvements des armées : en outre, il s'y tient de fréquentes conférences où l'on discute les questions militaires de l'ordre le plus élevé. Suivant M. Tanski, ls officiers de l'armée touchent cinq cents roubles de gratification par an pendant la durée de leurs études. Les trois premiers élèves reçoivent différentes récompenses et leurs noms sont inscrits sur des tableaux placés dans les salles de l'académie. Quand les cours sont terminés, les officiers retournent dans leurs régiments où ils doivent servir pendant deux ans avant de pouvoir entrer dans l'état-major général de l'armée.

Outre l'académie, on a institué des écoles militaires dans les quartiers-généraux de tous les corps d'armée, à l'imitation de ce qui se pratique en Prusse, mais ces écoles languissent et fournissent peu de sujets. Enfin, chaque province de l'empire, suivant M. Demidoff, possède une école spéciale consacrée à l'éducation des fils de soldats : dans ces écoles, les enfants sont instruits et entretenus avec une sollicitude toute paternelle et, outre l'instruction élémentaire, on leur donne les principes des arts dont l'exercice peut profiter au service. Tout ce que l'armée russe compte de musiciens, de vétérinaires, de commis d'administration, de géomètres et de dessinateurs se recrute parmi les cantonistes militaires : tel est le nom qu'on donne à ces jeunes gens, qui sont au nombre d'environ cent-cinquante mille. L'instruction est graduelle et proportionnée à l'âge des enfants : elle comprend : les préceptes de la religion, la lecture, l'écriture, la langue russe, l'arithmétique, les règlements militaires, le dessin, un des métiers utiles à l'armée, la musique et le chant, les exercices militaires ; le séjour des enfants dans ces écoles est de huit années, mais on ne leur fait faire les exercices militaires que dans les trois dernières années. Quant aux cantonistes qui restent chez leurs parents, ils sont tenus de suivre, comme externes, les cours de l'école la plus voisine, ou de fréquenter l'école de leur paroisse : le gouvernement veille à ce qu'ils reçoivent une éducation appropriée à leur destination, et il en fait en partie les frais.

Les élèves des écoles militaires, du corps des cadets et de toutes les écoles où sont réunis les enfants de la noblesse, reçoivent, après avoir terminé leurs études d'une manière satisfaisante, le brevet d'enseigne ou de cornette dans un des corps de l'armée : tous sont équipés aux frais du gouvernement.

Les sous-officiers qui se distinguent par leur instruction, leur bonne conduite, leur zèle, leur aptitude au service ou par quelque action d'éclat, sont assez souvent promus au grade d'officier ; il paraît même que ce grade est donné à tout sous-officier qui a tenu une conduite irréprochable pendant dix ans dans la garde et pendant douze ans dans la ligne, mais qu'ils ne peuvent être employés dans l'armée active : ils sont relégués dans les bataillons de garnison et dans les compagnies d'invalides.

On parvient par ancienneté, dans chaque régiment ou corps particulier, du grade d'enseigne à celui du lieutenant-colonel, mais l'empereur s'est réservé la nomination aux grades de colonel et de général-major. Tous les officiers généraux concourent entre eux, par ancienneté, jusqu'au grade de général d'armée.

De grandes prérogatives sont attachées à la qualité d'officier : la simple nomination à ce grade confère la noblesse, mais celle-ci est personnelle jusqu'au grade de capitaine inclusivement ; elle ne devient héréditaire que pour les officiers supérieurs et généraux. En outre, le grade n'a pas seulement une grande importance dans l'armée ; il détermine le rang de l'officier dans l'Etat, attendu que les emplois civils sont tous assimilés à un titre militaire. Tout officier, en vertu des priviléges de la noblesse, a le droit de quitter le service quand il le juge à propos, et s'il a un an de grade, il se retire avec le grade supérieur jusqu'à celui de lieutenant-colonel ;

toutefois, il perdrait cet avantage s'il voulait rentrer dans l'armée.

L'officier qui demande et obtient de quitter le service pour entrer dans une administration, occupe d'emblée l'emploi civil assimilé à son grade. Cette opération est assez fréquente, et il paraît que des jeunes gens n'embrassent la carrière des armes que parce que l'avancement y est plus rapide que dans toute autre, et qu'ils ont ainsi la certitude d'arriver plutôt à l'emploi civil qu'ils ambitionnent.

Quand ils prennent leur retraite, après vingt années de service, les officiers ont une pension de retraite égale au tiers de leur solde : après trente ans de service, cette pension est égale aux deux tiers de la solde, et à la solde entière après trente-cinq ans.

L'empereur prodigue à l'armée les récompenses, les décorations et les honneurs ; il adresse aux généraux des lettres autographes de félicitation mises à l'ordre de l'armée ; il ajoute à leur nom un titre qui rappelle leurs actions d'éclat ou leurs éminents services ; il excite et encourage les beaux faits d'armes en donnant à leurs auteurs des sabres ou des épées montées en or, souvent enrichis de diamants et portant cette inscription :

Pour la valeur. En d'autres occasions, lorsque des officiers, même ceux des grades inférieurs, se sont signalés, il leur fait remettre une boîte, une bague ou tout autre bijou d'un grand prix, en y joignant un diplôme relatant leurs services. C'est ainsi que le feld-maréchal Kutusoff, après la campagne de 1812, reçut un diamant qu'on détacha de la couronne impériale et qui fut remplacé par une plaque en or sur laquelle on grava son nom. Le nom des officiers morts sur le champ de bataille ou des suites de leurs blessures est inscrit sur des tables de marbre noir placées dans les chapelles des écoles militaires dont ils ont fait partie, et on relate dans une courte épitaphe les faits d'armes de ceux d'entre eux qui sont morts glorieusement.

« Il est » dit M. Tanski « des récompenses » pour des régiments entiers : en certains cas, » ils reçoivent les noms de carabiniers ou de gre- » nadiers, ou ils sont adjoints à la garde, ou bien » encore on leur donne des collets brodés, des » insignes, des plaques de shako portant des ins- » criptions, et même des drapeaux particuliers : » certains corps ont reçu des trompettes en ar- » gent. »

Les officiers obtiennent de droit la croix de

Sainte-Anne après vingt ans de services ; la croix de Saint-Georges de quatrième classe leur est donnée à peu près dans les mêmes conditions.

Un ukase du 15 janvier 1842 porte que l'armée de réserve devant être commandée par des officiers supérieurs et autres en congé illimité, les officiers de l'armée active ne peuvent obtenir des congés de cette nature qu'après cinq ans de de bons services et une campagne : des affaires de famille ne donnent droit qu'à une permission temporaire. Les officiers qui profitent de ces congés doivent indiquer le lieu où ils fixent leur domicile afin qu'ils puissent être placés avec leur grade dans les régiments d'infanterie ou de cavalerie, dans les brigades d'artillerie ou de sapeurs du ressort où ils se trouvent. Ils portent l'uniforme et les marques distinctives de leur grade mais ne touchent plus de solde et n'ont plus droit à l'avancement dans la ligne, ni à la décoration de Saint-Georges. C'est seulement dans le cas où l'armée de réserve est mise en activité, qu'ils touchent un traitement, mais ils sont susceptibles d'occuper, dans les bureaux de l'administration, des emplois salariés et correspondants à leur rang. Tous les cinq ans, et après avoir subi un examen pratique, ces officiers peuvent obtenir un grade supérieur, mais pour les capitaines de la garde cet avancement est subordonné au grade de lieutenant-colonel. Enfin, tous conservent la faculté de demander leur radiation définitive ou leur réintégration sur les contrôles de l'armée.

Presque tous les ans, toutes les troupes de la garde sont réunies dans les environs de Saint-Pétersbourg, et l'on forme souvent sur d'autres points de l'empire des camps de trente à cinquante mille hommes. On fait camper ou bivouaquer ces troupes et on ne remet aux généraux commandant en chef qu'une simple note donnant l'idée des mouvements à exécuter et leur prescrivant le but à atteindre, mais leur laissant toute liberté d'action dans les manœuvres et l'emploi des différentes armes. Un jury composé de généraux est appelé à suivre les opérations et doit se prononcer sur le mérite et l'opportunité des mouvements ordonnés et, en outre, décider si l'affaire a été conduite suivant les véritables préceptes de l'art de la guerre.

L'équipement et l'armement du soldat russe ne diffèrent de ceux adoptés dans les autres armées européennes que par quelques détails que nous allons signaler. Les régiments de la garde se reconnaissent à l'étoile placée sur les shakos, aux revers rouges que portent les fusiliers et aux revers noirs que portent les chasseurs. Tous les régiments portent sur les contre-épaulettes le numéro de la division, la demie botte est la chaussure adoptée pour les soldats, et les bretelles du sac se croisent sur la poitrine : ces dernières sont terminées par de petits anneaux que l'on fixe à des crochets placés sous le sac. Tout le monde sait que le premier rang des escadrons de cuirassiers est armé de lances et, généralement, on trouve cette disposition excellente : les régiments de dragons sont exercés à combattre à pied comme à cheval, mais les deux escadrons de hulans attachés à chacun d'eux restent constamment à cheval, attendu qu'ils sont chargés d'éclairer le régiment et de le flanquer quand il combat à pied. Enfin, on a créé des escadrons de pionniers-pontonniers pour mettre à la disposition des généraux un corps qui puisse se porter avec rapidité sur les points où des cours d'eau arrêteraient la marche des troupes et y jeter rapidement un pont.

Le fusil d'infanterie a été copié sur le nôtre

(modèle 1822), seulement, quand on l'a transformé à percussion, on a bouché le trou de lumière avec une vis dont la tête est appuyée sur le corps de platine à l'emplacement du bassinet; cette disposition est très-approuvée par les gens de l'art. Quand aux carabines, nous en avons vu de tous les modèles entre les mains des soldats russes, mais principalement l'ancienne carabine anglaise à deux rayures et se chargeant avec la balle à ceinture: j'ai été fort étonné en trouvant des balles de tous les modèles que nous avions essayés à Vincennes, et surtout en reconnaissant les balles d'expériences qui nous avaient servi à déterminer la hauteur du cylindre des balles cylindroconiques. Ces dernières se montraient aussi, mais en petite quantité, de même que les nouvelles balles Nessler.

Un de mes amis m'a donné un livre de manœuvres russes pris à Bomarsund : je vais en extraire les renseignements et les manœuvres qui m'ont paru présenter le plus d'intérêt. Comme dans notre armée les distances sont indiquées en pas de deux tiers de mètre.

Les bataillons n'ont que quatre compagnies

et chacune de celles-ci est divisée en deux pelotons; la première compagnie comprend deux pelotons d'élite, grenadiers et chasseurs, qui, en bataille, sont placés aux ailes, et, dans la colonne d'attaque, à la queue de cette colonne. Les hommes sont placés sur trois rangs et le troisième rang fournit les tirailleurs.

1. *Bataillon développé* (Fig. 1). Le chef du bataillon se place à trente pas en avant du bataillon développé, c'est-à-dire en bataille : les commandants des pelotons sont à la droite de ceux-ci, excepté pour le huitième peloton dont le commandant se place à la gauche et se trouve remplacé à la droite par un autre officier, un enseigne; la musique et les tambours sont à la droite, et le drapeau au centre, avec sa garde formée de huit sous officiers et six caporaux qui ne comptent pas dans les pelotons.

2. *Colonne de droite serrée par pelotons* (fig. 2). C'est ce que nous appelons la colonne serrée par pelotons, la droite en tête. On compte quatre pas de distance d'un guide à l'autre : les commandans de pelotons sont à la gauche du premier rang dont un officier ou sous officier occupe la droite

le drapeau et sa garde sont à droite et à la hauteur du centre de la colonne. La colonne serrée de gauche est formée d'une manière inverse et les commandants de pelotons s'y placent à la droite du premier rang: ils occupent donc la place qui chez nous est assignée aux guides. Les tambours et la musique sont toujours à la queue de la colonne.

3. *Colonne d'attaque* (fig. 3). C'est notre colonne double. Les divisions sont espacées de quinze pas: les commandants des pelotons de droite sont à la droite du premier rang, et l'enseigne ou un sous officier se place à la gauche: les commandants des pelotons de gauche sont à la gauche du premier rang et un enseigne ou un sous-officier à la droite: le drapeau et sa garde sont au centre de la première division formée des quatrième et cinquième pelotons.

4. *Colonne serrée sur la division du centre.* Même formation de colonne double que la précédente, avec seulement quatre pas de distance d'un guide à l'autre.

5. *Colonne serrée du centre sur les demi-pelo-*

tons du milieu (fig. 4). Formation analogue à la précédente, la colonne n'ayant que la largeur d'un peloton de front.

6. *Colonne de compagnie* (fig. 5. Cette colonne est formée d'une compagnie isolée principalement quand elle est destinée à fournir des tirailleurs. Le troisième peloton est formé du troisième rang des deux premiers. On envoie, suivant le cas, un ou deux de ces pelotons en tirailleurs, le premier formant la réserve seul ou avec le deuxième. Les quatre compagnies d'un bataillon se forment quelque fois de cette manière.

7. *Carré formé d'un bataillon développé.* Formation tout-à-fait analogue à notre carré formé d'une colonne double à distance de peloton.

8. *Carré formé d'une colonne d'attaque* (fig. 6). La première division ne bouge pas; les premiers demi-pelotons des deuxième et troisième pelotons conversent à droite et les deuxièmes demi-pelotons serrent sur les premiers. Pour les sixième et septième pelotons, le mouvement est inverse, c'est à dire que les deuxièmes demi-pelotons conversent à gauche et que les pre-

miers demi-pelotons serrent sur les deuxièmes; il en résulte que la deuxième et troisième face du carré sont formées de six rangs. La quatrième division formée des premier et huitième pelotons serre et fait face par le troisième rang.

9. *Carré formé d'une colonne serrée de droite* (fig. 7). Le deuxième peloton serre en masse sur le premier, le huitième serre en masse sur le septième et ces deux derniers font demi-tour. Les demi-pelotons de droite des troisième, quatrième, cinquième et sixième pelotons se fractionnent en trois portions qui conversent à droite et serrent complétement l'une sur l'autre, les serre files formant un dixième rang. Les demi pelotons de gauche des mêmes pelotons agissent de même pour fair face à gauche.

10. *Carré formé d'une colonne serrée du centre.* Formation analogue à la précédente.

11. *Carré d'une compagnie.* La compagnie est formée sur deux rangs, et chaque demi-peloton forme une face du carré.

12. *Bataillon développé couvert par une ligne*

de tirailleurs avec leurs réserves (fig. 8). Chaque peloton fournit la moitié de son troisième rang. Les tirailleurs des deux premières compagnies (1er, 2me, 3me et 4em pelotons) couvrent le demi-bataillon de droite: les tirailleurs deux autres compagnies (5me, 6me, 7me et 8me pelotons) couvrent le demi-bataillon de gauche: les réserves de ces tirailleurs sont réunies par demi-bataillons: les tiraillenrs sont par deux.

13. *Formation de tirailleurs en groupes.* Au moment d'une attaque imprévue, faite par la cavalerie, les tirailleurs forment huit groupes sur deux lignes et en échiquier.

14 *Disposition de plusieurs bataillons* (fig. 9). (Une division d'infanterie régulièrement organisée comprend dix bataillons.) Formation sur deux lignes, dont la première est couverte par des tirailleurs à trois cents pas en avant. La première ligne est composée de quatre bataillons déployés, la deuxième ligne, placée à deux cents pas en arrière de la première, est composée de quatre bataillons en colonne d'attaque, ayant entre eux la distance nécessaire pour leur déploiement. A quatre cents pas en arrière de cette

deuxième ligne se trouve une réserve de huit bataillons en colonne sérrée de droite et formant deux lignes très-rapprochées l'une de l'autre.

15. *Disposition en échelons* (fig. 10). Cette formation dérive de la précédente, les deux lignes ayant échelonné leurs bataillons, l'aile droite en avant, à deux cents pas pour la première ligne et à trois cents pas pour la deuxième. Les bataillons de la première ligne restent déployés, ceux de la deuxième restant formés en colonne. La réserve conserve le même ordre.

16. *Disposition en échiquier* (fig. 11). Formation dérivée de la disposition indiquée au n° 14. La réserve et la deuxième ligne restant dans le même ordre, les bataillons de la première ligne se fractionnent en demi-bataillons: les demi-bataillons de gauche se portent à cent pas en avant des demi-bataillons de droite.

17. *Disposition générale contre la cavalerie* (fig. 12). Les bataillons forment deux groupes qui se flanquent mutuellement. Les bataillons de droite sont échelonnés par deux, l'aile gauche en avant: les bataillons de gauche sont échelonnés aussi par deux, l'aile droite en avant.

18. *Bataillon en carrés par compagnie* (fig. 13). Les quatre compagnies forment chacune un carré particulier: ces quatre carrés sont placés aux angles d'un grand carré, avec un angle en avant.

19. *Deux bataillons en carrés* (fig. 14). Ces deux carrés sont placés obliquement.

20. *Trois bataillons en carrés* (fig. 15). Ces trois carrés sont placés aux angles d'un triangle, le sommet en avant.

21. *Quatre bataillons en carrés* (fig. 16). Ces carrés sont placés sur deux lignes: les deux carrés de la première sont placés vis à vis de l'intervalle qui séparent ceux de la deuxième ligne: ces deux derniers carrés sont reliés entre eux par de petits détachements.

22. *Disposition d'attaque de la cavalerie contre l'infantrie* (fig. 17). Quatre colonnes formées chacune de deux régiments sérrés par escadrons. L'attaque, dirigée à la fois sur le front et sur l'une des ailes de l'ennemi, commence par des charges successives par escadrons.

23. *Bivouac d'un bataillon* (fig. 18). Première disposition. Lorsque l'espace est restreint, le bivouac s'établit sur l'emplacement de la colonne formée par division, les sous-officiers et soldats restent derrière leurs faisceaux : les officiers des compagnies et les officiers supérieurs s'établissent derrière le centre de la colonne : les chevaux et les équipages sont en arrière des officiers.

Deuxième disposition (fig. 19). Lorsque l'espace est plus considérable les sous-officiers et soldats de chaque peloton s'établissent à droite et à gauche de l'intervalle qui sépare les faisceaux. Les officiers, les chevaux et les équipages occupent le même emplacement que dans la première disposition.

24. *Camp d'un bataillon en colonne d'attaque* (fig. 20). Le camp s'établit sur l'emplacement même de la colonne, chaque compagnie occupant seize tentes sur quatre lignes : il n'existe qu'une grande rue perpendiculaire au front de bandière et partageant le camp du bataillon en deux parties ; les petites rues parallèles au front de bandière n'ont que trois pas de largeur. Les officiers subalternes sont placés derrière les hommes de troupes : viennent ensuite les officiers

supérieurs et enfin les équipages, les cantiniers et les chevaux.

On peut voir par tout ce qui précéde, que si nous sommes en droit de critiquer certains détails de l'organisation de l'armée russe, il serait injuste de ne pas reconnaître que cette armée possède plusieurs institutions militaires fort remarquables, parmi lesquelles il faut citer en première ligne les colonies militaires, l'organisation des réserves, et les mesures prises pour que les corps de l'armée active ne soient composées que d'homme façonnés au métier des armes et dans la force de l'âge: cette disposition fait que la Russie est exempte en grande partie des inconvénients de la transition souvent facheuse du pied de paix au pied de guerre.

FIN.

TABLE

Journal d'un officier de Zouaves. 1
Circulaire du maréchal Saint-Arnaud. 170
Organisation de l'armée anglaise dans l'Inde. 195
Organisation et manœuvres de l'armée russe. 317

Fig. 1.

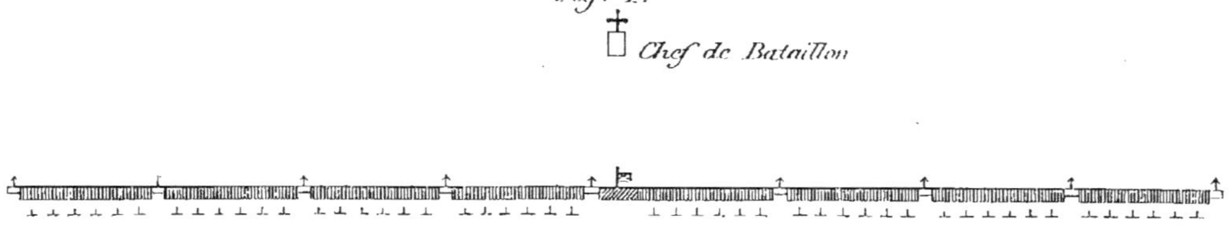

Chef de Bataillon

Fig. 2.

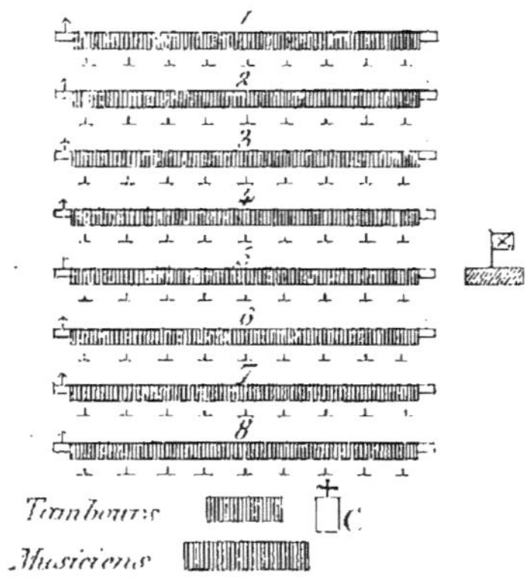

1 2 3 4 5 6 7 8

Tambours C

Musiciens

Fig. 3

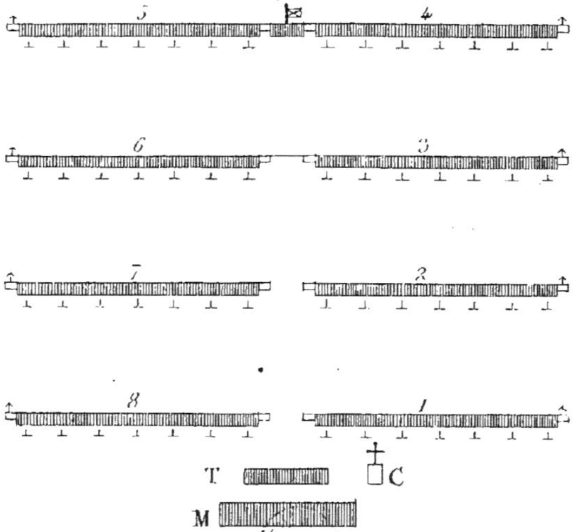

5 4

6 3

7 2

8 1

T C

M

Fig. 4.

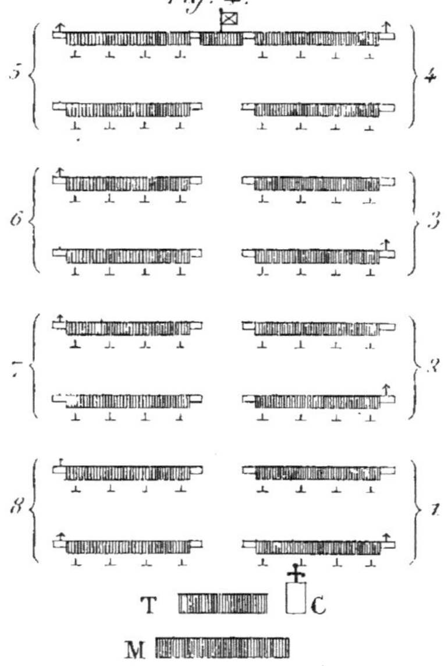

5 4

6 3

7 2

8 1

T C

M

Fig. 5.

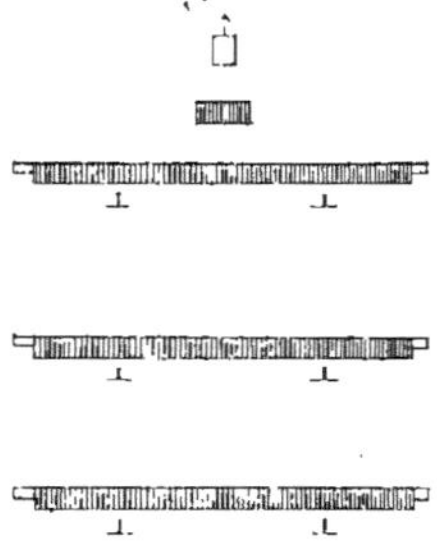

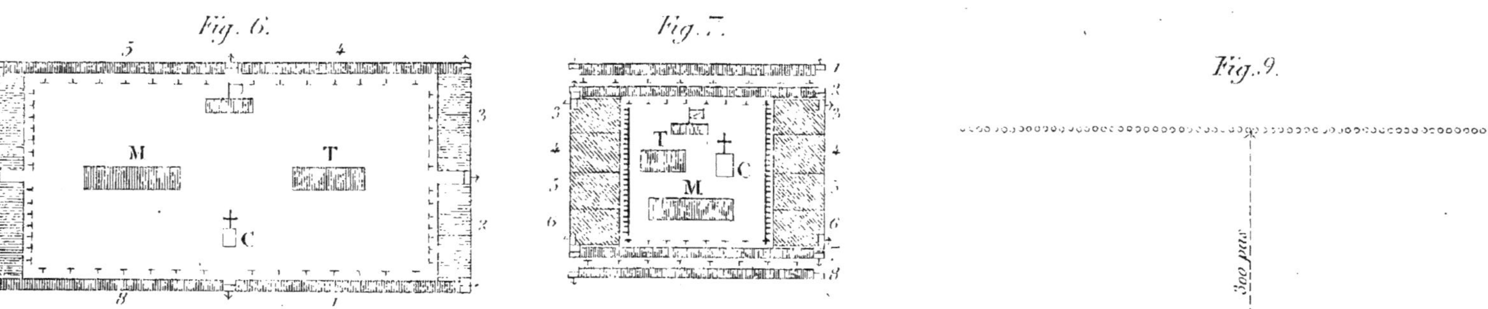
Fig. 6.
M
T
C
1
2
3
4
5
6
7
8
Fig. 7.
T
M
C
1
2
3
4
5
6
7
8
Fig. 9.
300 pas

Fig. 6.

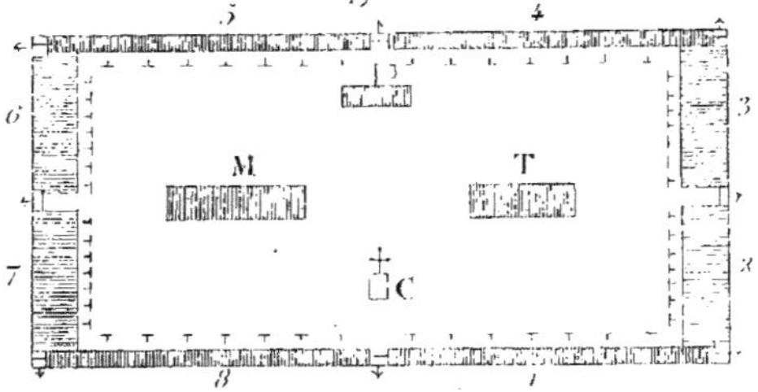

Fig. 7.

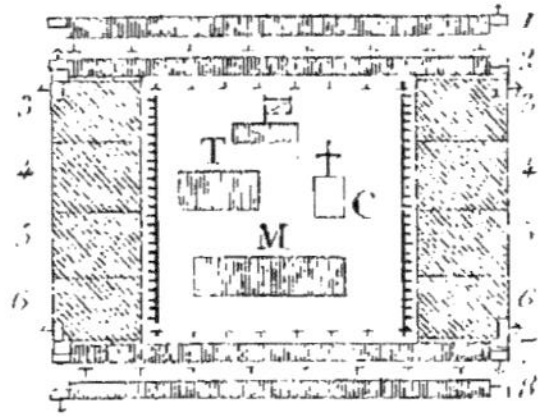

Fig. 8.

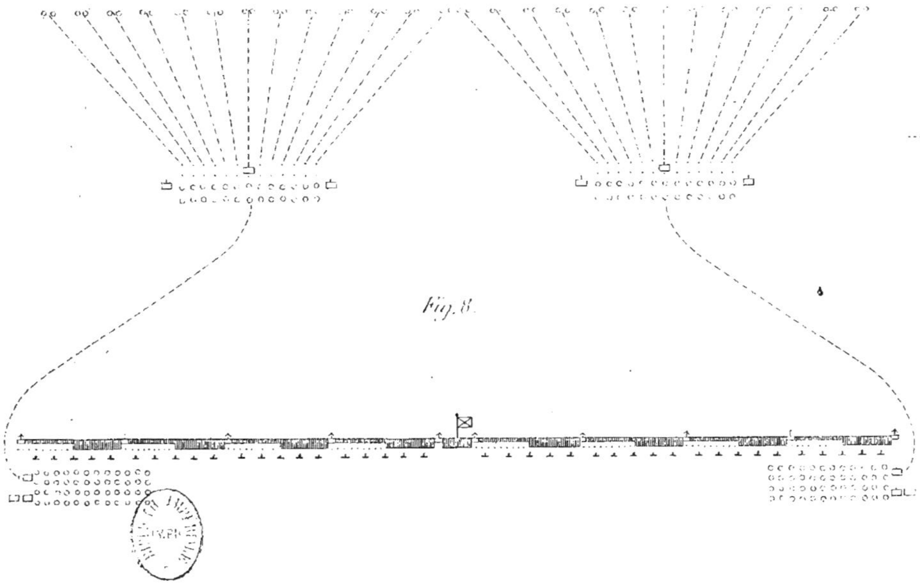

Fig. 9.

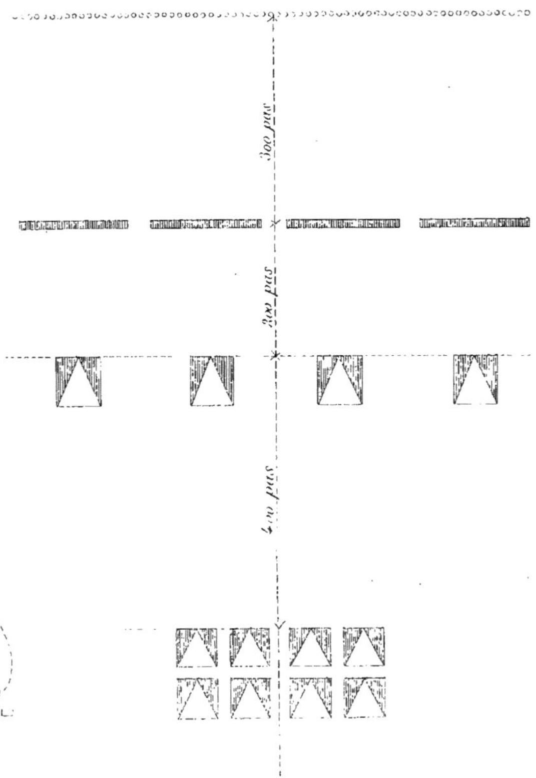

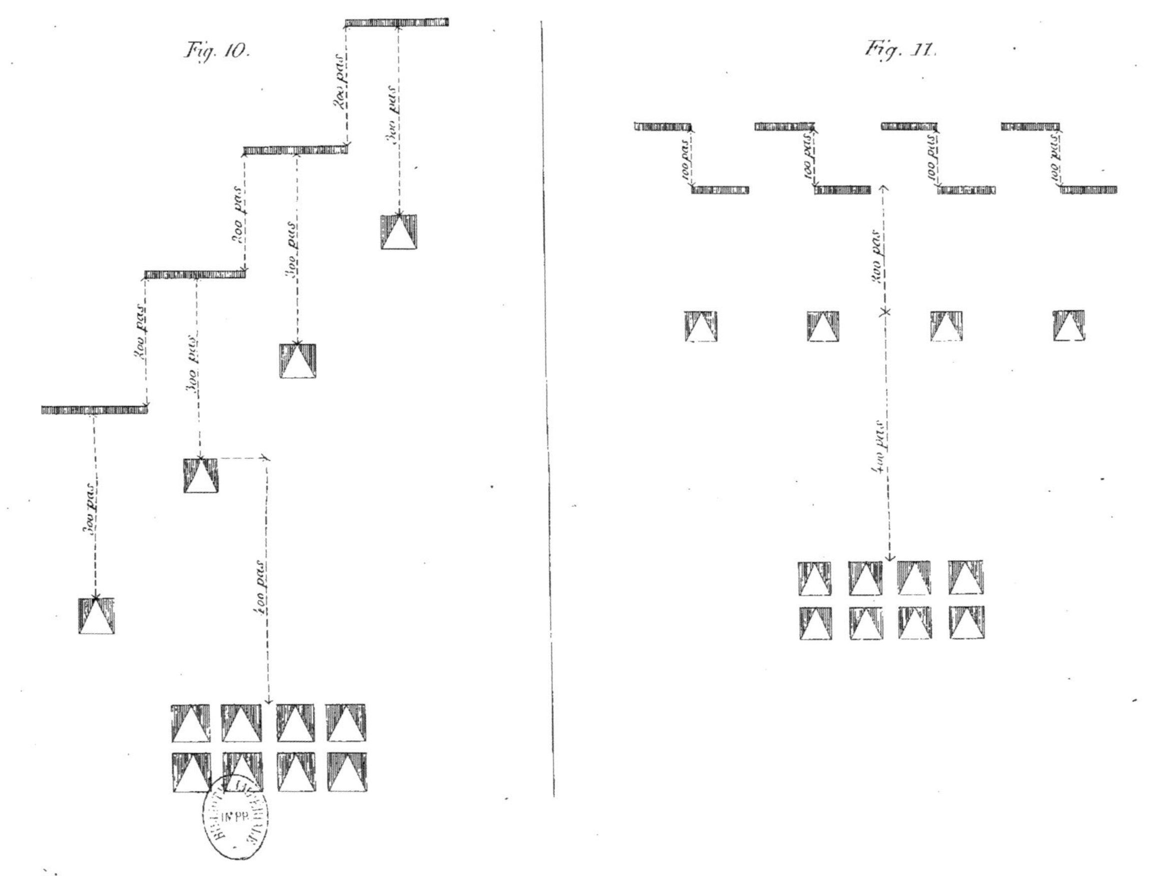
Fig. 10.
200 pas
300 pas
200 pas
300 pas
200 pas
300 pas
300 pas
400 pas
Fig. 11.
100 pas
100 pas
100 pas
100 pas
200 pas
400 pas

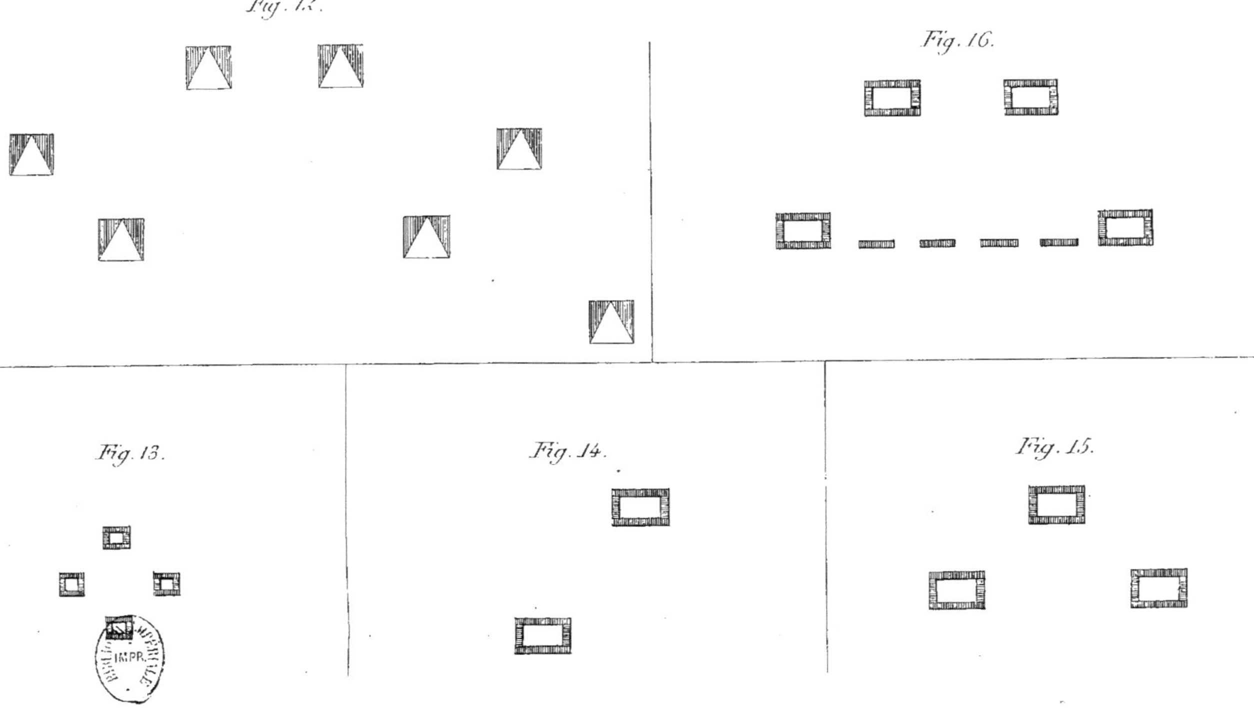
Fig. 12.
Fig. 16.
Fig. 13.
Fig. 14.
Fig. 15.

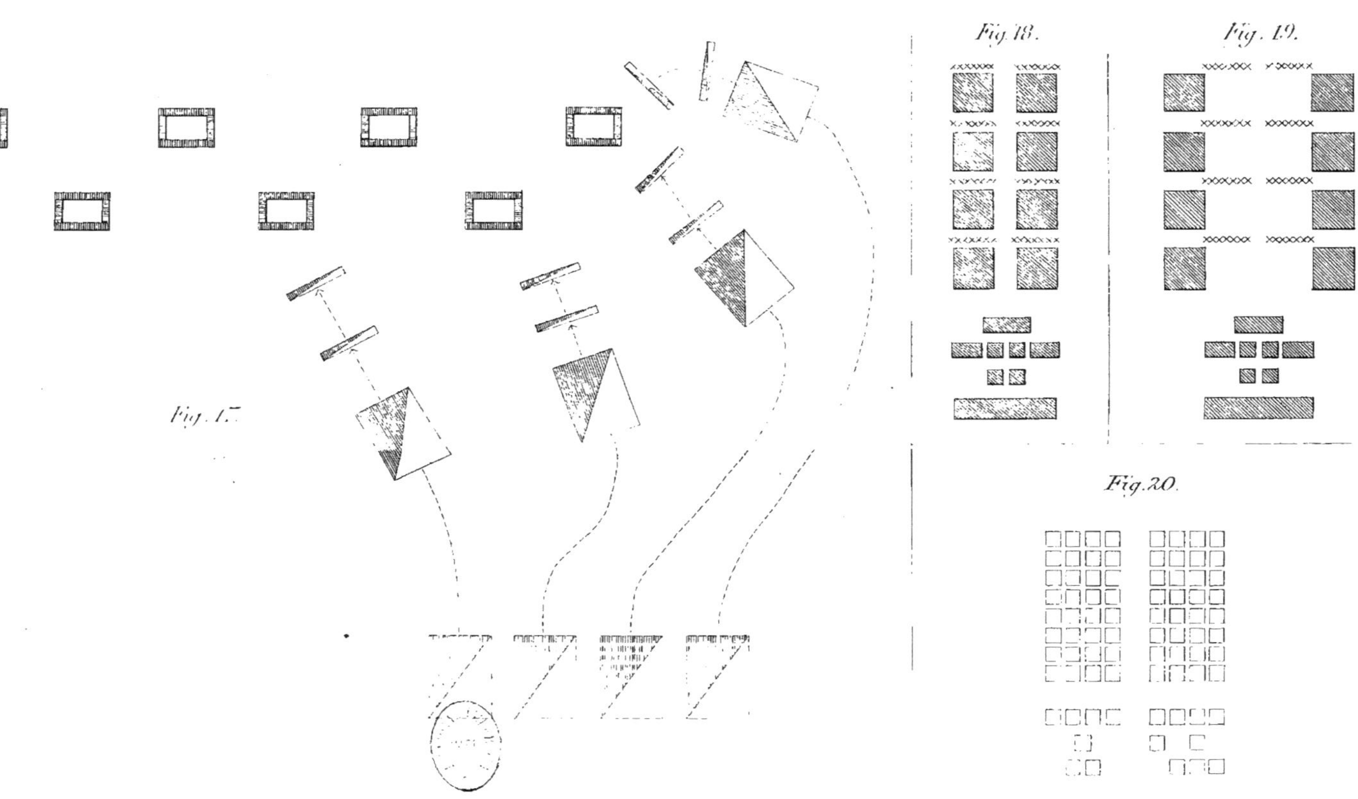
Fig. 17.
Fig. 18.
Fig. 19.
Fig. 20.

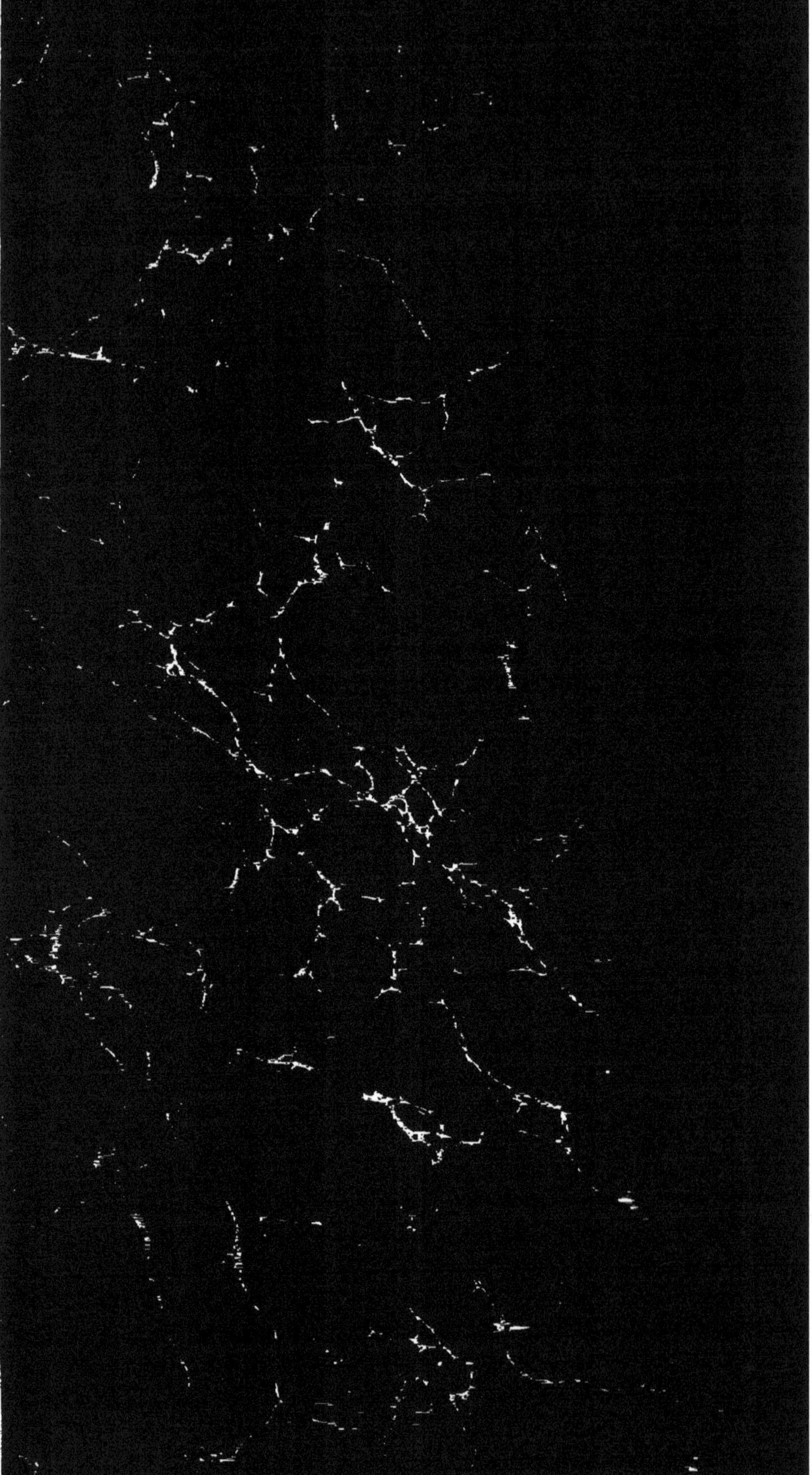

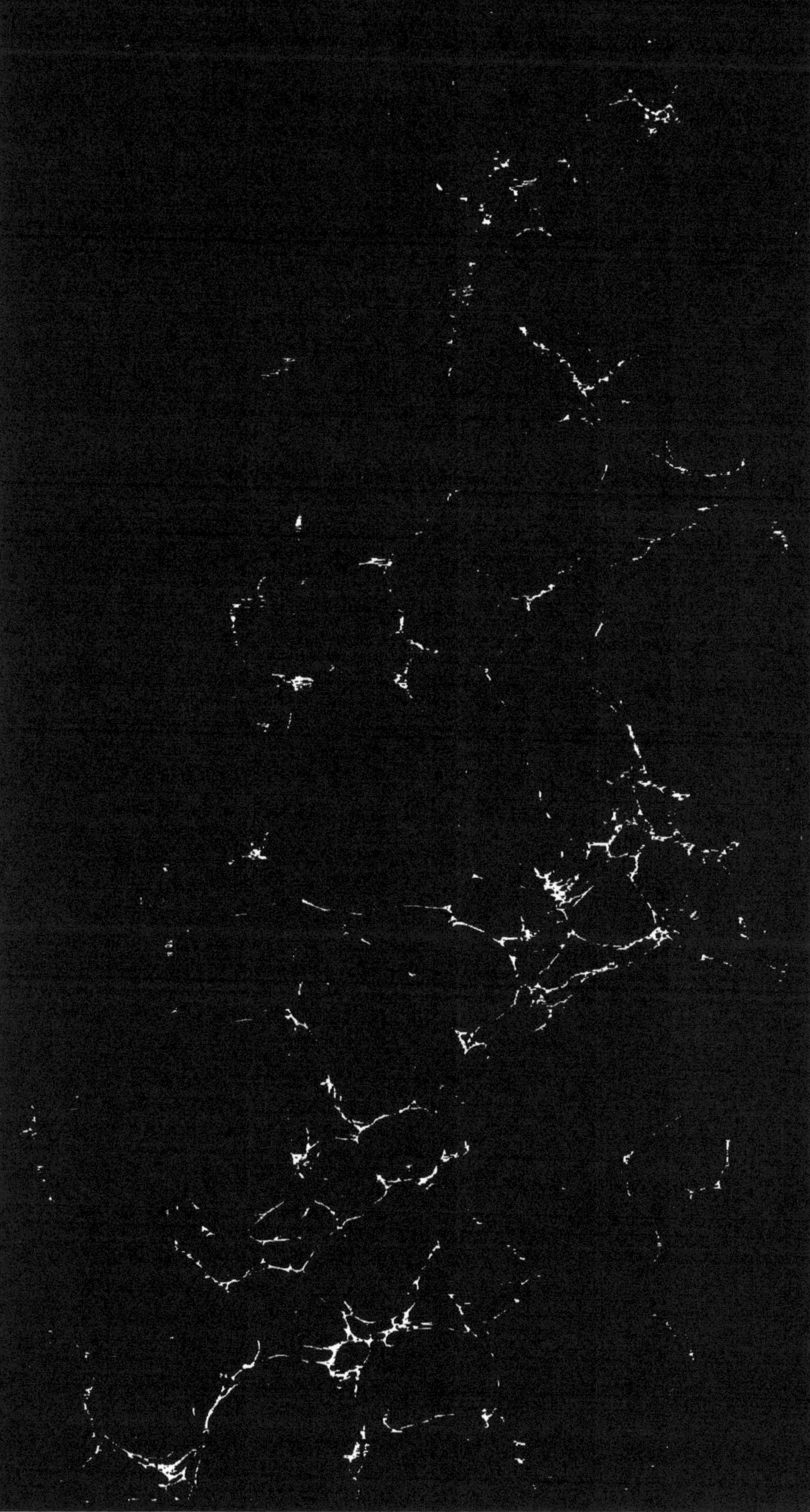

www.ingramcontent.com/pod-product-compliance
Ingram Content Group UK Ltd.
Pitfield, Milton Keynes, MK11 3LW, UK
UKHW012152240726
13966UKWH00002B/278